教育部人文社会科学重点研究基地重大项目
创造新时期对外开放的新格局："一带一路"战略与小康社会建设

反贫困的"中国奇迹"与"中国智慧"

孙咏梅　秦　蒙　著

"Chinese Miracle" and "Chinese Wisdom" of Anti-Poverty

中国人民大学出版社
·北京·

前　言

摆脱贫困是中华民族千百年来的梦想。这个梦想只有在中国发展道路的视野下，才第一次真正呈现其曙光。作为一名在高校从事贫困调查与研究的科研工作者，自 2005 年起，我和我的团队在多个煤矿、建筑工地等对数万名农民工进行问卷跟踪调查与访谈，部分地见证了中国脱贫攻坚的光辉历程与成功的荣耀，与有荣焉！

对于中国的脱贫攻坚创造的奇迹，有人认为它是一个谜。对创造这一奇迹的“谜底”，理论界有很多种不同的解读。这里既可以有长历史周期的研究，也可以有现实情境的剖析；既可以在国别比较下展开分析，也可以从经济体内部发展阶段出发进行研讨；既可以从理论逻辑加以论证和阐释，也可以借助调查研究进行个案解析。总之，中国脱贫攻坚的历史进程和丰富经验，为中国当代学者从事学术研究提供了丰厚的理论素材。在此，我从本人的研究视角出发，谈一下感想。

首先，中国的脱贫攻坚具有独特性，走的是与以往一切发达国家完全不同的道路。2020 年是中国脱贫攻坚的收官之年。告别绝对贫困，这对我国来说是前所未有的。农村贫困发生率从 1978 年的 97.5%下降到 2019 年的 0.6%，累计下降 96.9 个百分点。究其原因，社会主义的制度优势为中国脱贫攻坚提供了有力的保障，而中国脱贫攻坚的巨大成就也体现了改革开放以来的体制优势。在回顾、总结和审视这一历程时，我觉得必须把它放在一个长周期的历史进程中来考察。无论是改革开放前社会主义经济制度的确立、中国的工业化积累，还是改革开放后市场活力的激发、城镇化进程的加快等，它们均为中国脱贫攻坚提供了必要的经济基础和历史前提。而脱贫攻坚中农村集体经济的保障角色、农村基层党组织的作用以及对口支援帮扶制度的实施，更是完全超越了西方“涓滴效应”理论的狭隘眼界。这些独特要素是构成中国反贫困事业成功的密码，决定了中国脱贫攻坚的合规律性和历史合理性。

其次，中国脱贫攻坚具有阶段性，始终需要立足于现实稳步推进。中国脱贫攻坚走过了不平凡的历程。从总体上看，数十年大规模的扶贫开发及脱贫攻坚，已经累计使7亿多人口摆脱了贫困，中国对世界反贫困事业的贡献率超过70%，创造了高速增长推进高脱贫率的世界性奇迹。一方面，改革开放后工业产业的崛起以及城镇化率的不断提升，为7亿多农村剩余劳动力进城务工提供大量的就业岗位，间接为大规模脱贫创造了条件和机会；另一方面，中国脱贫成就推动农村地区减贫效果由量变向质变跨越，区域性脱贫取得突破性进展，制度变迁带动脱贫质量不断提升。但这并不是一蹴而就的，中国的反贫困实践经历了“通过制度变革打下反贫困坚实基础（1949—1977年）”“通过经济开发推动广泛脱贫（1978—2012年）”“通过精准扶贫全面消除贫困（2013—2020年）”三个阶段。改革开放后的“广泛脱贫”与“精准扶贫”两个重要阶段，使中国的脱贫攻坚实现了质的跨越。当前，中国反贫困事业仍然需要科学布局，创新思路，完善扶贫政策和措施，积极探索化解相对贫困的机制，开拓中国反贫困事业的新境界。

再次，中国脱贫攻坚不是孤立的社会实践，我们提供的脱贫方案以及其中蕴含的“中国智慧”具有世界性意义。中国脱贫攻坚是世界反贫困事业的一个重要组成部分。中国是全球最早实现联合国千年发展目标中减贫目标的发展中国家；中国减贫速度及成就明显快于全球平均水平。相比于全球的减贫成绩，中国起步晚却成效显著。中国脱贫攻坚的成就与对外开放具有内在的关联性。一方面，中国的对外开放推动了数亿人融入现代化进程，加快了脱贫攻坚的步伐；另一方面，中国合作共赢的国际视野为全球反贫困事业提供了“中国动力”。自以习近平总书记为核心的中国政府提出“共建人类命运共同体”的倡导以来，贫困问题在合作共赢框架内不断受到各国的关注，“共建人类命运共同体”的发展目标，旨在促使全世界人民携手，共建一个没有贫困的人类命运共同体，与联合国 2030 年可持续发展目标高度一致，超越了“人类只有一个地球，各国共处一个世界”的消极理念，形成了世界各国人民“命运相连，休戚与共”的积极理念。为营造新型国际关系，坚持相互尊重、公平正义、合作共赢而不断努力。

最后，中国要始终立足于自身优势，将脱贫攻坚常态化。一是要坚持中国共产党领导，巩固脱贫攻坚的制度基础。“经国序民，正其制度。”只有在中国特色社会主义制度的基础上，中国才能在减贫方面取得巨大的成就；只有在中国共产党的正确领导下，中国才能完成从“站起来”到“富起来”再到“强起来”的历史性飞跃。中国特色社会主义制度的优越性体现在坚持党的领导、人民当家作主、依法治国的有机统一之中。二是要坚持改革开放，夯实脱贫攻坚的经济社会发展的动力基础。改革开放带来的持续增长是中国消除贫困的主要动力来源。从 20 世纪 90 年代到 21 世纪，我国扶贫工作由“输血式”转变为“造血式”，从道义式扶贫转变为制度式扶贫，政府、市场、社会组织、个体共同参与，多方助力推动减贫。今后，我们要继续坚持改革开放道路，为消减相对贫困提供持续的经济社会发展动力。与此同时，我们要继续为“共建人类命运共同体”做出有益探索。中国的反贫困事业是世界反贫困事业的重要组成部分，也在为世界各国提供反贫困的“公共品”。在“共建人类命运共同体”的框架内，中国要立足于自身优势，促进其他国家经济发展，为反贫困事业提供强动力。

今天，我们将对中国贫困问题长期调查研究与思索的成果呈现出来，以期为中国未来解决相对贫困问题，使脱贫攻坚常态化做出理论贡献。衷心感谢中国人民大学中国经济改革与发展研究院刘守英院长、于泽副院长为本书出版提供的全力支持。衷心感谢中国人民大学出版社编辑王晗霞、陈慧庚为本书出版付出的大量的心血。衷心感谢秦蒙博士与我长期合作所做的大量辛苦的工作！衷心感谢研究团队的博士生、硕士生和本科生对本研究的辛苦付出。在此谨表示诚挚的谢意！

孙咏梅

2020 年 10 月于中国人民大学

目　录

上篇　中国反贫困进程与“中国奇迹”

中篇　中国反贫困成就与“中国实践”

上　篇

中国反贫困进程与“中国奇迹”

消除贫困是人类的共同追求，世界各国都在努力解决贫困问题。美国经济学家伊斯特利在其著作《威权政治》中提到，世界上的穷人面临着两大悲剧：第一个悲剧是，今天的世界还有数亿人处于极度贫困，他们亟待获得发展援助。第二个悲剧是，尽管发达国家几十年中投入了数万亿美元的援助，但在减贫方面却并未产生良好的效果。经济增长、经济全球化和技术进步具有促进发展的“做大蛋糕”效应，但预期的有利于减贫的“涓滴效应”却收效甚微。与此形成鲜明对比的是，中国作为一个发展中大国，在世界反贫困斗争中扮演着重要角色。改革开放以来，我国的反贫困工作取得了显著的成效，是目前世界上减贫人口最多的国家。按照2010年的贫困标准，我国农村贫困发生率从1978年的97.5%降低到2018年的1.7%，农村贫困人口的数量从1978年的77 039万人下降到2018年的1 660万人，进而在2020年全面消灭剩余贫困人口的绝对贫困，实现决胜全面建成小康社会、决战脱贫攻坚的宏伟目标。改革开放以来，我国贫困人口减少规模高达7亿多人，完成了全球70%的脱贫任务，这是在全世界其他任何地方都无法实现的伟大成就。

自1978年改革开放以来，我国实行的一系列经济改革实现了经济的快速增长，使得我国迅速成为世界第二大经济体。而经济的快速增长也成为我国农村削减贫困的重要力量。1978—2018年间，我国人均GDP从1978年的385元上升到2018年的64 644元，年均增长14%，农村居民人均可支配收入从151.79元增长到14 617元，年均增长13.5%，这期间，农村贫困发生率年均下降2.4个百分点。这些经济改革主要包括：20世纪80年代初农村改革使得农村家庭联产承包责任制在农村大范围推行，大大激发了农民的生产积极性；鼓励乡镇企业的发展并为其发展创造有利的环境，吸收了大量农村剩余劳动力；对外开放政策的实施以及加快推进城镇化带来了城市经济的快速发展，吸引了大量来自农村的转移劳动力等。

但是，高增长在创造财富的同时，是否会完全自动地消减贫困？从扶贫减贫视野来看，中国以往的高增长模式是否可以继续复制？为解决这一疑问，我们将经济增长、收入不平等与贫困减少纳入一个统一的分析框架中，比较分析我国当前经济增长模式的减贫效果、高增长过程中贫困发生率的下降率以及收入分配不平等的变化状况，在此基础上，我们对数十年来的经济增长模式是否“利贫”进行思索，考察经济增长带来的减贫效应与不平等效应间的抵消效应，进而探讨高速经济增长是否真正消除了中国贫困问题，并据此为消除中国贫困问题指出新的道路。

第一章　高速经济增长为中国反贫困创造了财富基础

改革开放之后，我国经济进入到高速增长期，根据现价美元标准，人均GDP从1978年的156美元增长到了2018年的9 977美元，并于2019年顺利突破1万美元大关，成功进入中等收入阶段。全球人均收入从3 996美元增长到1万美元（成功跨越低收入阶段）用了54年，其中韩国用了13年，新加坡用了15年，巴西用了40年，而中国只用了12年。同时期，农村居民人均可支配收入从151.79元增长到14 617元。在经济高速增长的大背景下，我国农村贫困人口不断减少，到目前为止，7亿多的农村人口摆脱了贫困，农村贫困发生率从1978年的97.5%降低到2018年的1.7%。有人认为，中国巨大的减贫成就得益于几十年来的持续高速经济增长。

一、中国的减贫优势及改革开放以来的减贫成效

减少贫困是中国全面建成小康社会、打赢脱贫攻坚战的重要目标。数十年来，中国致力于扶贫减贫工作，为世界反贫困做出了巨大贡献，尤其是1978年以来，按照国际扶贫标准，我国累计减少的贫困人口数高达7亿多人，占世界减贫人数的70%以上，以至于全球贫困人口数量减少的成就，大部分来自中国，到目前为止，我国减少贫困的人数，超过世界人口大国美、俄、日、德4国人口的总和。

（一）中华人民共和国成立70多年来中国的减贫优势

改革开放以来，我国经济增长进入加速运行轨道，促进了财富创造能

力的提升，为贫困人口摆脱贫困创造了良好的物质基础。到 2020 年末进入脱贫攻坚收官阶段，中国下决心让全部绝对贫困人口脱贫，但是，在经济持续稳定增长的同时，相对贫困问题又摆在了面前。对于中国这样一个公有制为主体的国家来说，中国特色社会主义进入新时代，我国社会主要矛盾已经转化为人民日益增长的美好生活需要和不平衡不充分的发展之间的矛盾。实现社会的公平与公正，让全体人民共享改革的发展成果，减贫进程却并没有与经济的持续增长保持一致，减贫速度逐渐放缓，收入不平等状况持续恶化，经济增长的减贫效果在下降。正如很多经济学家指出的，经济增长并不能自动地惠及贫困人口，经济增长过程也有可能伴随着贫困人口生活质量的下降，因此经济增长与减少贫困之间的关系并不是绝对正向的关系。为什么会这样？经济增长与减少贫困之间的关系到底是怎样的？本书旨在从理论和数据两个角度出发，具体研究：我国的高速经济增长是否有利于贫困人口；我国经济增长的利贫性分析以及如何提高经济增长的质量以真正实现减贫。

中华人民共和国成立 70 多年来，中国已经逐渐成为影响世界的经济高速增长国家。尽管初期我国经济总量在世界上所占比重较低，但是经过近 30 年的发展，到改革开放时我国经济总量已居世界第 11 位，2007 年中国超过德国成为世界第三大经济体，2010 年又超过日本，成为世界第二大经济体，中国对世界经济增长的贡献率超过 30%，成为推动世界经济增长的重要力量。70 年多来，经过大规模的扶贫开发，我国有逾 7 亿人口先后摆脱了贫困，为世界减贫贡献了 76%的份额①，创造了高速增长推进大幅度扶贫开发的世界性奇迹。我们一直认为，中国的减贫成就主要得益于高增长带来的巨大动力，尤其以劳动密集型为特征的工业的崛起，拉开了始于 1949 年的城镇化进程的序幕，为近 7 亿农村转移人口进城务工提供大量的就业岗位，进而实现了贫困人口大规模的脱贫。②

---

① 资料来源于国家统计局 2019 年初公布的相关数据。

② 数据根据国家统计局历年公布的资料整理。

自进入新常态以来，尽管我国经济增速下行，但扶贫攻坚的效果并没有减弱，没有出现一些国家经济增速减低、扶贫效果变弱的现象，这表明高增长并不具备天然的自动缓解不平等乃至贫困的动因，经济增长与减贫的相关性在很大程度上取决于增长质量的提高，具体包括经济结构变动、政治、经济环境变化等内在因素的提升。中国 70 多年扶贫开发的成就表明，贫困减少的外在动力来自高增长，内在动力却是来自制度的优势：社会主义公有制为大规模扶贫开发提供了保障——以公有制为主体的社会主义制度，使生产资料公有代替了私有，从根本上消除了起点的不平等，追求公平与公正的目标，使得社会主义制度在大规模扶贫开发中发挥了较高的动态效率，这是以资本效率为目标的私有制国家所不具备的条件。因此，离开制度的优势，仅仅依靠高增长带来贫困人口的减少，在理论上和实践上都是行不通的。

（二）按现行贫困标准，农村地区贫困人口大幅减少

以 2018 年计，改革开放 40 年来，高速经济增长的奇迹伴随扶贫开发事业的推进，使得中国的减贫事业取得了举世瞩目的成就，并为世界减贫事业做出了巨大贡献。在现行贫困标准（2010 年标准——人均收入 2 300 元）下，中国的农村贫困人口从 1978 年的 7.7 亿人减少到了 2018 年底的 1 660 万人，累计减贫约 7.5 亿人，贫困发生率从 1978 年的 97.5%下降至 2018 年的 1.7%。可以说，绝大部分农村人口在这 40 年间从普遍贫困走向整体消除绝对贫困（如图 1-1 所示）。

农村地区巨大的减贫成效使农村居民的生活状况得到了巨大改善。首先，改革开放 40 年来，农村居民的收入水平得到了巨大提高，且收入结构不断优化。统计数据显示，农村居民人均可支配收入由 1978 年的 151.79 元提高至 2018 年的 14 617 元，年均增长 14%。与此同时，农村居民的财产性收入和转移性收入占比不断提高，收入结构不断优化。农村居民财产性收入和转移性收入占可支配收入的比重由 1978 年的 6.3%增长

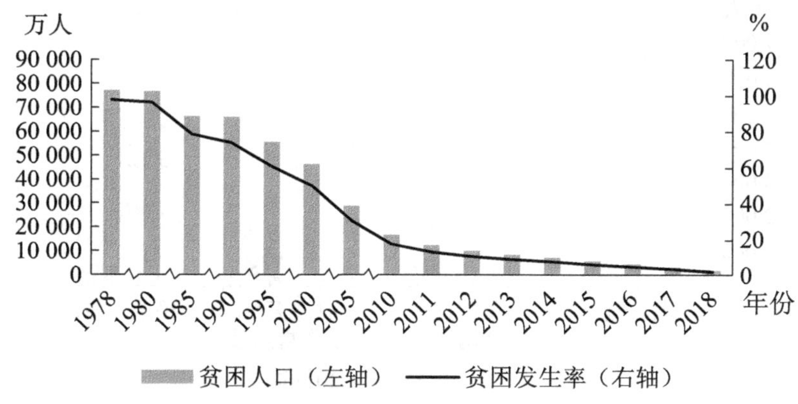

图 1-1　现行贫困标准下中国农村减贫情况

资料来源：国家统计局．中国统计年鉴 2019［M］．北京：中国统计出版社，2019.

至 2018 年的 22.3%。其次，农村家庭的消费能力显著提高。按 1985 年的价格水平计算，农村居民人均消费支出由 1978 年的 138 元提高至 2018 年的 12 124 元，年均增长 12%。最后，农村居民生活条件和生活环境明显改善，所享受的公共服务水平不断提高，生活质量全面提升。以汽车为代表的耐用消费品也开始走进农村家庭，2017 年农村居民平均每百户拥有的家用汽车的数量达到 19.3 辆，百姓出行更加便利。基本养老保险覆盖超过 9 亿人，医疗保险覆盖超过 13 亿人，基本实现全民医保。

（三）区域扶贫力度持续加大，区域性减贫效果显著

受自然、历史、地理等诸多条件的影响，中国的贫困问题具有显著的区域性特征。自 20 世纪 80 年代以来，党中央国务院一方面努力协调区域性经济均衡发展，另一方面不断加大对贫困地区的扶贫政策倾斜，不断推进区域性协作扶贫，区域性整体减贫成效显著。目前来看，东部地区已经基本率先实现脱贫，至 2018 年末，东部地区农村贫困人口只剩 147 万人，农村贫困发生率仅为 0.4%。而中西部地区地区整体性贫困问题则相对突出。中西部地区农村贫困人口由 2012 年末的 3 446 万人减少到 2018 年末的 597 万，农村贫困发生率则减少到 2018 年末的 3.2%（如图 1-2 所示）。

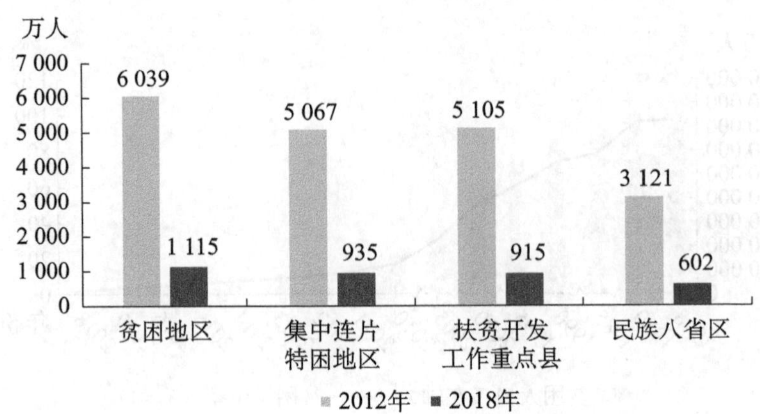

图 1-2　2012 年和 2018 年不同区域农村贫困人口规模

资料来源：国家统计局住户调查办公室．中国农村贫困监测报告 2019 [M]. 北京：中国统计出版社，2019.

更重要的是，主要集中于中西部的贫困地区①、集中连片特困地区②、国家扶贫开发工作重点县、民族八省区减贫效果亦十分显著。2018 年末，我国贫困地区农村贫困人口为 1 115 万人，比 2012 年末减少了 4 924 万人，减贫规模占全国农村减贫总规模的 59.8%。2018 年末集中连片特困地区农村贫困人口比 2012 年底减少了 4 132 万人。592 个国家扶贫开发工作重点县农村贫困人口 6 年间减少了 4 190 万人，累计减少了 82.1%。民族八省区农村贫困人口由 2012 年末的 3 121 万人减少至 2018 年的 602 万人，6 年累计减少 80.7%。

（四）制度变迁带动减贫效果呈阶段性递进

我国在农村地区减贫实践方面，基本经历了以下五个阶段：体制改革

① 贫困地区，包括集中连片特困区和片区外的国家扶贫开发工作重点县，原本共 832 个县。2017 年将享受片区政策的新疆阿克苏地区 1 市 6 县也纳入了贫困监测范围。

② 2011 年 12 月 6 日，国务院新闻办举行《中国农村扶贫开发纲要（2011—2020 年）》新闻发布会。其中第十条明确指出：国家将六盘山区、秦巴山区、武陵山区、乌蒙山区、滇桂黔石漠化区、滇西边境山区、大兴安岭南麓山区、燕山-太行山区、吕梁山区、大别山区、罗霄山区等区域的连片特困地区和已明确实施特殊政策的西藏、四省藏区、新疆南疆四地州，共计 689 个县作为扶贫攻坚主战场。

推动减贫阶段，有计划、有组织大规模开发式减贫阶段，减贫攻坚阶段，全面小康减贫阶段，缩小差距提升减贫质量阶段。①

1. 体制改革推动减贫阶段（1978—1985 年）

该阶段实行的“三西”扶贫开发计划②，为我国开辟了区域减贫的道路。按照 1978 年的贫困标准统计，1985 年，我国农村贫困人口为 1.25 亿人，占农村人口的 17%。1978—1985 年间，我国农村贫困人口年均减少 1 785 万人，农村贫困发生率由 30.7%降至 14.8%，年均下降 2.27 个百分点，农村减贫取得了初步胜利。

2. 有计划、有组织、大规模开发式减贫阶段（1986—1993 年）

国家开始推行专项减贫政策，通过设立专门的机构，实行专门的政策，通过集中连片开发并确定开发标准，成功将救济式扶贫升级为开发式扶贫以降低返贫率。1986—1993 年，我国农村贫困人口由 1.31 亿人降至 8 000 万人，农村贫困发生率由 15.5%降至 8.72%。无论从绝对贫困人口数量还是从贫困发生率来看，我国农村地区减贫都取得了革命性的胜利。

3. 减贫攻坚阶段（1994—2000 年）

随着农村大批贫困人口的脱贫，农村减贫的速度开始放缓，国家实施了以工代赈、科技扶贫等措施，进一步缩小了农村贫困人口规模。在这一阶段，我国重新确定重点扶持贫困县，提出扶贫开发到村到户，同时继续加大减贫投入。以《国家八七扶贫攻坚计划》的公布实施为标志，我国的扶贫开发工作正式进入攻坚阶段，即要在 20 世纪的最后 7 年，集中人力、物力、财力，团结社会各界力量，力争解决当时全国农村贫困人口的温饱问题。到 2000 年，我国农村贫困人口规模降至 3 209 万人，农村贫困发

---

① 我国农村扶贫实践数据根据国家统计局历年公布的相关数据归纳整理，五阶段数据若无特别说明均出于此。按照历年统计年鉴上的标准，下面提到的我国贫困规模和贫困发生率在第 1～3 阶段（1978—2000 年）按 1978 年的贫困标准计算，第 4 阶段（2001—2010 年）按 2008 年的贫困标准计算，第 5 阶段（2011 年至今）按 2010 年的贫困标准计算。

② 1982 年我国针对甘肃省定西、河西地区及宁夏西海固地区恶劣的自然条件及严峻的农村贫困问题实行为期 10 年的专项扶贫计划，1992 年该计划延长 10 年。

生率由1994年的7.7%降至3.5%。农村贫困人口年均减少631万人，发生率年均下降0.7个百分点。

4. 全面小康减贫阶段（2001—2010年）

农村扶贫开发以“整村推进、劳动力转移培训和产业化扶贫作为工作重点，改革资金管理体制，并完善扶贫工作机制”。除此之外，国家确定了四大重点扶贫开发区域并集中力量重点推进这些区域的减贫实践：西部少数民族地区、革命老区、边疆地区及特困地区。在这一阶段，我国农村贫困人口（按2008年口径）由2000年的9 422万人降至2010年的2 688万人，年均减少673.4万人，贫困发生率则由10.2%降至2.8%。

5. 缩小差距提升减贫质量阶段（2011年至今）

国家在扶贫开发方式上提出了新要求，即“坚持开发式扶贫为主线，实现专项扶贫、行业扶贫、社会扶贫等多层次扶贫方式的落实，不断提升贫困地区和扶贫对象自身的发展能力，开展国际合作，强化扶贫开发责任，加强扶贫队伍建设和扶贫法制化建设”。按照2 300元（2010年不变价）的扶贫标准，我国农村贫困人口由2011年的12 238万人降至2018年的1 660万人，年均减少1 511万人，农村贫困发生率由12.7%下降到1.7%。

（五）中国的减贫成就为世界减贫事业做出巨大贡献

改革开放40年来，我国农村地区逾7亿人口先后摆脱了贫困，为世界减贫做出了巨大贡献，创造了大幅度扶贫开发的世界性奇迹。

中国的减贫事业对世界减贫的贡献主要表现在：第一，中国是全球最早实现联合国千年发展目标中的减贫目标的发展中国家，对全球减贫的贡献率超过70%。按照世界银行1.9美元/天的国际贫困标准以及世界银行发布的数据，我国贫困人口从1981年末的8.78亿人减少至2015年的960万人，累计减少8.7亿人，减贫人口占全球减贫总规模的比重超过了74%（见表1-1）。第二，我国的减贫速度明显快于全球水平。中国的贫困发生率从 1981 年末的 88.3%下降至 2015 年末的 0.7%，累计下降了 87.6 个百分点，年均下降 2.6 个百分点；而全球的贫困发生率则是从 1981 年的 42.3%下降至 2015 年末的 10.0%，累计下降了 32.3 个百分点，年均下降 0.95 个百分点。第三，中国为全球减贫事业提供了中国经验，贡献了中国力量。到 2020 年中国将全面实现小康社会，完成全面脱贫的任务。世界上没有任何一个国家可以在如此短的时间内实现这一目标，中国的减贫方略尤其是党的十八大以来的精准扶贫的实施为全球减贫提供了中国方案和中国智慧。联合国秘书长古特雷斯在“2017 减贫与发展高层论坛”上发贺信盛赞中国减贫方略，称“精准减贫方略是帮助最贫困人口、实现 2030 年可持续发展议程宏伟目标的唯一途径。中国已实现数亿人脱贫，中国的经验可以为其他发展中国家提供有益借鉴”。此外，中国在实现自身减贫目标的同时还积极援助其他发展中国家的减贫事业。截至 2016 年 10 月，中国共向 166 个国家和国际组织提供了近 4 000 亿元人民币的援助，派遣 60 多万援助人员，积极向 69 个国家提供医疗援助，并先后为 120 多个发展中国家落实联合国千年发展目标提供帮助。①

表 1-1　　中国与世界贫困人口比较（贫困标准：1.9 美元/天）

年份	中国贫困人口（万人）	世界贫困人口（万人）	中国占世界比重（%）
1981	87 780	189 256	46.38
1984	78 550	185 068	42.44
1987	65 953	173 832	37.94
1990	75 581	184 020	41.07
1993	67 171	184 906	36.33
1996	51 198	166 420	30.76
1999	50 786	169 187	30.02
2002	40 909	158 804	25.76
2005	24 445	133 273	18.34

① 国家统计局住户调查办公室．中国农村贫困监测报告 2019［R］．北京：中国统计出版社，2019.

续前表

年份	中国贫困人口（万人）	世界贫困人口（万人）	中国占世界比重（%）
2008	19 406	120 530	16.10
2010	14 956	107 772	13.88
2011	10 619	94 673	11.22
2012	8 739	88 079	9.92
2013	2 511	76 641	3.28
2014	1 909	—	—
2015	960	73 400	1.30

资料来源：根据世界银行公布的数据整理。由于世界银行的数据只更新至 2015 年，故这里的年限为 1981—2015 年。

二、高速经济增长对减贫的拉动效应

改革开放以来持续高速的经济增长是中国减少贫困最根本和最重要的力量源泉。[①] 经济增长对农村地区减贫的作用主要表现为两方面：一是直接影响，经济增长为农村居民提供了更多的就业和增收机会；二是间接影响，经济增长是提高社会福利、改善人民生活质量的重要经济基础。

（一）高速经济增长与中国农村地区的减贫数量呈正效应

改革开放 40 年来，中国经历了高速增长期，同时也取得了扶贫开发的巨大成就。具有中国特色的扶贫开发成就表明，快速且持续的经济增长对于削减贫困（尤其是收入型贫困）效果显著，为世界各国提供了中国经验。由于中国 80%贫困人口集中在广大农村，中国的减贫成就在农村表现尤为突出。当然，当我国消灭了绝对贫困之后，不可否认，伴随着经济高增长和居民收入水平的显著提高，还有一定数量的相对贫困人口需要脱

① 孙咏梅，秦蒙．高速经济增长会自动消减贫困吗？——新中国成立 70 年取得的减贫效果评价［J］．教学与研究，2019（5）：17．

贫，农村地区贫困发生率的下降率正逐年降低，经济增长的收益分配非均衡特征表现突出，扶贫攻坚面临着较大的瓶颈。

中华人民共和国成立初期，我国年均增长率一度高达 9.98%（1956—1960 年），创造了高速增长的世界性奇迹。改革开放以来，中国 GDP 占世界比重由 1978 年的 2.25%上升到 2018 年的 16.7%，与美国的差距在不断缩小（美国 2018 年经济总量占世界比重约为 24.17%）。几十年的高速增长带来了显著的减贫效果，我们一直认为，中国的减贫成就主要得益于高增长带来的巨大动力，尤其以劳动密集型为特征的工业产业的崛起，拉开了始于 1949 年的城镇化进程的序幕，为近 7 亿农村人口进城务工提供了大量的就业岗位，进而实现了贫困人口大规模的脱贫。

我们以 1978 年为基期，计算出 1980 年以来实际人均 GDP 增长率与贫困发生率变化率（见图 1－3），从中可以发现，实际人均 GDP 的增长速度与贫困发生率下降速度基本保持同一趋势，经济增长率降低，贫困发生率的下降速度就会降低。这一结果反映出我国经济增长与贫困减少呈正相关的关系。我们还建立了关于一个经济增长水平（用实际人均 GDP 表示）与农村地区贫困发生率的简单回归方程，回归结果显示，经济增长对贫困发生率的弹性为－1.039，且该估计系数在统计上具有显著性。

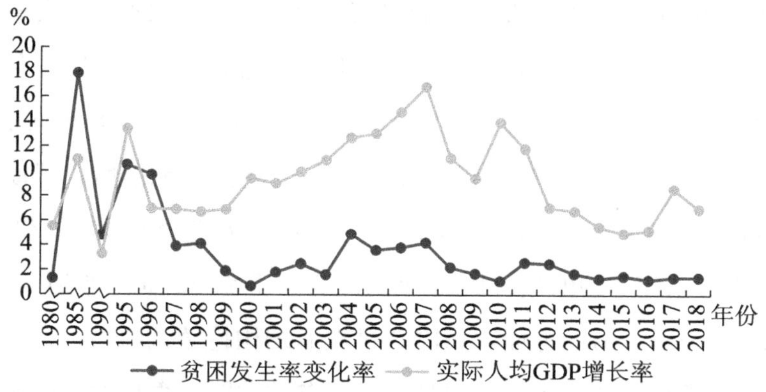

图 1－3　经济增长与贫困发生率变化率的关系（1978 年＝100）

资料来源：根据《中国统计年鉴 2018》数据，按不变价格计算所得。

根据实证回归结果，我们可以得出如下结论：中国高速经济增长具有显著的减贫效应，尤其是改革开放 40 年来，高速经济增长为脱贫攻坚创造了财富，奠定了良好的物质基础，为中国农村地区大规模减贫提供了动力。因此，全面建设小康社会，打响脱贫攻坚战，保持一定速度和规模的经济增长是非常必要的。

（二）农村经济增长为农村居民提供了增产增收的机会

第一，农村改革的全面展开促进了农业的快速发展，为农民增产增收带来机会。改革开放以后，以家庭联产承包责任制改革为标志的农村改革全面展开，为农业快速发展提供了巨大动力，也为农民增产增收提供了基础。自 1978 年起，我国农村开始实行“分田到户，自负盈亏”的家庭联产承包责任制。家庭联产承包责任制的推行大大激发了农民生产的积极性，各种农产品产量（以粮食为主）稳步上升，农民收入水平也得到了显著提高。同时，中央政府十分重视我国农村的发展，几十年来出台了很多强农惠农的政策，大大促进了农业与农村经济的快速发展，使得农村经济效益显著提高。具体表现在：一方面，农业产值逐年提高，粮食产量继续稳增。2018 年我国农林牧渔业总产值为 113 579.5 亿元，是 1978 年的 1 397 亿元的 81 倍，年均增长约 11.6%。其中，在 2018 年，农业产值达到 61 452.6 亿元，比 1978 年增加了 55 倍；林业产值为 5 432.6 亿元，比 1978 年增加了 113 倍；牧业产值为 28 697.4 亿元，比 1978 年增加了 137 倍（见图 1-4）。与此同时，我国农村粮食产量也逐年稳增，劳动生产率不断提高。粮食产量由 1978 年的 30 476.5 万吨增长到了 2018 年的 65 789.2 万吨；谷物单产由 1995 年的 4 653 千克/公顷增加到 2018 年的 6 120 千克/公顷。另一方面，我国农村农业结构持续调整，经济作物产量增加。在改革开放之前相当长的时间里，农村发展一直片面“以粮为纲”，其他农副产品（主要是经济作物）并没有得到发展，直到 1978 年，粮食作物占种植业的比重还高达 76.7%，农业结构过于单一，农民的收入水

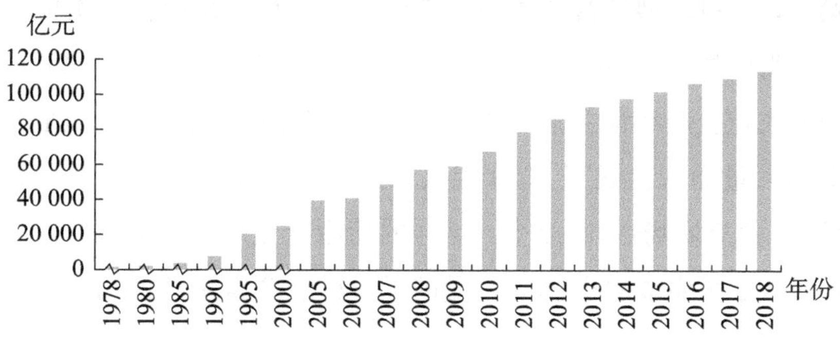

图 1-4　1978—2018 年农林牧渔业总产值

资料来源：国家统计局．中国统计年鉴 2019［M］．北京：中国统计出版社，2019.

平一直很低。1978 年后，农业产业结构实现了较大的调整，经济作物的产值逐年提高。一是油料作物的种植面积不断扩大，2018 年油料作物种植面积达到了 12 872 千公顷，比 1978 增加了 6 652 千公顷，年均增长 3.5%，油料作物产量也由 521.8 万吨增长到 3 433.4 万吨；二是蔬菜种植面积也逐年增长，2018 年达到了 20 493 千公顷，是 1978 年的 3 331 千公顷的 6.2 倍；三是果园种植面积也大幅度增加，由 1978 年的 1 657 千公顷增长到了 2018 年的 11 875 千公顷。这些经济作物种植面积不断扩大，年产量也逐年增长。农林牧渔业总产值以及粮食和其他经济作物产量的提高既为农民提供了最基本的口粮保障，也使农民家庭经营性收入提高。统计数据显示，2018 年农村居民家庭经营纯收入为 5 498.4 元，比 1978 年的 35.8 元提高了 5 462.6 元，年均增长 13.41%。家庭经营纯收入一直是农民最主要的收入来源，因此农村经济的发展和进步与农民收入水平的提高密不可分。此外，农业生产技术和科技水平的显著提高为农业的现代化发展做出了巨大贡献。改革开放以来，我国农村地区的农业生产实现了由主要依靠人畜力向主要依靠机械动力的转变。2018 年全国农作物耕种收综合机械化率超过 67%，其中主要粮食作物耕种收综合机械化率超过 80%。农业机械拥有量的较快增长和广泛应用，不仅极大地提高了农业劳动生产率，也逐步把农民从传统的高强度农业生产劳动中解放出来。

第二，农村新型经营主体的大量涌现为农村居民提供了新的就业机会，并使得农村居民的收入结构得到改善。改革开放以来，国家着力发展各类新型农业生产经营主体和服务主体，农民专业合作社、家庭农场、乡镇企业等大量涌现。截至 2018 年底，全国农民专业合作社注册数量达 217 万个，家庭农场达 60 万个。这样的新型企业改变了单一的农业产业结构，吸收了大量农村劳动力，促进了乡村经济繁荣和人们生活水平的提高。

三、经济增长政策拉动作用对减贫的贡献：以中国农村为例

从产业结构看，我国的经济增长模式为经济增长主要依靠第二、三产业带动，第一产业占比持续下降。而从三大需求角度看，我国则是典型的"投资驱动型"和"出口导向型"的经济增长模式。而这种经济增长模式最大的体现就在于我国选择的经济增长的政策之上。本章在这里主要讨论我国选择的经济增长政策对改善农村贫困状况的贡献。需要注意的是，我们在这里主要讨论几个代表性的经济增长政策，如对外开放、鼓励投资、推进城镇化等，并不对所有经济增长政策展开讨论。

（一）投资与贫困：投资驱动型经济增长与贫困减少

以斯密（Smith）为代表的古典经济增长理论认为，资本积累是经济增长的关键性因素；凯恩斯（Keynes，1981）的"投资乘数理论"又进一步证实了投资对经济增长的巨大作用；此后，以索洛（Solow）为代表的新古典增长理论也肯定了资本投入对经济增长的贡献。基于这些理论，世界上大部分国家都是主要通过增加资本投入来实现增长的，因而这一经济增长方式被称为投资驱动型经济增长方式。我国是典型的投资驱动型经济，长期以来经济增长主要依靠的是物质资本的投入，其主要特点是"两

高一低”，即高储蓄、高投资、低消费。

改革开放 40 年来，投资需求一直是推动我国经济高速增长的重要力量，2018 年，投资需求对经济增长的贡献率为 32.4%，且 6.8%的经济增长率中投资拉动了 2.2 个百分点。

从图 1－5 可以看出，我国经济增长率波动的周期与资本形成总额增长率波动的周期保持高度一致，资本形成总额增长率上升，经济增长速度就加快；资本形成总额增长率下降，经济增长速度就放缓。基于增长的减贫效应，利用高投资保持经济增长的方式，对于减少贫困也发挥了积极的作用。郭熙保、桂立和陈志刚（2015）对我国 2008 年 4 万亿元投资的增长效应和减贫效应做了分析，并表明在国际金融危机的冲击下，4 万亿元投资不但使中国的经济增长速度保持在较高水平，也为农村地区的减贫事业做出了巨大贡献。

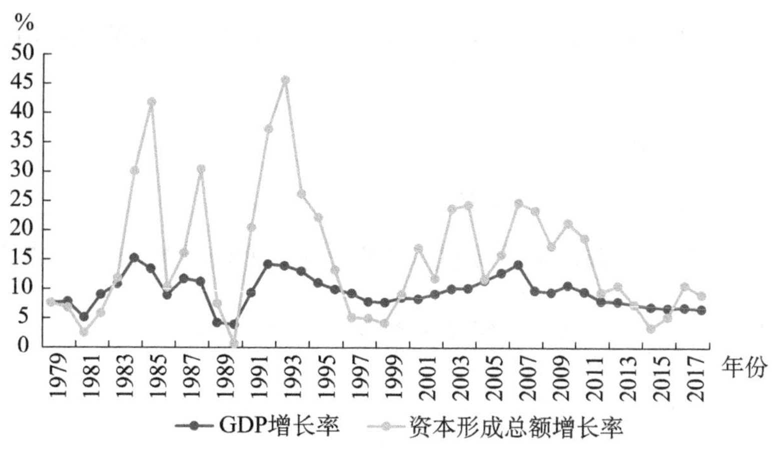

图 1－5　1979—2017 年我国经济增长率与资本形成总额增长率

资料来源：国家统计局．中国统计年鉴 2019［M］．北京：中国统计出版社，2019.

从图 1－6 中我们也可以直观地看出，我国农村贫困减少率的波动基本上也与资本形成总额增长率的波动保持一致。为了具体研究投资对贫困减少的作用，我们可以建立一个简单的投资、经济增长与贫困减少间的联立方程。

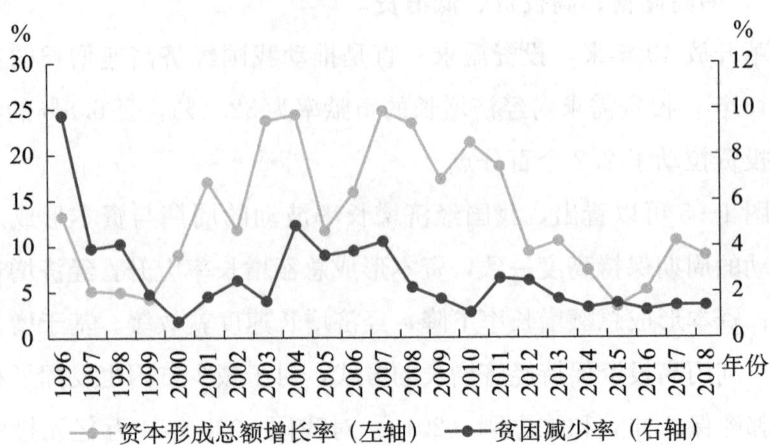

图 1-6 1996—2018 年我国贫困减少率与资本形成总额增长率

资料来源：根据国家统计局公布的历年统计数据整理。

在这里，我们用人均实际资本形成总额（*RPC*）代表投资，人均实际 GDP（*RPGDP*）代表经济增长，贫困发生率（*H*）代表贫困，时间跨度为 1995—2014 年：

$$\begin{cases} \ln RPGDP = \alpha + \beta \ln RPC + \varepsilon_i \\ \ln H = \gamma + \lambda \ln RPGDP + \varepsilon_k \end{cases} \tag{4.1}$$

对上述联立方程在 stata 中做 3SLS 操作，回归结果如表 1-2 所示。

表 1-2 投资、经济增长与贫困发生率的回归结果

自变量 / 因变量	ln*RPC*	ln*RPGDP*
ln*RPGDP*	0.854 (59.29)***	
ln*H*		−1.044 (−22.34)***
常数项	1.942 (18.84)***	11.617 (30.88)***
R^2	0.994 9	0.965 2

注：括号内为 *t* 统计值，*** 表示在 1%水平上显著。

从表 1-2 可知，资本形成总额对经济增长具有积极的作用，资本形成总额每提高 1%，经济增长会提高 0.854%。但应该注意到，投资对经济增长的推动作用在实际情况下应该更大，因为投资具有“乘数效应”。而投资带来的经济增长也为减贫做出了巨大的贡献。以 2008 年应对金融危机的 4 万亿元投资来说，虽然这一积极的财政政策带来了一系列的问题，但不可否认的是，这 4 万亿元投资在世界经济处于低迷时期支撑了中国的经济增长，使得中国经济在金融危机期间仍保持 10%以上的增长率。由于增长的减贫效应，利用高投资使中国经济在世界金融危机中保持高增长必然也抑制了农村地区贫困状况的恶化。

但我国的经济增长主要依靠的是物质资本投入，呈现的是粗放型经济增长方式的特点，经济增长仍以消耗资源和能源为主，技术进步、创新、人力资本等对经济增长的贡献还很低。资本都是逐利性的，追求的是最大增值，因而，资本总是会从利润率低的部门流向利润率高的部门。资本逐利性的特点使得投资驱动型经济增长更加注重的是资本效率而不是社会公平，这对社会的发展产生了一定的不良影响，比如投资驱动型经济使得大量资本从效率低、盈利能力低的农业部门流向城市工业部门，导致了城乡经济发展的差距；还比如，投资驱动型经济增长带来资本对劳动力的排斥，尤其是对低素质劳动力的排斥。

（二）对外开放与贫困：开放政策对贫困的影响

自 1978 年改革开放后，我国逐渐开放国门，一方面，出口贸易额快速增长，出口总额由 1978 年的 206.4 亿美元增至 2018 年的 24 866.8 亿美元，年均增长率约为 12.7%，且自 1994 年起就实现了贸易顺差，外汇储备也持续增长。伴随着出口的快速增长，出口总额占 GDP 的比重也逐年上升，由 1978 年的 4.65%上升至 2018 年的 18.23%。另一方面，随着出口贸易额的迅速增长，我国的出口贸易结构也在逐渐改善（见图 1-7）。改革开放初期，我国出口的主要产品为资源密集型产品，直至 1985 年这些产品出口额占总出口额的比重仍达 55.56%；20 世纪 90 年代之后，劳动密集型产品的出口开始取代资源密集型产品的出口，劳动密集型产品出口总额从 1990 年的 252.62 亿美元迅速增长至 2018 年的 9 702.65 亿美元，劳动密集型产品在这一期间成为主要的出口产品，这不仅为我国提供了巨大的出口收入，也为国内低技术劳动力提供了大量的就业机会。自 2003 年起，资本密集型产品取代劳动密集型产品，成为出口量最大的产品类型，至 2018 年，资本密集型产品出口额占总出口额的比重达 55.30%，劳动密集型产品出口额占比达 39.02%，资源密集型产品出口额占比为 5.43%。出口贸易的快速增长对中国经济发展具有明显的正向促进作用，并成为中国经济增长的主要推动力之一。

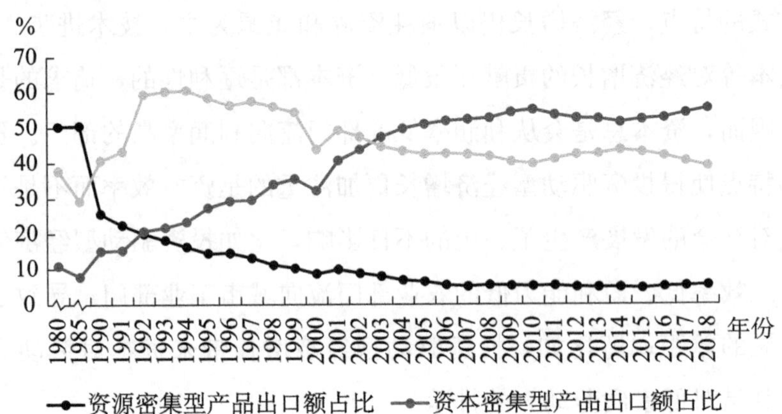

图 1-7　1980—2018 年我国各类出口产品出口额占比

资料来源：根据国家统计局公布的各年统计数据整理。

注：在这里，我们把初级产品——食品及主要供食用的活动物，饮料及烟类，非食用原料，矿物燃料、润滑油及有关原料和动植物油脂及蜡定义为“资源密集型产品”；把工业制成品中的化学品及有关产品、机械及运输设备定义为“资本密集型产品”；把轻纺产品、橡胶制品、矿冶产品及其制品及杂项制品定义为“劳动密集型产品”。

而关于贸易开放对减少贫困的影响，在学者间存在着一定的争议。一些学者认为，对于发展中国家来说，开放的贸易体制会对本国的经济增长和发展提供支持，有利于发展中国家减少贫困。这是因为，取消发展中国家的贸易壁垒，参与国际市场，将会增加对这些国家廉价劳动力的需求，扩大发展中国家人民的就业机会，并提高他们的收入水平，从而减少贫困。然而也有学者指出，贸易改革虽然确实带来了经济增长，进而减少了贫困，但是其在一些方面也损害了低收入者的利益。一方面，发达国家由于先进技术的使用，农产品的价格远远低于发展中国家的农产品价格，由于贸易自由化，国际市场的农产品流入发展中国家必然损害发展中国家低收入者的利益。另一方面，贸易自由化对收入分配的影响也比较复杂。贸易自由化可能会提高低技术工人的工资水平，减少不平等程度；但同时贸易自由化也可能会使收入分配进一步恶化。

就我国的实际情况看，一方面，对外贸易的快速发展促进了经济增长，诱发了经济增长的减贫效应，自然有利于农村地区贫困规模的减少；另一方面，廉价劳动力的优势使得劳动密集型产业快速发展，这为农村低技术劳动力提供了大量的就业机会，并提高了他们的收入水平，降低了贫困发生率。与此同时，对外开放也在一定程度上损害了农民的利益。这主要体现在农产品的销售上，国际市场上的农产品价格普遍低于国内农产品的价格，这对国内农产品的市场占有带来了巨大的压力。另外，我国各地区对外开放的程度存在很大差别，东南沿海地区的开放程度远高于中西部地区，这也在一定程度上导致居民间的收入差距不断拉大。

（三）城镇化与贫困：城镇化对农村减贫的影响

城镇化是经济增长与发展的重要手段，也是推进区域性扶贫减贫工作的重要途径。世界上很多国家都通过推进城镇化来解决区域性贫困问题。比如，美国在解决阿巴拉契亚地区的落后贫困问题、日本在发展北海道地区经济时，推进城镇化，培育城市经济增长中心，辐射带动区域发展，成为这两个国家选择摆脱区域落后面貌的重要方式之一，都取得了巨大进展。

近年来，我国城镇化水平不断提高，农村居民大量向城市迁居，使得城镇人口比重不断上升，农村人口比重不断下降，城乡居民分布结构发生了重大变化。统计数据显示，城市绝对人口由1978年的17 245万人增长到了2018年的83 137万人，增长了3.82倍，年均增长4%；城镇人口比重由1978年的17.82%提高到了2018年的59.58%。农村人口自1998年后逐年下降，从1998年的83 183万人下降到2018年的56 401万人（见图1-8）。

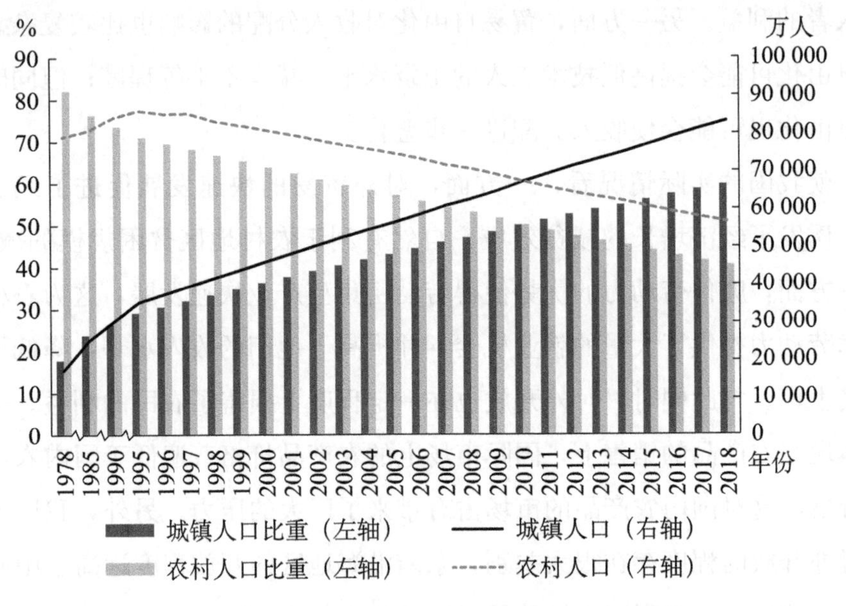

图1-8 1978—2018年城乡居民结构变动

资料来源：国家统计局．中国统计年鉴2019［M］．北京：中国统计出版社，2019.

城镇化水平的提高也成为我国农村地区贫困减少的重要推动力。具体来说，城镇化主要是通过改变农民就业结构和实现农民增收这两个方面来减少贫困的：一方面，城镇化的快速推进为农村劳动力转移就业提供了大量机会，帮助大量农村剩余劳动力从农业转移出来，转而流向第二、三产业（主要是制造业、建筑业和服务业）就业，改变了农民的就业结构，使得农民工资性收入大幅度提高；另一方面，城镇化的推进更为农村农业规模化经营提供了巨大的空间，有助于农业现代化的发展，也推动了“三农”问题的解决，能够使留在农村的农民发家致富，摆脱贫困。与此同时，2014 年我国又提出了“新型城镇化”的发展目标，更加注重“以人为核心”的城镇化。“新型城镇化”不仅关注城市规模的扩张，更关注的是农村人口进入城市成为城镇人口，并享受与城镇居民均等的基础设施、公共服务。这必将进一步推进减贫脱贫的步伐。

此外，总需求政策对农村贫困变动也存在一定的影响，尤其是财政政策。我国目前实行的依旧是积极的财政政策，而积极的财政政策对经济增长具有显著的拉动效应。一方面，积极的财政政策激发了投资需求，2000 年以来我国投资需求对经济增长的拉动保持在 3～7 个百分点；另一方面，积极的财政政策也刺激了消费需求。积极的财政政策通过增加对人民的福利性开支和政策性补贴，提高了低收入者的收入，也刺激了社会消费需求。与此同时，我国现阶段的财政政策也成为扶贫的一个重要手段。一方面，我国进一步强化了财政综合扶贫投入体系，财政支农投入新增部分重点用于扶贫开发。2014 年，我国用于农林水的财政支出达 16 641.71 亿元，比 1978 年的 76.95 亿元增长了 215 倍。另一方面，中央财政一般性转移支付进一步向贫困地区倾斜，中央财政支出中的社会救济金和自然灾害救济金逐年上升，这一支出由 1978 年的 6.5 亿元增长至 2014 年的 1 217.32 亿元。支农财政支出的增长会提高农村居民的转移性收入，降低农村贫困发生率。

（四）经济增长政策与贫困：农村贫困变动影响的现实分析

从以上分析可以知道，促进经济增长的各个政策，有的是直接对贫困变动产生影响，比如贸易开放、推进城镇化；而有一些则是通过促进经济增长间接对贫困变动产生影响。我们可以通过一个联立方程组定量研究经济增长政策对贫困变动的影响。

同样地，令 H 代表贫困发生率，$RPGDP$ 代表经济增长水平，PC 代表人均资本形成总额（即代表投资水平），EX 代表出口所占比重，UR 代表城镇化水平，T 代表农林水财政支出及政府转移支出，GE 代表政府财政支出水平，GN 代表基尼系数，GPI 代表价格水平，$PGDP$ 代表人均 GDP 水平，URG 代表城乡收入差距。我们可以根据上面的分析建立贫困发生率、经济增长、不平等状况之间的联立方程组：

$$\begin{cases} H=f(RPGDP,\ RPGDP^2,\ PC,\ EX,\ EX^2,\ UR,\ T,\ GN,\ URG) \\ RPGDP=f(PC,\ EX,\ EX^2,\ UR,\ GE,\ CPI,\ GN) \\ GN=f(PGDP,\ PGDP^2,\ PC,\ EX,\ EX^2,\ UR,\ T) \end{cases} \tag{4.2}$$

上述方程的回归结果如表 1-3 所示。

表 1-3　　经济增长政策与贫困发生率、收入不平等的回归结果

	(1) ln$H$	(2) ln$RPGDP$	(3) lnGN
ln$RPGDP$	−3.418 (−1.85)*		0.922 (3.59)***
ln$RPGDP^2$	0.130 (1.25)		−0.065 (−4.45)***
lnRPC	−0.381 (−3.53)***	0.409 (7.13)***	0.174 (3.52)***
lnEX	2.079 (2.19)**	1.439 (1.37)	0.772 (3.00)***
lnEX^2	−0.311 (−2.11)**	−0.195 (−1.22)	−0.270 (3.00)***
lnUR	−0.619 (−0.98)	−0.895 (−3.74)***	−1.025 (−2.39)**
ln$T$	−0.370 (−4.75)***		−0.266 (−1.43)
lnURG	0.596 (2.18)***		
lnGN	0.231 (1.65)*	−1.602 (−8.58)***	
lnGE		0.362 (8.80)***	

续前表

	(1) ln$H$	(2) ln$RPGDP$	(3) lnGN
lnCPI		0.080 (0.57)	
常数项	17.751 (2.44)**	−3.367 (1.86)*	−8.234 (−6.09)***
R^2	0.999 4	0.997 6	0.938 6

注：括号内为 t 统计值，*，**，*** 分别表示在 10%、5%和 1%水平上显著。

尽管非洲、拉丁美洲一些国家的经济增长并没有显著的减贫效应，但在我国，经济增长对减少贫困却产生了较大的效果。从回归结果可知：

（1）经济增长具有明显的减贫效应，在表 1－3 中体现为人均 GDP（*RPGDP*）估算值的系数为－3.418，且在统计上显著。这说明改革开放以来我国经济的高速增长是农村贫困减少的重要力量。但需要注意的是，人均 GDP 二次项的系数为正，说明经济增长到一定程度后，贫困发生率的下降速度减缓，这是因为在经济高速增长的过程中重视经济增长的效率而忽视了公平，导致居民间收入不平等问题日益严重。

（2）鼓励投资对农村贫困减少做出了重要的贡献，这表现为人均资本形成总额（*RPC*）估算值的系数为－0.381，表明人均资本形成总额每提高 1%，贫困发生率会下降 0.381%。但同时也应该注意到，第（3）列的回归结果显示，*RPC* 对收入不平等具有正向效应，也就是说 *RPC* 增加会导致农村居民收入不平等状况加剧。

（3）对外开放政策对农村贫困减少也发挥了一定的作用。出口总额占 GDP 比重（*EX*）的估计系数为正，二次项的估计系数为负，说明贸易自由与贫困之间存在倒 J 形关系，也就是说，贸易自由化初期对外开放使农村贫困状况出现了恶化，这可能是由于农产品受到了国际市场低价农产品的冲击，而当出口贸易额增长到一定程度后，贫困状况会逐渐改善，这可能是因为劳动密集型产业的发展为低技术劳动力提供了大量就业机会。

（4）城镇化发展和政府扩大转移性支付都对农村贫困减少做出了巨大

贡献。这一结果也符合我们的预期。推进城镇化进程，使农村居民迁居城市，不仅能使迁居农民获得更好的就业机会、更好的公共服务，也能为留居农村的居民提供更大的发展空间。而政府转移性支付的扩大，既能增加农村居民的收入水平，也能提高他们的社会保障水平。

（5）城乡居民收入差距以及基尼系数的扩大都不利于农村贫困的减少。而在经济增长过程中，很明显基尼系数是呈上升趋势的，在表 1-3 中反映出来的就是 *GN* 对 *RPGDP* 的系数为负。这说明在经济增长过程中，收入增长和收入不平等加剧是同时出现的，这是因为社会平均收入的提高往往伴随着富人和穷人绝对收入差距扩大的趋势。

（6）从经济增长的方程式看，除了基尼系数的估计系数为负，其他指标都是有利于经济增长的。这说明扩大投资、对外开放、扩大政府支出、稳定的货币政策都是有助于实现经济增长、国民增收的。

（7）从收入差距方程看，除了政府转移性支付会缩小收入差距，投资和出口都会使得收入差距拉大。经济增长对基尼系数的估计系数为负，说明在经济增长的过程中不是每个人都平等地分享到了经济增长的好处，在追求高速经济增长的过程中更多地注重了效率而忽视了公平。

第二章　以反贫困消除不平等障碍：理论思辨与现实

不可否认的是，高速经济增长为农村居民创造了巨大的收入扩张效应，并因此实现了农村地区贫困规模大幅度下降。但是，受经济发展不均衡状态的影响，我国居民间收入分配差距也面临日益扩大的困境。统计数据显示，随着经济高增长和居民收入水平的显著提高，我国居民收入分配的贫富两极分化现象日益严重，居民基尼系数由1978年的0.18扩大到了2010年的0.48，尽管自2011年后因全面建设小康社会目标的推进，以及经济增长方式、经济结构的变迁等变化，我国居民的收入分配状况得到了一定程度的改善，但基尼系数仍显著高于发达国家水平，经济增长的收益分配非均衡特征表现依旧突出。收入不平等的加剧削弱了增长带来的减贫效应，也导致脱贫攻坚面临巨大的瓶颈。在这一阶段，反贫困必须要消除不平等。

一、对收入不平等产生机理及影响的几种理论思辨

（一）马克思：剥削——贫困与两极分化

马克思主义理论认为，生产资料所有制决定了不同要素所有者在生产中的地位和相互关系，进而决定了他们之间的分配方式和分配关系。资本主义社会的生产方式是资本雇用劳动，实行的是私有化的经济制度，依靠资本积累实现剩余价值。资本原始积累使得大多数劳动者与获取生活资料的生产资料分离，无产阶级队伍不断扩大。他们只能被资本雇用，所创造的剩余价值也被资本家阶级凭借自己的生产资料所有权而无偿占有，从而陷入了贫困的循环；而随着社会财富即资本的不断扩张，他们又被资本抛

弃，失去生活来源，沦落为赤贫人群。可以说，资本积累就是无产阶级贫困的积累。而在社会主义社会中，实行的是以生产资料公有制为主体的经济制度，劳动者是生产资料的主人，在此基础上实行的是按劳分配制度，而不是按资本分配。按劳分配制度的实行使得社会中的分配差别由劳动差别所决定，这种差别不会很大，并不会产生两极分化。社会主义的本质原则是在大力发展生产力的基础上实现全体人民的共同富裕。

但是，1978 年改革开放后，中国却出现了比较严重的贫富分化。这与我国生产关系的完善程度有关，即与所有制结构、分配制度有关。一些学者给出了具体的解释。卫兴华（2014）指出，我国收入差距的拉大应从所有制结构的变化上寻找原因。由于经济体制改革，我国公有制为主体的地位受到了削弱，而非公有制经济比重得到了扩大，社会主义所有制结构出现了逆势消长的局面，这也是产生贫富分化的重要根源。同时，卫兴华老师还指出城乡收入差距扩大是由于农业生产力发展落后的原因。吴宣恭（2011）认为，我国收入分配不公的主要矛盾是私营企业主收入与普通劳动者收入差距巨大，且造成这一现象的根本原因在于鼓励非公有制经济发展时，对它们的引导监管不力，造成这些私营企业资本积累过快而普通劳动者相对贫困。程恩富、余斌（2010）指出，我国劳动报酬占比下降是公有制占比在我国经济中的比重下降的客观结果。综合学者们的观点，我们认为，我国贫富分化现象出现的重要原因就是按劳分配比重过低，资本等要素获得的报酬比重过高。因此，在经济发展过程中，一方面，我们应着力于解放和发展生产力，为共同富裕奠定物质基础；另一方面，要完善社会主义生产关系，坚持公有制和按劳分配的主体地位，尊重劳动，提高劳动在收入分配中的地位。

（二）新古典经济学：影响收入平等的要素分析

自亚当·斯密研究国民财富的性质及原因以来，收入分配在古典经济学中一直是宏观经济分析的中心。但是，伴随着 19 世纪 70 年代"边际革命”的兴起，新古典经济学占据主导地位，收入分配问题在宏观经济分析中逐渐居于次要位置。因为在一个完美的竞争模型中，收入分配被假定由一般均衡状态下的边际生产率决定，工资率完全由劳动力市场机制决定。新古典经济学的收入分配理论继承了萨伊的“生产三要素论”——劳动、资本和土地三个要素在生产过程中都提供了“生产性服务”，因此它们都会取得相应收入，即工人得到工资，资本家得到利息，地主得到地租。其中，以克拉克的边际生产力分配论和马歇尔的均衡价格理论最为著名。

克拉克是 19 世纪末 20 世纪初美国边际学派的代表人物，他将生产力理论与边际分析方法结合起来，提出了边际生产力分配理论。在边际生产力分配理论中，他指出，在完全竞争的市场经济中，每种要素都要根据自身的边际生产力（实际贡献率）获得相应的收入。同时，他还将土地报酬递减的规律拓展到各种生产要素，并提出了生产的一般递减规律。即劳动和资本也遵循报酬递减的规律：当资本不变时，增加劳动的投入量，带来的产量增量是递减的；当劳动数量不变，增加资本的投入量，资本的边际生产率也是递减的。

马歇尔综合了主流新古典理论，促进了分配理论的进一步发展。马歇尔认为，不仅劳动、资本和土地三种生产要素可以获得收入，企业家才能等生产要素也能够作为价值源泉获得报酬。因此，劳动、资本、土地和企业家才能等要素按照各自的实际贡献率获得收入。其中，工人工资是劳动需求与劳动供给相均衡时的价格，利息是资本需求和供给相均衡时的价格，土地供给是固定的，由自然条件决定，因而地租只受到土地需求的影响，利润则是展现企业家才能的报酬。

在新古典的分配理论中，所有收入都是根据贡献率（边际生产力）分配，获取工资、利息、地租、利润显然都是理所应当的，因此，在资本主义社会中也不存在所谓的剥削和剩余。显然，新古典的分配理论完全放弃了对资本主义的阶级关系和经济利益关系的分析，忽视了资本主义生产关系的实质。在资本主义社会中，生产资料所有制关系为资本家拥有生产资料，而工人没有生产资料。因而，在这样的生产关系中，分配关系显然是不公平的。在利润最大化和报酬递减的假设下，为了实现利润最大化，企业会尽可能地削减生产成本，实际工资上涨被认为是资本主义社会实现利润最大化以及经济增长的“绊脚石”。因此，在新古典学派看来，更灵活的劳动力市场、对雇主更有利的劳动制度和法律、工资节制等可以通过调节劳动力市场供求关系来压低工资，实现更高的增长和更高的福利。而且更高的收入不平等是可以接受的，因为可以产生经济利益。

（三）后凯恩斯主义学派：增长与分配不平等分析

第二次世界大战结束到20世纪70年代这一时期是发达资本主义经济史上的“黄金时代”。黄金时代的资本主义国家GDP和人均GDP的增长率是过去130年平均水平的3倍（Bowles and Boyer，1989）；劳动生产率增长也是此前任何时期的两倍以上；投资出现了前所未有的高涨，资本积累速度大幅提高；出口额的增长超过GDP。而到了20世纪70年代，资本主义国家经济增长率显著下降，且伴随持久的经济不稳定以及经济停滞。为了解释战后黄金时代的形成、终结以及20世纪70—80年代全球经济危机的原因，研究自战后黄金时代开始的资本主义国家的积累体制的特征，一些继承凯恩斯主义、卡莱茨基主义、马克思主义传统的经济学家们提出了一个不同于新古典增长模型的需求驱动型增长和分配宏观经济模型，该模型的各种不同版本是由后凯恩斯主义者、结构主义者（SSA）、斯拉法学派和马克思主义经济学家共同研究出来的，其核心结论与新古典经济学截然相反：更高的实际工资可能会带来更高的产能利用率、更高的增长率和更高的利润率。

20世纪80年代积累的社会结构学派以及调节学派也对战后黄金时代及其解体做出了解释。大卫·戈登首次提出积累的社会结构概念，并建立了一个社会结构的宏观经济模型，强调资本主义宏观经济中权力、分配、产能利用和投资的关系，认为是“游戏规则”（社会政策、社会结构等）

而不是个人决策决定宏观经济变量（投资、储蓄等）。该模型的显著特点在于，模型中的总需求函数、投资函数、消费函数中都加入了一个影响资本主义积累的外生制度性因素的变量，并指出，通过更平等的收入分配、更大的民主参与度可以提高宏观经济表现（Gordon，1995）。鲍尔斯和布瓦耶（1989）指出，凯恩斯-卡莱茨基主义传统的有效需求不足理论以及马克思主义经济学的劳动过程学派的高就业的利润挤压理论都不能解释战后黄金时代的瓦解，他们建立了一个将凯恩斯主义和马克思主义研究方法结合在一起的劳动榨取模型，提出了工资引导型就业体制。在这一模型中，工资率发挥三重作用：消费需求的来源，单位劳动成本的组成部分，即对利润的扣除，以及作为资本规训劳动的工具。[①] 从资本的角度来看，这些作用是相互矛盾的；取决于每个作用的相对重要性，利润可能随着工资率上升而上升或下降。该模型指出，黄金时代的形成是由于工资引导型增长体制得到实现，追求高工资策略实现了经济的高速增长；20 世纪 60 年代劳动需求的增长对利润产生了挤压效应（即高就业的利润挤压），黄金时代瓦解；到了 70—80 年代，则因为限制性财政政策和货币政策以及反劳动、反福利国家等政策的转变而使得经济增长过程变得不稳定。

斯拉法主义学者库尔兹（1990）认为卡尔多的“新凯恩斯主义”增长与分配模型存在缺陷，认为生产水平不是取决于供给限制（资源限制），而是取决于总有效需求，因而指出增长率的上升并不需要如卡尔多所述的那般降低工资率，并提出了一个以斯拉法体系为基础的宏观经济模型。其中，实际工资率内生决定，与利润率成反比，投资函数取决于自发净投资、内部融资以及产能利用率，并强调垄断能力（加成价格）对收入分配

---

① 资本规训劳动是指资本家将工资率作为控制工人的一个工具。鲍尔斯和布瓦耶指出：“劳动过程学派研究的重点是劳动规训和雇佣劳动每小时产出的内生决定，其中，工资既是雇主的成本，也是雇主在劳动过程控制系统中的工具：在没有充分就业的情况下，高工资增加了所谓的工人就业租金——雇佣工人的收入与他（或她）下一份最优替代工作收入间的差额，因此，这就构成了胡萝卜和大棒的劳动规训。‘利润最大化的工资率’就是那种平衡工资成本和工人监管成本或以其他方式从工人那里获得努力工作（或好的工作）的成本的工资率。”（鲍尔斯，布瓦耶. 工资引导的就业体制——福利资本主义的收入分配、劳动纪律和总需求 [J]. 秦蒙，译. 政治经济学报，2018，11 (1)：155.）

的重要影响。他指出，按照增长率、工资率和产能利用率的均衡值之间的关系，可以将经济体制区分为4种不同的增长体制：体制Ⅰ表现为低工资带来高积累率、低产能利用率（工资率与产能利用率正相关，与积累率负相关），为“过度积累”体制；体制Ⅱ是高工资对产能利用率和增长率都有利，为“消费不足”体制；体制Ⅲ是实际工资率与积累率、产能利用率和增长率均呈负相关关系，为“凯恩斯主义体制”；体制Ⅳ是高工资带来低增长率和低产能利用率，但能实现全产能增长，为“新古典”体制。技术变化会使得增长体制从一个体制转变到另一个体制。

但是，库尔兹的增长与宏观经济模型可能是由于包含了复杂的三维变换（Lavoie，2014）而没有受到什么关注，反而是巴杜里和马格林（1990）在同年提出的B-M模型广受欢迎。这一模型在继承标准卡莱茨基主义模型的基础上，对投资函数进行了扩展，强调投资取决于产能利用率和利润份额这两个独立的变量，从而建立了一个卡莱茨基主义模型的变形，被称为后卡莱茨基主义模型，后来的对于增长体制的识别都是基于这一模型的扩展。他们在模型中表明，工资具有双重作用，更高的工资既提高了企业成本，又刺激了消费，因而对总需求和就业的影响是不确定的；并指出，如果更高的工资带来了更高的产出水平和就业水平，就是一个“工资引导型增长体制”，否则就是“利润引导型增长体制”。

在后凯恩斯主义学派看来，新古典经济学所宣称的对产品市场、劳动力市场和金融市场放松管制会带来更高的增长和更高的承诺，收入不平等会产生经济效益的承诺并没有能够实现，反而带来了不稳定不均衡的增长。因此，后凯恩斯主义学派提出了一套新的促进经济增长的宏观经济策略，即通过实行亲劳动的分配政策，如提高集体议价的能力、提高最低工资标准等实现经济增长。

二、我国经济增长中不平等的阶段性特征

我国扶贫减贫大体上分为两个阶段：第一个阶段是中华人民共和国成

立到改革开放前，以大规模扶贫开发为特征的减贫运动，在解决温饱、消灭绝对贫困方面取得了显著的成效；第二个阶段是改革开放以后，精准扶贫及脱贫攻坚的实施，使剩余绝对贫困人口全面脱贫，脱贫工作由量变向质变的程度飞跃。

（一）共同贫困的"平均主义"：改革开放前的收入不平等

中华人民共和国成立后，通过对农业、手工业和资本主义工商业进行社会主义三大改造计划，至1956年底，我国的经济结构、阶级关系发生了根本变化：实现了高度集中的计划经济体制，走向了人民当家做主的社会主义社会。具体来说，在高度集中的计划经济体制下，只存在单一的公有制经济，仅有全民所有制和集体所有制形式的差别：在农村，农民经过合作化和人民公社化，形成了"三级所有、队为基础"的集体经济；在城市，基本形成了单纯的以国营经济、集体经济为主体的公有制经济。在这一阶段，按劳分配制度是唯一的分配方式，其他曾经存在的多种分配方式都被视为非社会主义性质的，因而被限制直至取消。改革开放前的"按劳分配"只有两种形式，即工资和"工分"。

具体来说，全民所有制企业、机关和事业单位以及城镇集体企业，均实行工资制。1956年的全国性工资制度改革，实行了直接用货币规定工资标准的制度；统一和改进了工人工资等级制度，统一了全国工作人员的工资形式。同时，改革开放前，所有的工资等级、标准和水平都是由国家统一制定的，因此，同一部门、行业的工资等级、标准基本上是一致的，只是在不同部门、行业和地区间略有差别。企业内职工的工资与本企业的经营状况、经济效益毫不相关。城镇职工的工资水平整体都比较低，1952—1978年的人均工资仅为95元。而在就业方面，实行的是统包统配的"铁饭碗"制度，城市劳动力市场呈现"刚性"的特征。

在农村集体经济中，则实行了"工分"制。农民的收入来源主要是以生产队（或大队）为集体经营单位，在生产队（或大队）里通过集体劳动获得"工分",并凭借"工分"取得劳动报酬。"工分"的分值取决于生产队内农产品的总价值,而当时农产品的种类、数量、价格和购销绝大部分是由国家统一决定的,所以,农民的收入水平实际上受国家计划调节。由于当时实行了通过工农业"剪刀差"的方式发展重工业的战略,加之农村农业生产力水平低下,农民通过"工分"的方式获得的劳动报酬比较低,年均现金收入仅在 60 元左右,整个农村地区都处于共同贫穷的状态,1978 年农村的贫困发生率达 97.5%(按 2010 年的贫困标准)。

如图 2-1 所示,在改革开放前高度集中的计划经济体制下,尽管实行的是按劳分配制度,但在实质上是单一的不强调差别的平均分配原则,并不是马克思原意的"按劳分配"。即在不强调个人能力、禀赋等方面的区别上的平均主义的分配制度。统计数据显示,1978 年,我国城市的基尼系数为 0.16,属于绝对平均的范围,农村的基尼系数为 0.21,属于比较平均的范围。同时,城市里的职工有"铁饭碗""铁工资",农村集体经济中的农民因为由生产队"派活",进行集体劳动获得相差不多的"工分",这都严重影响了工人和农民的生产积极性,损害了经济效率,致使整个社会处于停滞状态。这导致在改革开放前,我国的 GDP 总量、人均 GDP 都处于一个非常低的水平。1952 年的 GDP 总量为 679 亿元,1978 年为 3 624 亿元,增长了 4.3 倍;人均 GDP 由 1952 年的 119 元,仅增长到了 1978 年的 385 元,增长了 2.2 倍。

(二)高增长带来高收入差距:经济高速发展期的收入不平等

改革开放以来,我国经济的年均增长率为 9.8%,比同期世界经济的年均增长率高 6.5 个百分点,创造了高速增长的世界性奇迹。从经济总量上看,2017 年我国 GDP 总量达到了 827 122 亿元,较 1978 年的 3 624 亿元增长了 227 倍,年均名义增长 14.5%,实际增长率为 9%左右。中国 GDP 占世界比重由 1978 年的 2.25%上升到 2016 年的 14.81%,上升了超过 12 个百分点,与美国的差距不断缩小(美国当年经济总量占世界比重

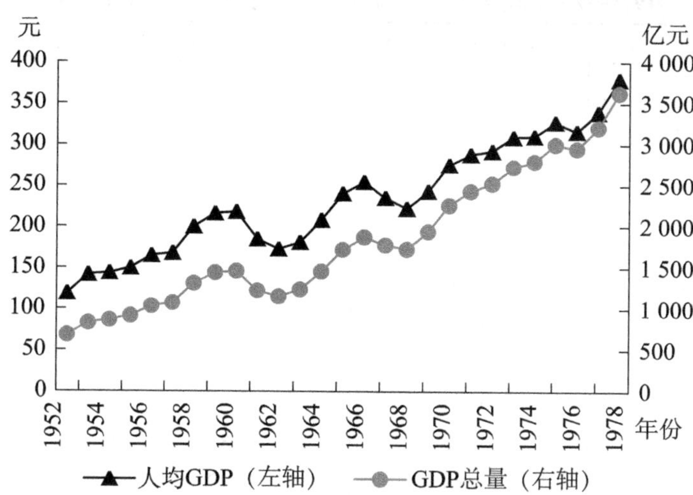

图 2-1　1952—1978 年我国 GDP 总量与人均 GDP 变化情况

资料来源：新中国五十年统计资料汇编［G］. 北京：中国统计出版社，1999.

约为 24.62%）。① 从人均 GDP 水平看，我国人均 GDP 由 1978 年的 385 元增加到 2018 年的 64 644 元，每年人均 GDP 增速均在 8%以上，显著高于其他国家的平均水平。我国于 2010 年顺利跨越中等偏上收入线，进入中等偏上收入国家行列。② 高速且持续的经济增长使得我国居民的收入水平显著提高，也带来了国内贫困人口的大规模减少。

1. 整体上看，全国居民的收入差距不断扩大

在 1978—2010 年间，我国 GDP 年均增长率达到 10.02%，自 2003 年起有长达 8 年 GDP 增长率超过了 9%。但是，在经济高速增长和人民收入水平普遍提高的同时，我国居民收入分配状况总体上却呈现出了逐渐分化的特点。统计数据显示，1978 年全国居民的基尼系数为 0.18，而到了 2010 年则达到了 0.48（见表 2-1）。

① 资料来源于联合国统计司公布的数据。

② 按世界银行 2017 年的划分标准，人均 GDP（现价美元）低于 1 005 美元为低收入国家，1 006～3 955 美元为中等偏下收入国家，3 956～12 235 美元为中等偏上收入国家，大于 12 235 美元为高收入国家。

表 2-1　1978—2010 年全国居民、农村居民以及城镇居民基尼系数

年份	全国居民基尼系数	农村居民基尼系数	城镇居民基尼系数
1978	0.18	0.21	0.16
1979	—	0.24	0.16
1980	—	0.24	0.16
1981	0.29	0.24	0.15
1982	0.25	0.23	0.15
1983	0.26	0.25	0.15
1984	0.29	0.24	0.18
1985	0.27	0.23	0.19
1986	0.30	0.30	0.19
1987	0.31	0.31	0.20
1988	0.38	0.30	0.23
1989	0.35	0.31	0.23
1990	0.34	0.31	0.23
1991	0.32	0.31	0.24
1992	0.38	0.31	0.25
1993	0.36	0.32	0.27
1994	0.44	0.33	0.3
1995	0.45	0.34	0.28
1996	0.49	0.32	0.28
1997	0.4	0.33	0.29
1998	0.4	0.34	0.3
1999	0.4	0.34	0.3
2000	0.42	0.35	0.32
2001	0.49	0.36	0.32
2002	0.46	0.37	0.32
2003	0.48	0.37	0.33
2004	0.47	0.37	0.33
2005	0.49	0.38	0.34
2006	0.49	0.37	0.34
2007	0.48	0.37	0.34
2008	0.49	0.38	0.34
2009	0.49	0.39	0.34
2010	0.48	0.38	0.33

资料来源：根据国家发改委公布的《中国居民收入分配报告》整理。

改革开放以来，中国居民收入差距扩大的主要原因可以归结为以下几点：一是增长性原因。为了扭转改革开放前经济增长缓慢甚至停滞的局面，赶上世界发达国家的发展水平，改革开放以来，我国一直强调高经济增长速度的重要性，“效率优先”是社会经济发展的第一要素，在此期间，居民收入的增长率慢于经济增长率（只有在极少数年份，城镇居民和农村居民的人均收入增长率快于GDP增长率）（见图2-2）。二是社会主义市场经济体制和分配体制转变，导致劳动者报酬在国民总收入中占比逐年下降。在市场经济体制下，各种生产要素参与分配，因此不同生产要素所有者的收入分配差距与不同生产要素在竞争中的贡献差异直接联系起来。刘伟、李绍荣（2001）早就指出，在经济增长过程中，我国资本效率的提高程度以及相应的资本对经济增长的贡献增长程度远远高于劳动。所以，在现有分配制度下，资本要素所有者的收入增长率必然高于劳动要素所有者的收入增长率，这必然会扩大收入分配的差距。三是非均衡增长方式的原因。城乡二元经济体制、区域经济发展方式的差异等必然会导致我国城乡居民、不同地区居民间的收入分配差距不断扩大，从而导致全国居民的基尼系数扩大。

具体来看，首先，农村居民内部收入差距不断扩大。农村居民基尼系数整体上呈现上升的趋势，由1978年的0.21上升到了2010年的0.38。细分来看，1978—1984年间，我国农村居民收入分配差距呈扩大趋势，但差距并不显著。这是因为，在这一阶段，家庭联产承包责任制刚刚开始实行，并逐步取代农村集体经营方式；传统的平均主义分配制度也随之被联产承包的分配制度所取代，这一生产关系以及分配制度的变革促进了农村经济快速发展，农民收入水平迅速提高。但是随着改革的深入，家庭联产承包责任制得到普遍实行，乡镇企业发展迅速，农村居民内部的收入差距逐渐由有限的农业收入差距转向更大的非农收入差距，导致农村居民内部收入差距逐渐拉大，基尼系数也由1978年的0.21扩大到1992年的0.31；1992年以后，农村地区的基尼系数仍呈现小幅度上升的趋势。与

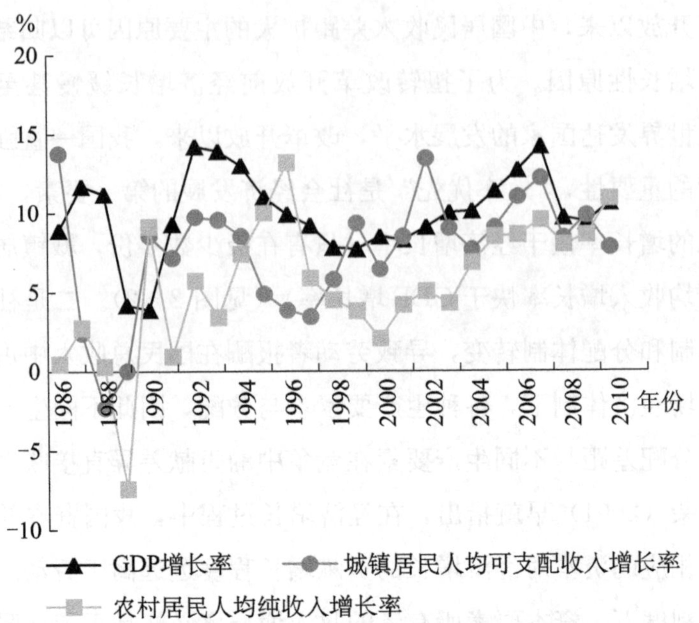

图 2-2　1986—2010 年我国 GDP 增长率、城镇居民人均可支配收入增长率以及农村居民人均纯收入增长率变化情况

资料来源：根据国家统计局各年公布的《中国统计年鉴》整理。

注：城镇居民人均可支配收入数据以 1978 年为基期，农村居民人均纯收入数据以 1985 年为基期。

此同时，从农村居民人均纯收入低收入户和高收入户的对比也可以看出，农村居民间的收入差距呈现出不断扩大的趋势。低收入户与高收入户的收入差距在 2000 年为 4 388 元，高低收入比为 6.47，而到了 2010 年，收入差距则达到了 12 180 元，高低收入比达到了 7.51（见表 2-2）。

表 2-2　五等分农村居民收入分布表

年份	低收入户（元）	中等偏下户（元）	中等收入户（元）	中等偏上户（元）	高收入户（元）	高低收入差距（元）	高低收入比
2000	802	1 440	2 004	2 767	5 190	4 388	6.47
2001	818	1 491	2 081	2 891	5 534	4 716	6.77
2002	857	1 548	2 164	3 030	5 896	5 039	6.88
2003	866	1 607	2 273	3 207	6 347	5 481	7.33

续前表

年份	低收入户（元）	中等偏下户（元）	中等收入户（元）	中等偏上户（元）	高收入户（元）	高低收入差距（元）	高低收入比
2004	1 007	1 842	2 579	3 608	6 931	5 924	6.88
2005	1 067	2 018	2 851	4 003	7 747	6 680	7.26
2006	1 182	2 222	3 149	4 447	8 475	7 293	7.17
2007	1 347	2 582	3 659	5 130	9 791	8 444	7.27
2008	1 500	2 935	4 203	5 929	11 290	9 790	7.53
2009	1 549	3 110	4 502	6 468	12 319	10 770	7.95
2010	1 870	3 621	5 222	7 441	14 050	12 180	7.51

资料来源：国家统计局．中国统计年鉴 2014［M］．北京：中国统计出版社，2014.

其次，从城镇居民的基尼系数看，城镇居民内部的收入差距也在不断扩大。具体来说，在 1978—1984 年间，城镇居民间的收入差距相对较小。这是因为，自 1978 年开始的全面改革开始于农村，1984 年以前城市改革还没有展开，在城市中仍然实行统一的工资制度，城镇居民的主要收入仍然是工资收入，且多数人在国有企业就职。因此，在这一阶段，城镇居民的基尼系数相对较小，基本上保持在 0.15～0.18。1984 年后，城镇居民内部的收入差距开始逐渐扩大，基尼系数也由 1985 年的 0.19 扩大到了 2010 年的 0.33。这是因为，1984 年后，城镇开始实行国有企业改革，非公有制经济得到快速发展，包括个体、私营、外资经济成分在内的非公有制经济出现了迅猛发展，财产性收入在个人收入中的比重也越来越大，城镇居民收入差距迅速扩大。从表 2－3 中可以看出，城镇居民间的收入差距呈现出不断扩大的趋势。低收入户与高收入户的收入差距在 2000 年为 8 167 元，高低收入比为 3.61，而到了 2010 年，收入差距则达到了 33 553 元，高低收入比达到了 5.41。

表 2－3　　五等分城镇居民收入分布表

年份	低收入户（元）	中等偏下户（元）	中等收入户（元）	中等偏上户（元）	高收入户（元）	高低收入差距（元）	高低收入比
2000	3 132	4 624	5 898	7 487	11 299	8 167	3.61

续前表

年份	低收入户（元）	中等偏下户（元）	中等收入户（元）	中等偏上户（元）	高收入户（元）	高低收入差距（元）	高低收入比
2001	3 320	4 947	6 366	8 164	12 663	9 343	3.81
2002	3 032	4 932	6 657	8 870	15 460	12 427	5.10
2003	3 295	5 377	7 279	9 763	17 472	14 176	5.30
2004	3 642	6 024	8 167	11 051	20 102	16 459	5.52
2005	4 017	6 711	9 190	12 603	22 902	18 885	5.70
2006	4 567	7 554	10 270	14 049	25 411	20 844	5.56
2007	5 464	8 901	12 042	16 386	29 479	24 015	5.39
2008	6 075	10 196	13 984	19 254	34 668	28 593	5.71
2009	6 725	11 244	15 400	21 018	37 434	30 709	5.57
2010	7 605	12 702	17 224	23 189	41 158	33 553	5.41

资料来源：国家统计局．中国统计年鉴 2014 [M]．北京：中国统计出版社，2014.

2. 城乡居民收入差距不断扩大

从城乡对比角度看，改革开放以来城乡收入差距总体上也呈现上升趋势（1978—1984 年略有下降），收入差距由 1978 年的 209 元增长到了 2010 年的 13 190 元，城乡收入比也由 1978 年的 2.57∶1 上升到了 2010 年的 3.23∶1。而从消费水平看，城镇居民的消费水平也显著高于农村居民的消费水平，城乡消费比由 1978 年的 2.93∶1 增长至了 2010 年的 3.46∶1。农村居民 2010 年 4 941 元的消费水平仅相当丁城镇居民 1995—1996 年的消费水平。

首先，从收入水平看。在 1978—1985 年间，城乡收入差距是这 32 间唯一一个较长时期内呈现出不断缩小趋势的时期。原因如上所述，是由于我国的全面改革首先开始于农村，后在城镇展开，而不是同时推进的。1985—1994 年间，随着国有企业改革（推行承包制）、工资体制改革（工资与绩效挂钩）的推进，城镇职工的收入水平得到了较大的增长。但同时期，由于人均耕地面积减少、农产品生产成本上升等原因，农民收入增长面临一些新的困难和制约，增速放缓。因此，1985—1994 间，城乡居民收入差距逐渐扩大。经历过 1995—1997 年短暂的收入差距缩小的时期后，1998—2010 年，我国城乡居民收入差距不断扩大。这一方面是因为实施了城乡二元经济体制，城市和农村实施了两套不同的政策体制，比如福利体制的差别等，致使城乡居民收入差距、消费水平差距不断拉大；另一方面，是由于所有制结构以及分配体制的变化，使得资本、技术等生产要素所有者能够在市场经济中获得更多的收益，城镇居民的收入水平得到了显著提高。

表 2-4　　1978—2010 年我国城乡居民收入比、消费比

年份	城镇居民人均可支配收入（元）	城镇居民消费水平（元）	农村居民人均纯收入（元）	农村居民人均消费水平（元）	城乡收入比	城乡消费比
1978	343	405	134	138	2.57	2.93
1980	478	490	191	178	2.50	2.75
1985	739	750	398	346	1.86	2.17
1990	1 510	1 686	686	571	2.20	2.95
1991	1 701	1 925	709	621	2.40	3.10
1992	2 027	2 356	784	718	2.58	3.28
1993	2 577	3 027	922	855	2.80	3.54
1994	3 496	3 891	1 221	1 118	2.86	3.48
1995	4 283	4 769	1 578	1 344	2.71	3.55
1996	4 839	5 430	1 926	1 768	2.51	3.07
1997	5 160	5 796	2 090	1 876	2.47	3.09
1998	5 425	6 217	2 162	1 895	2.51	3.28
1999	5 854	6 750	2 210	1 918	2.65	3.52
2000	6 280	6 999	2 253	1 917	2.79	3.65
2001	6 860	7 324	2 366	2 032	2.90	3.60
2002	7 703	7 745	2 476	2 157	3.11	3.59
2003	8 472	8 104	2 622	2 292	3.23	3.54
2004	9 422	8 880	2 936	2 521	3.21	3.52
2005	10 439	9 832	3 255	2 784	3.21	3.53
2006	11 760	10 739	3 587	3 066	3.28	3.50

续前表

年份	城镇居民人均可支配收入（元）	城镇居民消费水平（元）	农村居民人均纯收入（元）	农村居民人均消费水平（元）	城乡收入比	城乡消费比
2007	13 786	12 480	4 140	3 538	3.33	3.53
2008	15 781	14 061	4 761	4 065	3.31	3.46
2009	17 175	15 127	5 153	4 402	3.33	3.44
2010	19 109	17 104	5 919	4 941	3.23	3.46

资料来源：根据各年的《中国统计年鉴》整理。

其次，从消费水平看。自 1978 年以来城乡消费比有涨有落，但整体上呈现出城乡消费比差距不断扩大的趋势。而从城乡消费结构看，我们可以通过城乡恩格尔系数比较城乡居民的生活水平以及消费结构。从图 2－3中可以看出，我国城乡居民家庭恩格尔系数均呈下降趋势，但农村居民家庭恩格尔系数一直高于城镇居民家庭（见图 2－3）。

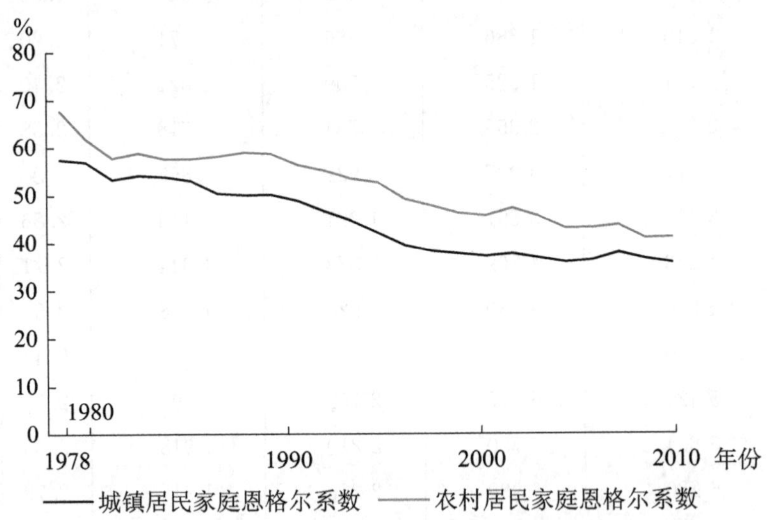

图 2－3　1978—2010 年我国城镇与农村居民家庭恩格尔系数

资料来源：国家统计局．中国统计年鉴 2011［M］．北京：中国统计出版社，2011.

3. 区域经济发展水平与收入水平均存在差异

我国不同地区的自然资源条件、人力资源状况、经济发展水平等各方面都存在差异，因而区域收入水平也存在较大差异。我国的地区经济发展和收入水平格局的不平衡，表现为东南沿海地区经济发展和收入水平显著高于其他地区，无论是在城镇地区还是在农村。

首先，从地区经济发展水平看。改革开放以来，东部省份的人均GDP都显著高于中西部地区的人均GDP水平。从表2-5中可以发现，1985年以来，北京、上海、江苏、浙江等地的人均GDP的绝对值显著高于湖南、湖北、陕西、甘肃等中西部地区，且绝对值差异逐年扩大。但是，从人均GDP差距比来看，最大值与最小值之比在逐渐缩小，从1985年的11.88∶1下降到了2010年的5.80∶1，因此相对差距有不断缩小的趋势。且从离散系数看，离散程度也呈现下降的趋势，由1985年的0.88下降到了2010年的0.51。因此，从地区经济发展水平看，在市场化改革和经济高速增长过程中，地区经济发展水平差距并没有进一步恶化，但也没有太大的改善，绝对差距仍然比较显著，2010年，人均GDP水平最高的上海是最低的贵州的5.8倍。

表2-5　1985年以来各地区人均GDP水平（元）

	1985年	1995年	2005年	2010年
北京	4 136	11 150	44 774	73 856
天津	4 283	9 768	35 452	72 994
河北	1 096	4 427	14 737	28 668
山西	1 284	3 550	12 458	26 283
内蒙古	1 002	3 647	16 327	47 347
辽宁	2 350	6 826	18 974	42 355
吉林	1 551	4 356	13 329	31 599
黑龙江	1 676	5 443	14 428	27 076
上海	7 201	17 403	51 486	76 074
江苏	1 889	7 290	24 489	52 840
浙江	1 554	8 161	27 435	51 711
安徽	892	3 332	8 783	20 888
福建	986	6 674	18 583	40 025
江西	841	2 966	9 410	21 253

续前表

	1985 年	1995 年	2005 年	2010 年
山东	1 319	5 747	20 023	41 106
河南	820	3 300	11 287	24 446
湖北	1 347	4 143	11 419	27 906
湖南	916	3 435	10 293	24 719
广东	1 371	7 836	24 327	44 736
广西	668	3 535	8 746	20 219
海南	—	5 030	10 804	23 831
重庆	—	—	10 974	27 596
四川	827	3 121	8 993	21 182
贵州	606	1 796	5 306	13 119
云南	716	3 024	7 804	15 752
西藏	880	2 333	9 069	17 027
陕西	922	2 846	9 881	27 133
甘肃	889	2 270	7 456	16 113
青海	1 082	3 437	10 006	24 115
宁夏	996	3 309	10 169	26 860
新疆	1 110	5 025	12 956	25 034
最大值与最小值之差	6 595	15 607	46 180	62 955
最大值与最小值之比	11.88	9.69	9.70	5.80
标准差	1 373	3 192	10 682	16 875
平均值	1 559	5 173	16 135	33 350
离散系数	0.88	0.62	0.66	0.51

资料来源：根据各年《中国统计年鉴》计算。

其次，从人民生活水平的角度看。由表 2-6 可知，各地区城镇居民和农村居民的人均收入水平均呈现出东高西低的特点，且绝对收入差距呈现出不断扩大的趋势。但相对收入差距有缓慢下降的趋势（城镇居民的人均可支配收入的相对差距在 2010 年略有上升，但整体上呈下降趋势）。从城乡对比可以看出，各地区城镇居民间的收入差距小于各地区农村居民间的收入差距。具体来说，农村地区居民收入最高省与最低省的收入比值在

1995 年、2005 年以及 2010 年都显著高于城镇地区居民的收入最高省与最低省的收入比值，且农村居民的离散系数（分别为 0.46、0.45、0.42）也显著高于城镇居民的离散系数（分别为 0.27、0.28、0.26），这表明各地区农村居民间收入的离散程度比较大。

表 2-6　　1995 年以来各地区城镇居民与农村居民收入状况（元）

地区 \ 指标	各地区城镇居民人均可支配收入			各地区农村居民人均纯收入		
	1995 年	2005 年	2010 年	1995 年	2005 年	2010 年
北京	6 235	17 653	29 073	3 224	7 346	13 262
天津	4 930	12 639	24 293	2 406	5 580	10 075
河北	3 921	9 107	16 263	1 669	3 482	5 958
山西	3 306	8 914	15 648	1 208	2 891	4 736
内蒙古	2 863	9 137	17 698	1 208	2 989	5 530
辽宁	3 707	9 107	17 713	1 757	3 690	6 908
吉林	3 175	8 691	15 412	1 610	3 264	6 237
黑龙江	3 375	8 273	13 857	1 766	3 221	6 211
上海	7 192	18 645	31 838	4 246	8 248	13 978
江苏	4 634	12 319	22 944	2 457	5 276	9 118
浙江	6 221	16 294	27 359	2 966	6 660	11 303
安徽	3 795	8 471	15 788	1 303	2 641	5 285
福建	4 507	12 321	21 781	2 049	4 450	7 427
江西	3 377	8 620	15 481	1 537	3 129	5 789
山东	4 264	10 745	19 946	1 715	3 931	6 990
河南	3 299	8 668	15 930	1 232	2 871	5 524
湖北	4 029	8 786	16 058	1 511	3 099	5 832
湖南	4 699	9 524	16 566	1 425	3 118	5 622
广东	7 439	14 770	23 898	2 699	4 691	7 890
广西	4 792	9 287	17 064	1 446	2 495	4 543
海南	4 770	8 124	15 581	1 520	3 004	5 275
重庆	—	10 244	17 532	—	2 809	5 277
四川	4 003	8 386	15 461	1 158	2 803	5 087
贵州	3 931	8 151	14 143	1 087	1 877	3 472

续前表

地区＼指标	各地区城镇居民人均可支配收入			各地区农村居民人均纯收入		
	1995年	2005年	2010年	1995年	2005年	2010年
云南	4 085	9 266	16 065	1 011	2 042	3 952
西藏	—	9 431	14 981	1 200	2 078	4 139
陕西	3 310	8 272	15 695	963	2 053	4 105
甘肃	3 153	8 087	13 189	880	1 980	3 425
青海	3 320	8 058	13 855	1 030	2 152	3 863
宁夏	3 383	8 094	15 345	999	2 509	4 675
新疆	4 163	7 990	13 644	1 136	2 482	4 643
最大值与最小值之差	4 576	10 655	18 650	3 365	6 371	10 553
最大值与最小值之比	2.60	2.33	2.41	4.82	4.39	4.08
标准差	1 160	2 884	4 701	765	1 575	2 629
平均值	4 272	10 196	18 068	1 681	3 512	6 327
离散系数	0.27	0.28	0.26	0.46	0.45	0.42

资料来源：根据各年《中国统计年鉴》《农村统计年鉴》整理。

更具体地来看，虽然我国四大地区整体上城乡居民收入差距都呈现下降的趋势（见表2-7），但是城镇居民的地区收入差距改善状况明显优于农村居民的地区收入差距改善状况。东部、中部和东北三个地区城镇居民的收入差距有比较大的改善。在2005年左右，中部、西部和东北三个地区城镇居民的收入水平基本上保持一致，只与东部发达地区还存在一定的差距。而这也是导致我国基尼系数较高的主要原因之一（见表2-8）。

表2-7　　2005—2010年我国四大地区城乡居民收入之比

年份	东部地区	中部地区	西部地区	东北地区
2005	2.92	2.98	3.69	2.58
2006	2.88	3.02	3.76	2.62
2007	2.90	3.03	3.74	2.64
2008	2.91	2.97	3.69	2.57
2009	2.93	3.00	3.72	2.62
2010	2.86	2.90	3.58	2.48

表 2-8　　2005—2010 年我国四大地区城镇居民、农村居民收入差距

东部、中部、西部及东北地区城镇居民人均可支配收入							
年份	东部地区（元）	中部地区（元）	西部地区（元）	东北地区（元）	东部/西部	中部/西部	东北/西部
2005	13 775	8 809	8 783	8 730	1.57	1.00	0.99
2006	14 967	9 902	9 729	9 830	1.54	1.02	1.01
2007	16 974	11 634	11 310	11 463	1.50	1.03	1.01
2008	19 204	13 226	12 971	13 120	1.48	1.02	1.01
2009	20 953	14 367	14 214	14 324	1.47	1.01	1.01
2010	23 273	15 962	15 807	15 941	1.47	1.01	1.01
东部、中部、西部及东北地区农村居民人均纯收入							
年份	东部地区（元）	中部地区（元）	西部地区（元）	东北地区（元）	东部/西部	中部/西部	东北/西部
2005	4 720	2 957	2 379	3 379	1.98	1.24	1.42
2006	5 188	3 283	2 588	3 745	2.00	1.27	1.45
2007	5 855	3 844	3 028	4 348	1.93	1.27	1.44
2008	6 598	4 453	3 518	5 101	1.88	1.27	1.45
2009	7 156	4 793	3 817	5 457	1.87	1.26	1.43
2010	8 143	5 510	4 418	6 435	1.84	1.25	1.46

资料来源：根据各年《中国统计年鉴》计算得出。

（三）收入差距呈现缓慢下降趋势：新常态下的收入不平等

2011 年以后，我国经济增长速度逐渐放缓，经济增长进入中高速增长的新常态时期。此前，由于经济发展的非均衡性及体制变迁等带来的影响，我国的收入差距不断扩大。但自 2011 年以来，随着全面建设小康社会目标的推进，以及经济增长方式、经济结构的变迁等变化，我国居民的收入分配状况得到了一定程度的改善，全国居民收入的基尼系数正逐渐下降，自 2011 年的 0.477 下降到了 2015 年的 0.465。

首先，城镇居民内部收入差距不断下降，但农村居民内部收入差距仍然较高。从表 2-9 可以看出，城镇居民间平均收入增长率最高的是低收入户，最低的是高收入户（但 2016 年情况有所恶化）。如果长期保持这样

的增长率，那么在未来城镇居民间的收入差距一定会越来越小。而农村居民间平均收入增长率最低的是低收入户，其余四组的增长率基本上相差不大。且在此期间，农村低收入群体的收入状况改善微乎其微，农村低收入户的收入水平仅从2010年的1 870元提高到了2016年的3 007元，高低收入比从2011年的7.51增长至了2016年的9.46。这说明农村地区低收入居民的收入因为受到发展条件的限制，相对收入反而是下降的。因此，尽管随着农村经济的发展和政府“三农”政策的扶持，农村居民的整体收入在这一阶段有较大的提高，但由于自然条件恶劣、基础设施不足等原因，农村部分地区极端贫困问题依旧严重。

表2-9　2011—2016年城乡居民分组的人均可支配收入增长率

城镇居民按收入五等份分组的人均可支配收入增长率（%）					
年份	低收入户	中等偏下户	中等收入户	中等偏上户	高收入户
2011	15.56	14.14	13.47	13.93	14.25
2012	17.81	15.61	14.71	12.85	9.43
2013	10.43	10.27	9.36	8.73	9.59
2014	13.40	6.32	8.70	9.92	9.27
2015	9.02	9.14	9.21	8.25	5.63
2016	6.32	7.50	8.30	8.38	8.09
年均增长率	12.09	10.50	10.63	10.34	9.37
农村居民按收入五等份分组的人均可支配收入增长率（%）					
年份	低收入户	中等偏下户	中等收入户	中等偏上户	高收入户
2011	6.99	17.52	18.88	19.53	19.46
2012	15.78	12.97	13.42	14.04	13.26
2013	11.53	14.75	12.80	12.14	11.91
2014	7.16	19.72	19.66	18.26	12.57
2015	11.47	9.33	8.49	8.09	8.63
2016	−2.56	8.40	8.23	8.19	9.36
年均增长率	8.39	13.78	13.58	13.37	12.53

资料来源：国家统计局．中国统计年鉴2015［M］．北京：中国统计出版社，2015.

注：表中按收入五等份分组的城乡居民可支配收入的增长率为名义增长率，且2014年数据为住户调查一体化改革后的数据。

其次，城乡居民的收入差距、消费水平差距在缩小。从图 2-4 中可以看出，2011 年以来，我国城乡收入差距比呈现不断下降的趋势。2011 年我国城镇居民人均可支配收入相对于农村居民人均纯收入的倍数已经从 2011 年的 3.13 倍下降到了 2015 年的 2.95 倍，城镇居民相对于农村居民消费水平倍数也由 2011 年的 3.22 倍下降到了 2015 年的 2.81 倍。这是因为，伴随着经济增长和城镇化进程的推进，越来越多的农村居民进入城市生活，成为城镇居民，享受城镇的福利保障系统，从而获得更高的收入。而农村一方面由于大量剩余劳动力的外迁，农业生产率和现代化水平得到提高，农业收入得到提高，另一方面，越来越多的农民有更多的渠道和途径或外出或在当地从事非农业生产（如建筑业、制造业），从而非农业收入也得到提高，由此带来了农村居民收入水平的显著提高，从而实现了城乡收入差距、消费差距的缩小。

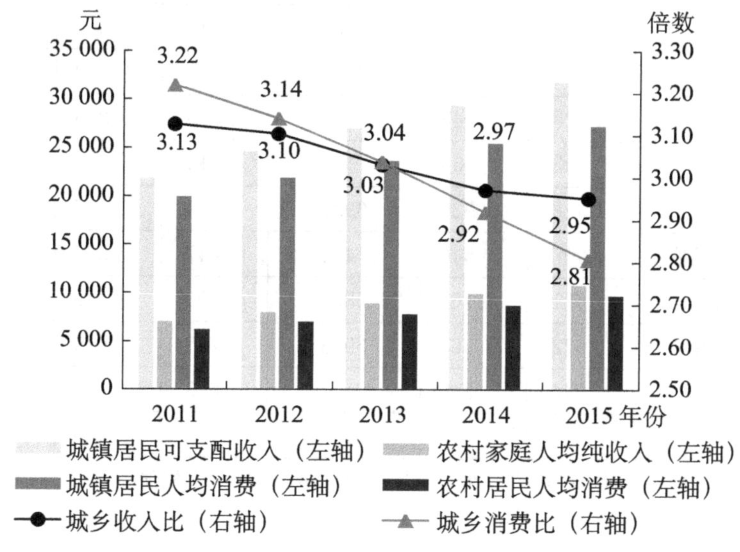

图 2-4　2011—2015 年我国城乡居民收入比、消费比

资料来源：国家统计局．中国统计年鉴 2017［M］．北京：中国统计出版社，2017.

区域收入差距也在缓慢下降，但部分偏远地区（尤其是连片特困地区）收入水平仍然很低。在本章前面的分析中，我们可以发现，城镇间地区收入差距在不断缩小，至2016年，除了东部地区的人均可支配收入水平比较高以外，其余三大地区的人均可支配收入几乎没有什么差距。而不同地区农村居民间的收入差距仍然比较显著。这主要是因为我国农村的连片特困地区基本上集中分布于中西部地区①，而连片特困地区居民的收入水平和消费水平都显著低于全国农村居民的平均水平。从表2-10可以看出，2015—2016年我国14个连片特困地区居民的人均收入水平仅是全国农村居民收入水平的65%～68%，人均消费水平仅是平均水平的71%左右。这是农村居民地区收入差距比较大的重要原因之一。

表2-10　2015—2016年我国14个连片特困地区的人均收入和人均消费水平

指标	2015年			2016年		
	收入或支出（元）		连片特困地区/全国农村居民（%）	收入或支出（元）		连片特困地区/全国农村居民（%）
	连片特困地区	全国农村居民		连片特困地区	全国农村居民	
人均收入水平	7 525	11 422	65.9	8 348	12 363	67.5
人均消费支出	6 573	9 223	71.3	7 273	10 130	71.8
1. 食品烟酒	2 428	3 048	79.7	2 575	3 266	78.8
2. 衣着	392	550	71.2	414	575	72
3. 居住	1 342	1 926	69.7	1 519	2 147	70.7
4. 生活用品及服务	407	546	74.6	447	596	75.5
5. 交通通信	681	1 163	58.6	790	1 360	58.1
6. 教育文化娱乐	672	969	69.3	788	1 070	73.6
7. 医疗保健	544	846	64.3	623	929	67.1
8. 其他	107	174	61.5	118	186	63.2

资料来源：根据国家统计局历年公布的《中国农村贫困监测报告》整理。

① 我国14个连片特困地区分别为六盘山区、秦巴山区、武陵山区、乌蒙山区、滇桂黔石漠化区、滇西边境山区、大兴安岭山区、燕山-太行山区、吕梁山区、大别山区、罗霄山区、四省藏区、西藏区以及新疆南疆三地州。基本上分布于中部、西部和东北地区。

第三章　中国减贫动力机制：由量变向质变的跨越

改革开放以来，中国经济创造了数十年高速的“增长奇迹”。持续30多年的高速经济增长带来了巨大的数量扩张效应，并为农村地区减贫事业提供了显著性的帮助。但是，高速度的经济增长并没有伴随着高质量的经济增长，这导致近年来我国的增长速度不断下降。统计数据显示，自2011年开始，中国逐渐告别高速增长的时代，GDP增长率连续5年呈下降趋势，经济增长的降速使得经济发展不平衡问题、增长过程中诸种矛盾日渐凸显，正日益消减经济高增长的成果。今后，要更加重视提高经济增长的质量和效益，重视资源的合理配置，以实现中国经济平稳较快发展。而与此同时，中国的减贫动机也随之由量变向质变跨越。

一、改革开放以来我国经济增长的轨迹

（一）改革开放以来我国经济增长水平及其波动

1. 改革开放以来的中国经济增长奇迹：超过30年的高速增长

改革开放前，中国GDP占世界GDP的比重始终在5%以内，人均GDP占比长期低于20%，而人口却超过世界人口的20%，我国是一个典型的贫困的发展中人口大国。1978年实行改革开放至今，中国经济实现了持续高速增长，创造了举世瞩目的“中国奇迹”（见图3-1）。改革开放到2016年这38年间，中国的GDP总值增长了74倍，平均增长速度更是

达到了9.87%左右。按照现价美元标准，中国2018年GDP总量约为13.9万亿美元，世界排名第二（见图3-2）。①

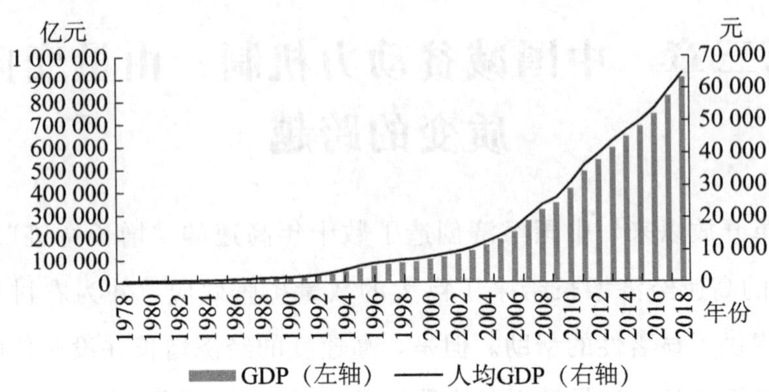

图3-1　1978—2018年我国GDP总量和人均GDP

资料来源：国家统计局．中国统计年鉴2019［M］．北京：中国统计出版社，2019.

从人均GDP来看，2018年我国人均GDP为6.5万元人民币，按不变价格计算，比1978年的人均GDP提高了24倍，平均增长速度达到9%左右。同时，与国际水平相比，按照2018年的汇率水平折算约为9 977美元，目前我国属于中等偏上收入国家。尽管2018年中国人均GDP在世界排名为第78位，排名并不高，但是中国人口众多，且与改革开放初期的第189位相比，排名已有了大幅度提高。总体来看，改革开放以来，中国经济发展取得了阶段性的提升，从发展历程来看增长速度非常快，在这40年间解决了温饱，克服了绝大部分贫困问题。

从国际比较中看，在现代经济增长史中，曾有多个国家或地区在一定时间内实现了高速增长，成为那一时期世界上经济增长的“先锋”。具体来说，英国依靠第一次工业革命，在19世纪20年代至70年代处于世界经济增长的前沿；而第二次工业革命期间，美国则取代了英国的地位，成为引领世界技术前沿和经济增长的国家；第二次世界大战以后，日本与新

① 资料来源：世界银行。美国经济总量世界排名第一，2016年GDP为18.6万亿美元，占世界GDP比重为24.5%。

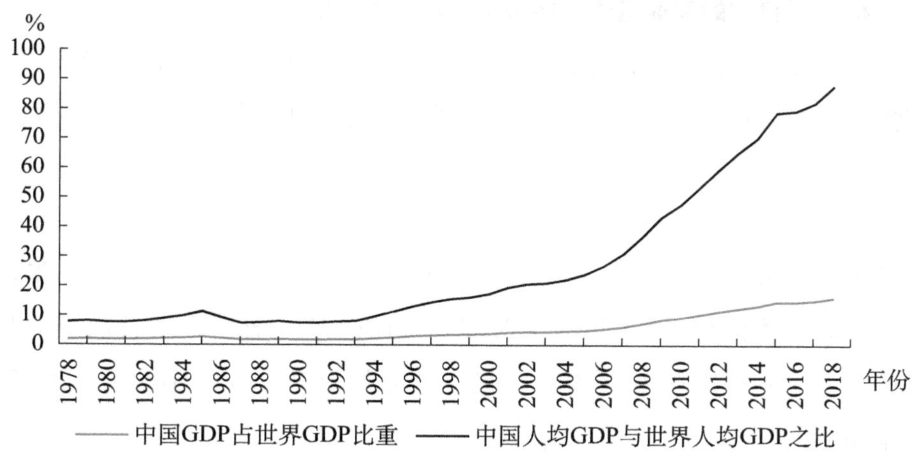

图 3-2　1978—2018 年中国与世界 GDP、人均 GDP 的比较

资料来源：根据世界银行历年公布的数据整理。

加坡等“亚洲四小龙”，通过实行出口导向型战略，重点发展劳动密集型的加工产业，在短时间内实现了经济的腾飞，一跃成为亚洲发达富裕的地区。但这些国家或地区的增长都没有像中国这样长期保持高速经济增长。即使是被世界银行称为“东亚奇迹”的 20 世纪 50 年代的日本，以及 20 世纪 60 年代到 90 年代实现高速增长的“亚洲四小龙”，它们的经济增长也未曾达到中国经济增长的高度（见表 3-1）。

表 3-1　中国与其他高增长经济体的比较

国家或地区	高速发展阶段	年均 GDP 增速（%）	人均 GDP 增速（%）
英国	1820—1870	2.05	1.26
美国	1870—1913	4.04	1.82
日本	1950—1973	8.92	7.70
韩国	1963—2002	8.00	7.39
新加坡	1961—1997	8.64	6.26
中国台湾	1962—1994	9.03	—
中国香港	1962—1988	8.63	6.35
中国	1978—2016	9.87	8.60

资料来源：史正富．超长增长：1979—2049 年的中国经济［M］．上海：上海人民出版社，2013.

2. 相对稳定的高速增长：经济增长波动程度低

无论与改革开放之前相比，还是与其他国家相比，中国整个经济的周期性波动都比较低。其实持续多年的高速增长，离不开平稳的经济周期过程。

首先，与改革开放前相比，经济周期的振幅缩小。从图 3－3 中可以看到，改革开放前，中国经济波动比较大，波峰值为 1959 年的 22.7%，波谷值为 1962 年的－27.5%，而改革开放后，增长的最高值开始降低，并稳定在 10%左右，最小值开始上升，且各年均为正增长，振幅缩小。

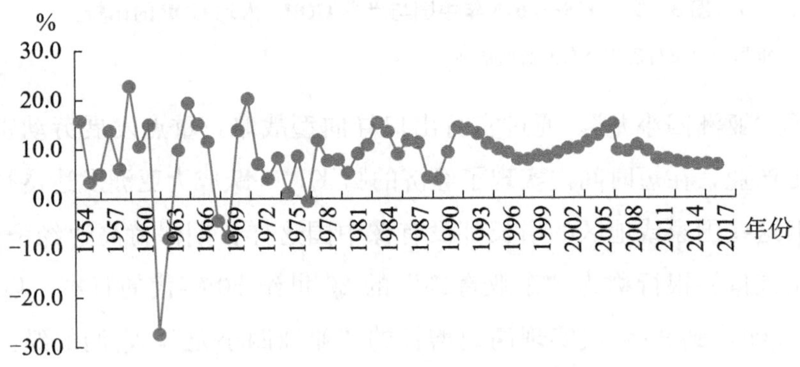

图 3－3　1954—2017 年中国实际 GDP 增长率曲线图

资料来源：国家统计局．中国统计年鉴 2018［M］．北京：中国统计出版社，2018.

具体来说，中国自 1978 年以来，共经历了三个增长高峰点。分别为 1984 年的 15.2%，1992 年的 14.2%和 2007 年的 14.2%。1984 年的高增长得益于 1978 年的全面改革。改革自农村开始，实行的家庭联产承包责任制取代了运行了 26 年的人民公社制度，并大获成功，农村经济得到了迅速发展。城市改革随后开始，改革的核心是放权，扩大了企业的自主权，极大地激发了企业的活力。但价格“双轨制”的实行导致各类寻租腐败行为出现，经济的初步市场化和货币化使得贫富差距问题凸显，地方和国有企业的扩张冲动导致经济结构恶化等，这一系列问题使得 1984 年后我国的经济进入一个持续下降阶段，经济波动幅度较大。直至 1992

年，邓小平发表了南方谈话，为中国经济新一轮改革奠定了思想基础，带动了中国经济发展的热潮，此后中国经济连续 5 年保持 10%左右的增长水平。但是，这一高速增长带来了高通货膨胀，经济呈现过度扩张的趋势，破坏了经济生活中的各种均衡关系。于是自 1993 年下半年起我国实施了以治理通货膨胀为首要任务的宏观调控，使得经济增长率逐步平稳地回落到适度区间，物价上涨也回落到适度水平。[①] 此后我国社会主义市场经济体系逐渐完善，市场主体呈现出多元化趋势，政府宏观调控能力也日益提高，自 2003 年起中国经济实现了高位平稳发展，并在 2007 年再一次达到最高值，2008 年虽然受到全球金融危机的冲击，但增长率仍保持在 9%以上，直至 2011 年。2011 年后，中国经济进入中高速增长的成熟经济新常态，中国经济增长面临新起点、新机遇、新条件和新挑战。[②]

其次，从国际比较来看，中国改革开放以来 GDP 增长率的变异系数最小。变异系数越小，经济增长率的离差越小，波动幅度就越小；反之，经济增长率的波动幅度就越大。根据表 3－2 选取的代表性经济体 GDP 增长率数据与中国数据的对比，我们可以发现，1978—2016 年中国经济增长率的变异系数是最小的，为 0.28，其次是印度和新加坡；俄罗斯的变异系数是最大的，为 9.70。因此，从国际比较中可以发现，中国经济持续高速增长的突出特点就是，相对稳定的增长过程。

表 3－2　中国和几个代表性经济体 GDP 增长率比较（1978—2016 年）

	经济体	平均增长率（%）	极差	标准差	变异系数（＝标准差/均值）
亚洲四小龙	中国香港	5.03	19.28	3.91	0.78
	新加坡	6.67	17.47	4.05	0.61
	韩国	6.4	18.71	4.01	0.63

① 刘国光，刘树成．论“软着陆”［J］．人民论坛，1997（2）．

② 刘伟．新常态下中国宏观经济形势分析［J］．北京工商大学学报，2016（3）．

续前表

	经济体	平均增长率（%）	极差	标准差	变异系数（=标准差/均值）
金砖五国	中国	9.67	11.23	2.68	0.28
	俄罗斯	0.69	24.53	6.69	9.70
	巴西	2.61	13.5	3.42	1.31
	印度	6.04	15.5	2.78	0.46
	南非	2.39	8.76	2.26	0.95
欧美发达国家	英国	2.25	9.94	1.94	0.86
	美国	2.7	10.03	1.94	0.72
	德国	1.83	10.87	1.93	1.05

资料来源：根据世界银行数据计算。

注：世界银行数据库中没有中国台湾的数据，故在“亚洲四小龙”中略去。俄罗斯的数据自1990年开始。

（二）高增长伴随着经济结构变迁

经济规模的扩大，不仅包括经济总量的变化，还包括经济结构的演进。改革开放40年来，我国经济结构发生了巨大变化，其突出的特征就是由传统的农业国转变为工业国；由计划经济体制转变为社会主义市场经济体制。①

具体来说，为分析我国经济结构变迁，可以根据库兹涅茨（Kuznets，1989）的研究，考虑以下几个方面：（1）生产品和劳动力的产业分布状况；（2）企业类型及劳动力职业分配状况；（3）国民总产值在要素之间及不同收入阶层间的分配情况；（4）国民总产值在消费和资本投资间的分配以及消费结构状况；（5）对外贸易的参与程度。

1. 产业结构变迁：进入工业化后期，农业现代化发展缓慢

改革开放以来，我国对内实行经济体制改革，由计划经济体制转向社

---

① 刘霞辉，张平，张晓晶．改革年代的经济增长与结构变迁［M］．上海：格致出版社，2008：18.

会主义市场经济体制；对外则高度重视对外开放，促使中国重新进入全球经济体系，这极大地推动了中国工业化进程，并实现了高速经济增长。经过 40 年的改革和高速经济增长后，我国改革开放初期经济结构严重畸形的局面已得到扭转，并实现了产业结构的不断升级。目前，我国已进入工业化发展后期，经济逐步进入服务业带动的时代，预计将在 2020 年前后基本实现工业化。①

历经 40 年的工业化进程，中国经济目前已经进入到“三、二、一”的产业发展阶段，三次产业发展表现为以第一产业比重下降、第二产业保持稳定和第三产业比重上升为主线的特征。第三产业自 2012 年起，代替工业，开始主导经济增长。具体来说，第一产业产值占比和对经济增长的贡献率自 1978 年的 27.7％和 9.8％分别下降至 2016 年的 8.6％和 4.4％。第二产业保持在 40％左右，并略有下降。第三产业占比持续上升，由 1978 年的 24.6％上升至 2016 年的 51.6％，并在 2013 年占比首次超过第二产业的占比，在 2015 年对经济增长的贡献率首次超过第二产业对经济增长的贡献率（见图 3－4）。

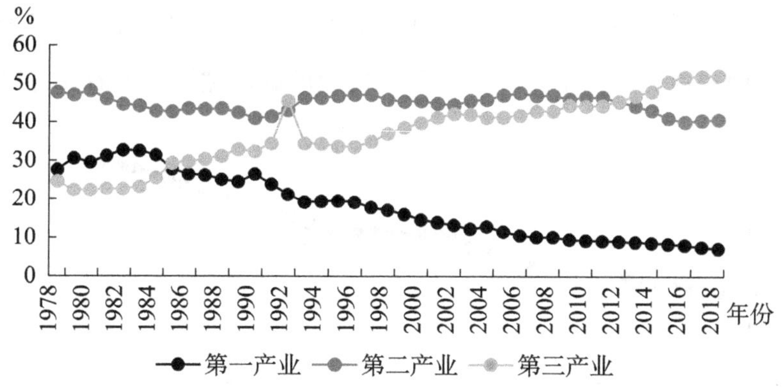

图 3－4　1978—2018 年中国生产总值构成的比重变化

资料来源：国家统计局．中国统计年鉴 2019［M］．北京：中国统计出版社，2019.

① 胡锦涛．高举中国特色社会主义伟大旗帜，为夺取全面建设小康社会新胜利而奋斗［Z］．北京：人民出版社，2007.

伴随着工业化进程，非农就业取代了传统的农业社会就业方式，成为了最主要的就业方式，使得我国的就业结构发生了显著变化（见图3-5）。具体来说，改革开放以来，第一产业就业量占比由70.5%下降到了2016年的27.7%，非农就业人口比重（第二产业+第三产业就业量）则呈不断上升的趋势，由1978年的29.5%上升至2016年的72.3%。其中，第二产业就业人口比重呈现稳定趋势，自20世纪80年代中期至21世纪初始终保持在22%左右，2006年起突破25%，并保持在29%上下，就业结构由农业到非农业的变化主要依靠第三产业，自1994年起第三产业就业人口比重就超过了第二产业，且保持持续上升趋势，至2018年底，第三产业就业人口比重已达46.3%。但从产值对比及其对经济增长的贡献率来看，我国第一产业就业人口比重仍过大，就业人口比重仍存在不对称的问题。这主要是因为农业现代化水平落后，仍有过多劳动力浪费在农业上。统计数据显示，我国农村技术推广人员与农业人口之比为1∶1 200，而发达国家为1∶100，我国每万人仅有农业科技人员5人，而美国为80人，日本为75人。且我国农村农业机械化水平和科技化水平都比较低（经济作物机收率非常低，花生不到20%，油菜、棉花不到10%；同时，50%以上的生猪、肉鸡蛋鸡、奶牛良种以及90%以上的高端蔬菜种子需要进口）。

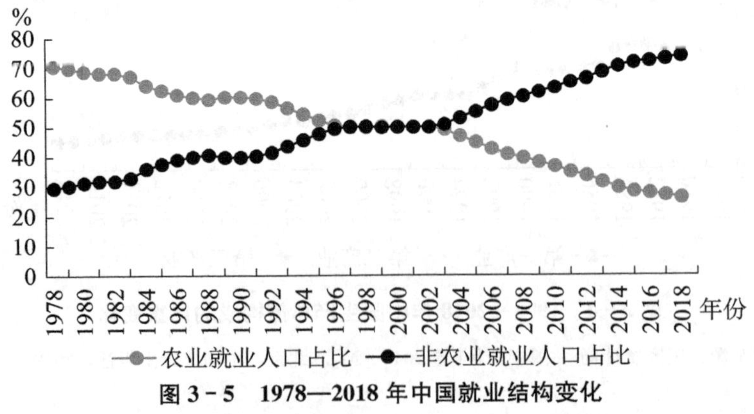

图3-5　1978—2018年中国就业结构变化

资料来源：国家统计局．中国统计年鉴2019［M］．北京：中国统计出版社，2019.

注：这里将第一产业就业量认为是农业就业人数，第二、三产业就业量之和认为是非农业就业人数。

2. 所有制结构变迁：国有企业稳定发展，非国有经济快速发展

1956—1978年，我国的所有制结构一直是单一的公有制，到1978年，在全国工业总产值中，全民所有制经济占77.6%，集体经济占22.4%，个体、私营经济几乎不存在。但是，单一的所有制结构并不适合我国的生产力发展状况，严重阻碍了社会经济发展，且人民生产生活水平低下。自1978年起，我国进入了改革开放和社会主义建设的新时期，生产资料所有制改革是其中的重要方面，并最终在中共十五大确立了"公有制为主体、多种所有制经济共同发展"的基本经济制度。在国有企业稳步发展的同时，非公有制经济发展迅速。

改革开放以来，城市国有企业改革历经了"放权让利，增加企业活力"，"所有权和经营权两权分离"，建立"现代企业制度"等体制改革，国有企业活力不断增强，效率得到提高，且在高铁等一些关键性领域中成为具有国际竞争力的市场主体。据统计数据显示，1998年以来，国有控股企业数量与平均用工人数呈不断下降趋势，国有控股企业数量占比自1998年的39.2%下降至2016年的5.0%，但国有控股企业的人均资产、人均利润都呈现出上升趋势，自1998年的199 895元/人、1 401元/人分别上升至2016年的2 462 980元/人、72 670元/人（如图3-6所示），这说明国有企业的效率得到了显著提高。

与此同时，非国有制经济也得到了快速发展，且已成为国民经济的支柱之一。统计数据显示，1998年，非国有经济资产在工业总资产中的占比仅为31.2%，而到2016年非国有经济资产占比则达到了61.5%，上升了30个百分点以上。具体来说，从就业人数看，非国有企业中平均用工人数由1998年的2 448万人上升到了2016年的7 779万人，增长了5 331万人；从固定资产投资看，非国有经济的比重从1999年的26%提高到2016年的54.8%，上升了28.8%个百分点。从非国有经济中的私营企业以及外商和港澳台投资企业的数据可以发现，近年来这些企业获得飞速发展，它们在经济中的比重不断上升，已成为我国国民经济中不可或缺的一部分（见表3-3）。

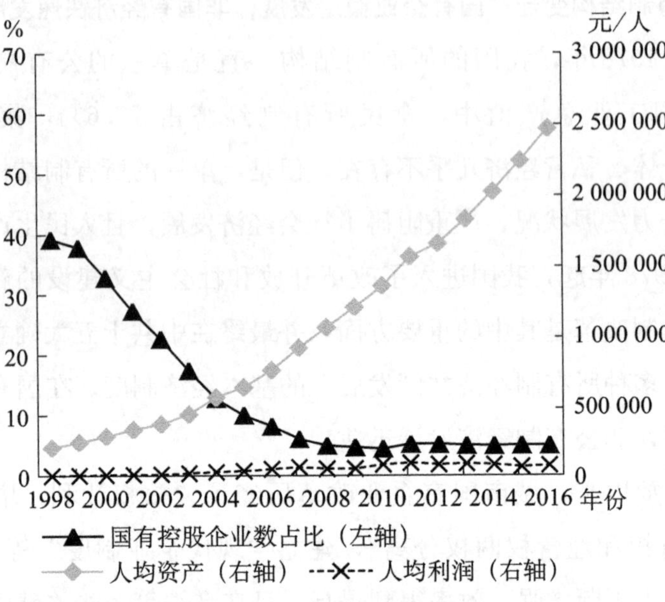

图 3-6　1998—2016 年中国所有制结构变迁

资料来源：国家统计局．中国统计年鉴 2017［M］．北京：中国统计出版社，2017；国家统计局．中国统计年鉴 2010［M］．北京：中国统计出版社，2010.

表 3-3　私营企业、外商和港澳台投资企业数据（1999—2016 年）

年份	工业企业数（万个）		资产总计（亿元）		固定资产原价（亿元）		利润总额（亿元）		平均用工人数（万人）	
	私营	外商和港澳台投资	私营	外商和港澳台投资	私营	外商和港澳台投资	私营	外商和港澳台投资	私营	外商和港澳台投资
1999	1.5	2.7	2 289.2	23 018.9	1 034.2	12 747.0	121.5	753.9	229.1	791.9
2000	2.2	2.8	3 873.8	25 714.1	1 651.4	14 318.3	189.7	1 282.5	346.4	853.0
2001	3.6	3.1	5 902.0	28 354.5	2 741.1	16 700.3	312.6	1 443.0	541.5	939.0
2002	4.9	3.5	8 759.6	31 513.8	3 960.0	18 726.9	490.2	1 877.2	732.9	1 054.3
2003	6.8	3.9	14 525.3	39 260.3	6 228.9	21 818.9	859.6	2 777.4	1 027.6	1 258.7
2004	11.9	5.7	23 724.8	55 601.8	9 992.6	29 387.9	1 429.7	3 876.0	1 515.4	1 755.3
2005	12.4	5.6	30 325.1	64 308.5	12 983.3	34 266.8	2 120.7	4 140.8	1 692.1	1 899.6
2006	15.0	6.1	40 514.8	77 108.7	17 316.1	40 865.5	3 191.1	5 384.1	1 971.0	2 118.1
2007	17.7	6.8	53 305.0	96 367.0	22 383.2	49 543.6	5 053.7	7 527.4	2 252.9	2 353.0

续前表

年份	工业企业数（万个）		资产总计（亿元）		固定资产原价（亿元）		利润总额（亿元）		平均用工人数（万人）	
	私营	外商和港澳台投资	私营	外商和港澳台投资	私营	外商和港澳台投资	私营	外商和港澳台投资	私营	外商和港澳台投资
2008	24.6	7.8	75 879.6	112 145.0	34 437.2	60 440.7	8 302.1	8 242.6	2 871.9	2 579.4
2009	25.6	7.5	91 175.6	124 477.6	42 366.5	65 507.5	9 677.7	10 107.1	2 973.8	2 450.4
2010	27.3	7.4	116 867.8	148 552.3	56 459.9	77 609.0	15 102.5	15 019.6	3 312.1	2 645.7
2011	18.1	5.7	127 749.9	161 987.7	65 621.8	84 358.9	18 155.5	15 494.2	2 956.4	2 574.1
2012	18.9	5.7	152 548.1	172 320.3	79 904.1	91 410.3	20 191.9	13 965.9	3 121.3	2 573.8
2013	20.8	5.7	187 704.4	188 661.4	103 175.8	102 638.4	23 327.1	15 802.6	3 359.4	2 536.1
2014	21.4	5.5	213 114.4	198 162.1	120 249.3	109 131.5	23 550.4	16 577.3	3 505.3	2 472.4
2015	21.7	5.3	229 006.5	201 302.7	128 858.4	112 222.4	24 249.7	15 905.8	3 464.0	2 355.4
2016	21.4	5.0	239 542.7	212 744.4	137 033.7	121 290.5	25 494.9	17 597.5	3 397.8	2 182.4

资料来源：国家统计局．中国工业统计年鉴 2017 [M]. 北京：中国统计出版社，2017.

3. 分配体制变革：公平与效率的关系变化

马克思主义认为，生产方式决定分配方式，而生产资料所有制是生产方式的基础。改革开放前，在单一的所有制结构下，我国以“按劳分配”为唯一分配方式，这样的分配方式是一种平均主义分配制度，不存在不平等问题。伴随着所有制的改革，我国的收入分配制度也随之转变为“以按劳分配为主体，多种分配方式并存”的多元化分配格局，即允许和鼓励资本、技术等生产要素参与收益分配，把按劳分配和按生产要素分配结合起来。与此同时，“公平与效率”之争也贯穿整个收入分配制度的变革之中，从改革开放前计划经济时期的把公平（“扭曲的公平”——平均主义）放在第一位，到改革开放后转向效率优先兼顾公平，再由效率优先转向更加注重社会公平。

具体来说，为了扭转改革开放前平均主义的分配制度带来的普遍贫穷的局面，我国政府在改革开放后开始调整公平与效率的关系（见表 3-4）。1985 年我国首次提出“让一部分人先富起来”的政策导向。其后，随着中共十四大社会主义市场经济体制的确立，强调了市场配置资源的效率，多元化分配格局和“效率优先，兼顾公平”的原则随之确立。但是过于注重效率而忽略公平的思想使得我国收入分配差距不断拉大，社会不公平问题突出。于是自中共十六届四中全会开始更加注重社会公平。中共十七大强调“初次分配和再分配都要处理好效率和公平的关系，再分配更加注重公平”。中共十八大再次强调，“努力实现居民收入增长和经济发展同步、劳动报酬增长和劳动生产率提高同步，提高居民收入在国民收入分配中的比重，提高劳动报酬在初次分配中的比重。初次分配和再分配都要兼顾效率和公平，再分配更加注重公平。”2017 年召开的中共十九大则进一步指出，“坚持在经济增长的同时实现居民收入同步增长、在劳动生产率提高的同时实现劳动报酬同步提高。拓宽居民劳动收入和财产性收入渠道。”即初次分配和再分配都应该维护公平。

表 3-4　　改革开放以来收入分配制度及公平与效率关系的变化

党的会议	收入分配制度的演进	公平和效率关系导向的演变
1984 年十二届三中全会	建立多种形式的经济责任制，认真贯彻按劳分配原则	平均主义思想是贯彻执行按劳分配原则的一个严重障碍。鼓励一部分人先富起来的政策，是整个社会走向富裕的必由之路
1987 年十三大	社会主义初级阶段的分配方式不可能是单一的，我们必须坚持的原则是，以按劳分配为主体，其他分配方式为补充	在促进效率提高的前提下体现社会公平
1992 年十四大	以按劳分配为主体，其他分配方式为补充	兼顾效率与公平
1993 年十四届三中全会	个人收入分配要坚持以按劳分配为主体、多种分配方式并存的制度。允许属于个人的资本等生产要素参与收益分配	体现效率优先、兼顾公平的原则
1997 年十五大	坚持按劳分配为主体，多种分配方式并存的制度，把按劳分配和按生产要素分配结合起来。允许和鼓励资本、技术等生产要素参与收益分配	坚持效率优先、兼顾公平

续前表

党的会议	收入分配制度的演进	公平和效率关系导向的演变
2002年十六大	确立劳动、资本、技术和管理等生产要素按贡献参与分配的原则，完善按劳分配为主体、多种分配方式并存的分配制度	初次分配注重效率，发挥市场的作用；再分配注重公平，加强政府对收入分配的调节职能
2004年十六届四中全会	正确处理按劳分配为主体和实行多种分配方式的关系	注重社会公平，合理调整国民收入分配格局，切实采取有力措施解决地区之间和部分社会成员收入差距过大的问题
2006年十六届六中全会	坚持按劳分配为主体、多种分配方式并存的分配制度。完善劳动、资本、技术、管理等生产要素按贡献参与分配制度	在经济发展的基础上，更加注重社会公平
2007年十七大	坚持和完善按劳分配为主体、多种分配方式并存的分配制度，健全劳动、资本、技术、管理等生产要素按贡献参与分配的制度	初次分配和再分配都要处理好效率和公平的关系，再分配更加注重公平
2010年十七届五中全会	坚持和完善按劳分配为主体、多种分配方式并存的分配制度	初次分配和再分配都要处理好效率和公平的关系，再分配更加注重公平。努力提高居民收入在国民收入分配中的比重，提高劳动报酬在初次分配中的比重。创造条件增加居民财产性收入
2012年十八大	完善劳动、资本、技术、管理等要素按贡献参与分配的初次分配机制，加快健全以税收、社会保障、转移支付为主要手段的再分配调节机制	努力实现居民收入增长和经济发展同步、劳动报酬增长和劳动生产率提高同步，提高居民收入在国民收入分配中的比重，提高劳动报酬在初次分配中的比重。初次分配和再分配都要兼顾效率和公平，再分配更加注重公平

续前表

党的会议	收入分配制度的演进	公平和效率关系导向的演变
2013年十八届三中全会	形成合理有序的收入分配格局。规范收入分配秩序，完善收入分配调控体制机制和政策体系，建立个人收入和财产信息系统，保护合法收入，调节过高收入，清理规范隐性收入，取缔非法收入，增加低收入者收入，扩大中等收入者比重，努力缩小城乡、区域、行业收入分配差距，逐步形成橄榄型分配格局	着重保护劳动所得，努力实现劳动报酬增长和劳动生产率提高同步，提高劳动报酬在初次分配中的比重
2015年十八届五中全会	调整国民收入分配格局，规范初次分配，加大再分配调节力度。完善市场评价要素贡献并按贡献分配的机制	多渠道增加居民财产性收入。规范收入分配秩序，保护合法收入，规范隐性收入，遏制以权力、行政垄断等非市场因素获取收入，取缔非法收入
2017年十九大	坚持按劳分配原则，完善按要素分配的体制机制，促进收入分配更合理、更有序	坚持在经济增长的同时实现居民收入同步增长、在劳动生产率提高的同时实现劳动报酬同步提高。拓宽居民劳动收入和财产性收入渠道

资料来源：1984—2007年的总结来源于陈丽华．初次分配和再分配中公平与效率的权衡——兼论十七大对社会主义收入分配理论的创新［J］．经济问题，2009（1）：25。2007年以后的资料来源于历次中国共产党全国代表大会报告。

伴随着收入分配格局和“公平与效率”关系的演变，我国居民的劳动者报酬占比也呈现出先下降后缓慢上升的趋势。根据国家统计局的数据，我们利用地区收入法GDP计算劳动者报酬占比（见图3－7）可以发现，1978年劳动者报酬占比达57%，随着收入分配格局的变化，劳动者报酬占比一直呈下降趋势，至2010年下降为43%，但自2011年起，这一比率又呈现缓慢上升的趋势，这是由于我国政府已经开始重视社会公平在收入分配中的重要性。但是，与欧美等发达国家相比，我国的劳动者报酬占比仍处于较低水平。

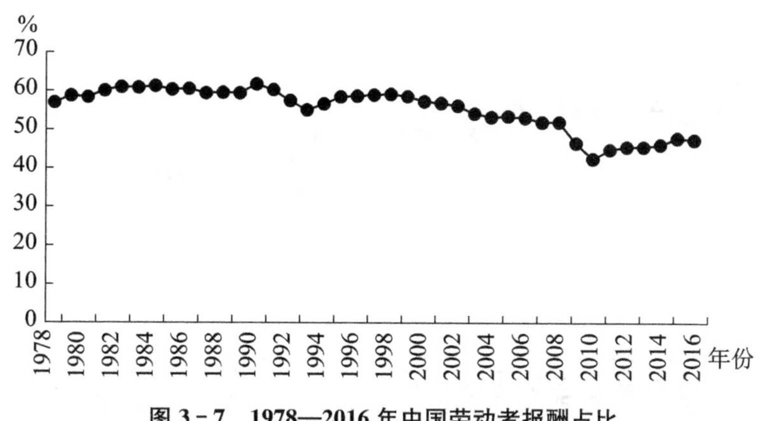

图 3-7　1978—2016 年中国劳动者报酬占比

资料来源：国家统计局．中国统计年鉴 2017 [M]．北京：中国统计出版社，2017；国家统计局．中国统计年鉴 2010 [M]．北京：中国统计出版社，2010.

4. 投资与消费结构变化：自 20 世纪 90 年代末起投资主导中国经济增长

我国是典型的“投资驱动型”经济，长期以来经济增长主要依靠的是物质资本的投入，其主要特点是“两高一低”，即高储蓄、高投资、低消费（孙咏梅等，2007）。

统计数据显示，首先，从资本形成总额看，我国资本形成总额呈现快速上升趋势，1991 年资本形成总额为 7 893 亿元，2016 年增长至 329 727 亿元，增长近 41 倍，年均增长率为 16.1%。其次，从占 GDP 比重看，由图 3-8 可以看出，我国的居民消费率一直呈现下降趋势，直至 2011 年才开始缓慢上升，而投资率则在波动中呈现缓慢上升趋势，直至 2011 年出现下降趋势。最后，从资本投入对 GDP 的贡献及资本效率来看，张平等（2018）指出，根据中国经济增长前沿课题组对生产函数的分解可以发现（见表 2-5），改革开放至今，我国资本投入对 GDP 增长的贡献维持在 65%～87%的水平，且资本存量增长持续加速，在经济持续超高速增长的 1978—2007 年间，资本存量平均增长速度为 11%左右，在 2008—2018 年间，资本存量的增长速度仍然维持在 11%～12%的高水平，这样的资本积累速度绝对是高的。而全要素生产率对 GDP 增长的贡献仅仅维持在 10%～30%，这是中国资本驱动的增长模式所特有的现象。

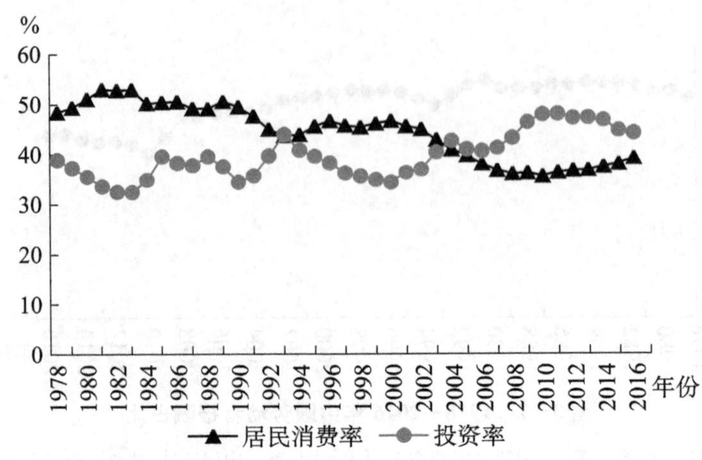

图 3-8 1978—2016 年中国的居民消费和投资率

资料来源：国家统计局．中国统计年鉴 2019［M］．北京：中国统计出版社，2019.

但问题是，我国的经济增长主要依靠的是物质资本投入，呈现的是“粗放型”经济增长的特点，经济增长仍以消耗资源和能源为主，技术进步、创新、人力资本等对经济增长的贡献还很低。如今，这种“粗放型”增长方式带来的不再是增长优势，而是众多的问题：首先，由于我国人均资源拥有量低，且资源利用率低，浪费严重，这必然会引发一系列资源与环境问题。根据《2013——全球能源工业效率研究》的数据，2013 年中国的能源利用率在世界上仅排在第 74 位。其次，为了实现高速经济增长，赶超发达国家，我国在经济发展初期对环境污染的容忍度非常低，致使污染物排放总量长期居高不下，远远超过了环境自净能力，部分地区生态破坏的程度还在加剧。与此形成鲜明对比的是，我国人均资源少，人均耕地、人均淡水资源和 45 种主要矿产资源的占有量都低于世界人均水平。最后，长期的投资依赖导致资本边际报酬递减，而且中国资本驱动模式路径依赖的低效率问题越来越明显。从表 3-5 中可以看出，1978—2007 年，我国资本效率为 0.302，2008—2018 年，仅为 0.076。因此，继续这样一种“粗放型”增长，必然面临极大的资源压力和不确定性，影响到经济的长期稳定发展（孙咏梅等，2007）。我国也正致力于转变经济增长方式，努力向“集约型”甚至“创新型”增长模式转变。

表 3－5　　生产函数分解

	1978—2018 年	1978—2007 年	2008—2018 年
(1) 潜在增长三因素	9.50	10.03	0.631
(2) 资本投入（K）：弹性	0.635	0.636	0.631
(3) 资本贡献份额	71.69%	64.83%	87.05%
(4) 劳动投入（L）：弹性	0.365	0.364	0.369
(5) 劳动贡献份额	8.73%	11.84%	2.23%
(6) TFP：增长率	1.86	2.34	0.866
(7) TFP 贡献份额	19.58%	23.33%	10.72%
(8) 资本投入增长率（$k=dK/K$）	10.99	10.96	11.04
（净）投资率（I/K）	45.44	39.91	130.76
资本效率（Y/K）	0.242	0.302	0.076
(11) 劳动投入增长率（$l=dL/L$）	2.272	3.263	0.504
(12) 劳动年龄人口增长率（$popl$）	2.603	3.709	0.657
(13) 劳动参与率变化率（θL）	−0.331	−0.446	−0.153
(14) 劳动生产率增长率（$y=Y/L$）	3.741	3.88	3.443
(15) 资本效率（Y/K）增长率	−5.429	−4.765	−7.12

资料来源：中国经济增长前沿课题组．经济增长蓝皮书（2017—2018）[M]．北京：社科文献出版社，2017；张平，楠玉．改革开放 40 年中国经济增长与结构变革 [J]．中国经济学家，2018 (1)：49.

5. 对外开放：经济开放度显著提高

自 1978 年改革开放后，我国逐渐开放国门，进出口贸易额也快速增长。统计数据显示，进出口贸易总额由 1978 年的 206.4 亿美元增至 2016 年的 36 855.6 亿美元，年均增长 14.6%，对外依存度（进出口贸易总额占 GDP 的比重）由 1978 年的 9.68%增长至 2016 年的 32.7%。[①] 与此同

① 我国的对外依存度自 1978 年一直呈上升趋势，直至 2007 年，2008 年后因世界金融危机以及中国劳动力成本上升等因素的影响，对外依存度呈现下降趋势，但总体上还是高于改革开放初期的水平。

时，中国在全球贸易中的地位也得到了显著提高，1978年中国进出口总额占全球贸易总额的0.85%，而2016年则约占全球贸易总额的14%，位居世界第二。且自1994年起就实现了贸易顺差，外汇储备也由1978年的1.67亿美元上升至2016年底的30 105亿美元，位居世界第一。中国对外开放程度的不断提高，不仅对40年来的高速经济增长至关重要，也对世界经济发展产生了深远影响。

具体来说，从出口来看，1978年我国的出口总额仅为97.5亿美元，仅占全球出口总量的0.82%，2016年我国的出口总额达到20 976.3亿美元，增长了214倍，占全球出口总量的13.57%。从进口看，1978年中国的进口总额为108.9亿美元，占全球进口总额的0.87%，2016年为15 879.3亿美元，在全球进口总量中的比重也上升为10.05%（见图3-9）。

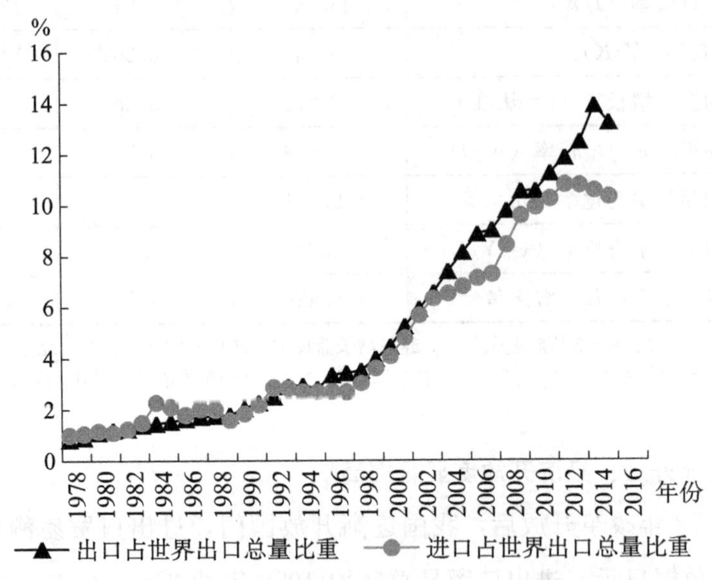

图3-9 1978—2016年中国进出口贸易占世界贸易总量的比重

资料来源：《中国统计年鉴2017》、《中国统计年鉴1990》及世界银行。

从外商投资来看，自改革开放以来，外商直接投资金额不断上升。改革开放初期，外商直接投资只允许在4个经济特区采取合资企业的形式展开，1979—1984年实际使用外商投资金额为41.04亿美元。1992年邓小平南方谈话的发表和社会主义市场经济体制的确立，使得外资流入速度迅速加快，至2016年，我国实际使用外资金额达1 260.01亿美元，是目前世界上外资流入最多的发展中国家，位列世界第三，次于美国和英国（见图3-10）。

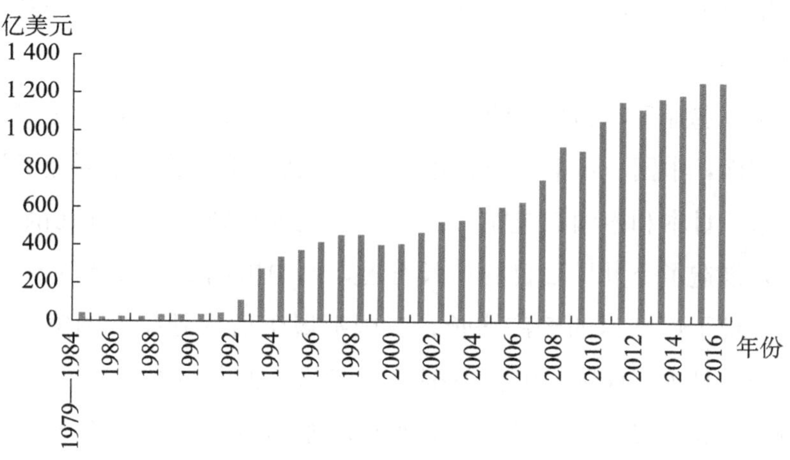

图3-10　1979—2016年中国实际使用外资情况

资料来源：国家统计局．中国统计年鉴2017［M］．北京：中国统计出版社，2017.

注：自2007年起商务部不再对外公布外资合同金额数据，故在这里使用"实际使用外资"数据来说明外资流入情况。

二、经济增长速度评价：若干典型国家的对比分析

改革开放至今，中国经济最突出的特点就是增长速度快，持续时间长。这么多年的高速经济增长不仅使得全体中国人民的生活水平得到了飞跃性提高，而且创造了世界经济增长史上的增长奇迹，为世界经济增长做出了巨大贡献。统计数据显示，2016年中国经济对全球增长的贡献高达41%（张平等，2018）。伴随着持续稳定的高速经济增长，中国成功地从一个封闭的农业国转变为全球最大的工业制造国，并已进入后工业化时期。2018年中国的城镇化率接近60%，人均GDP超过9 000美元，到

2020年左右将基本实现完全工业化和全面小康。

为了对改革开放至今中国经济增长的速度做出准确评价，本章这一部分对增长速度展开了分析。前文在介绍我国的经济增长水平时，就已经从自身、国际对比角度对我国的经济增长状况进行了比较详细的介绍，这里着重介绍与中国经济增长存在极大相似性的日本、德国与中国经济增长速度的对比评价。

之所以选择日本和德国两国经济与中国经济做对比分析，主要原因如下：一方面，中国、日本、德国都是在近现代经济增长史中创造了许多奇迹的国家。日本和德国都是第二次世界大战的战败国，但都在战后的30多年里，创造了令世界瞩目的增长奇迹，而中国则是在改革开放后的40年间，实现了更高速的经济增长，三国都属于后发赶超型国家。另一方面，中国、日本、德国三国目前都是经济总量很大的国家，2016年GDP排名分列世界第二、三、四名，仅次于美国（世界银行，2016）。

表3-6　中、日、德整体经济增长状态对比

指标	中国	日本	德国	中国	日本	德国
	1970年			1980年		
GDP总量（亿美元）	926	2 115	1 927	1 911	10 997	9 467
GDP世界占比（%）	3.13	7.15	6.45	1.71	9.84	8.47
GDP排名	8	3	5	13	2	4
	2000年			2016年		
GDP总量（亿美元）	12 113	48 875	19 500	111 991	49 492	34 777
GDP世界占比（%）	3.61	14.56	5.81	14.77	6.51	4.59
GDP排名	6	2	3	2	3	4

资料来源：根据世界银行数据计算所得。

注：由于战败，德国被苏、美、英、法四国分区占领。1949年，美、英、法控制的地区成立德意志联邦共和国，简称联邦德国；同年，德意志民主共和国在苏占区成立，简称民主德国。1990年两德统一。这里1970年、1980年的数据都是联邦德国的数据（后面对德国的分析中，1990年所运用的数据均是联邦德国的数据）。

（一）中日经济增长速度与质量的比较

第二次世界大战后，日本确立了经济现代化的立国目标，建立了政府主导型市场经济体制，至 20 世纪 50 年代中前期实现了经济复苏，20 世纪 50 年代中前期至 70 年代中期，实现了高速经济增长。且在 1980 年其生产总值达 10 997 亿美元，成为世界上第二大经济体，仅次于美国。70 年代中期至今，日本保持稳定发展和低增长，GDP 总量长期保持世界第二的排名，直至 2010 年被中国超越，变为世界第三大经济体。

首先，从高增长持续时间和增长率看，日本保持高速增长的持续时间约为 25 年，在此期间，日本 GDP 总量增长了 39 倍，年均增长率达 8.92%。而从中国 1978—2016 年这 38 年的中高速增长时期看，中国的 GDP 总量增长了 74 倍，年均增长率达 9.87%（见图 3-11）。因此，中国的经济总量、人均 GDP 的增速都快于日本高速增长时期。而自 20 世纪 80 年代起，中国 GDP 的增速就基本高于日本，且自 2010 年起 GDP 总量也超越了日本。

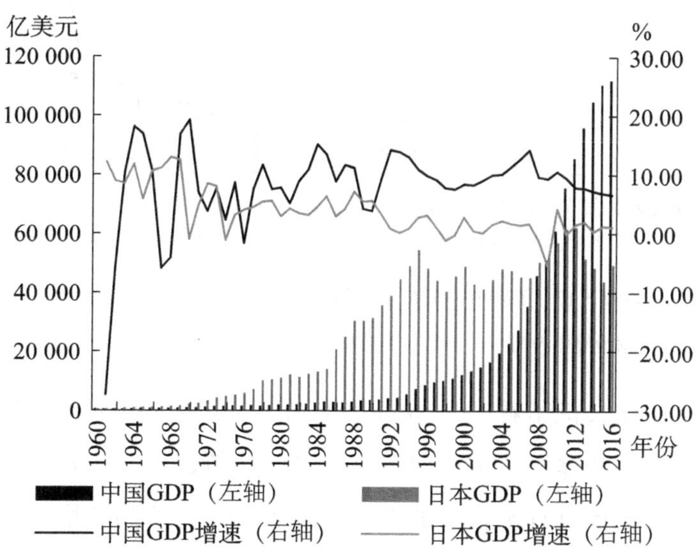

图 3-11　1960—2016 年中日两国 GDP 总量及增速情况

资料来源：根据世界银行历年公布的相关数据整理。

其次，从人均GDP角度看（见图3-12），在战后日本高速增长时期，日本人均GDP年均增长率达7.70%。且在此后的低增长时期，人均GDP一直呈现增长趋势，至2016年已达38 900美元，位列世界第22位，属于高收入国家；而中国的人均GDP则从1978年的156美元增长到了2016年的8 123美元，年均增速为11%，仅位列第74位。数据显示，尽管中国的人均GDP增速显著高于日本人均GDP增速，但人均GDP却一直显著低于日本，2016年中国人均GDP仅与日本20世纪70年代的水平相当。中国人均GDP水平偏低，人口众多是原因之一，而更大的原因在于两国的增长机制是不一样的。

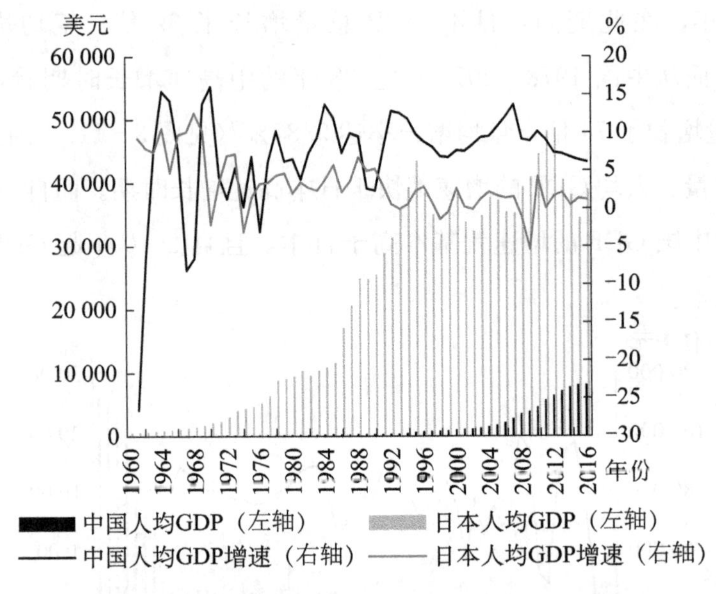

图3-12 1960—2016年中日两国人均GDP及增速情况

资料来源：根据世界银行历年公布的相关数据整理。

最后，从增长机制看。日本可以在战后实现经济高速增长，原因很多。既有如冷战的爆发、美英对日本经济的扶持、第三次科技革命的爆发等外因的推动，更有日本自身的努力。为了启动经济高速增长，日本在经济运行机制、对外贸易体制、教育、科学技术等方面做出了一系列改革。第一，从经济运行体制看，日本为了实现战后经济复苏和起飞，在国内实行了政府主导型的市场经济体制，即在发展市场经济的同时，比较重视政府的宏观调控作用。日本政府引导了国内的产业发展，且成功地保持了稳定的、低通货膨胀的宏观环境。第二，在对外贸易方面，在战后初期，为了迅速实现经济复苏，日本将目光瞄向了更为广阔的世界市场，实施出口导向型的发展战略。1955 年后，日本对外贸易迅速增长，1960 年日本贸易总额为 93.09 亿美元，1992 年达到了 6 825.20 亿美元，位居世界第三，且自 1965 年开始实现贸易顺差，1992 年的贸易顺差额达 1 011 亿美元（余玖玖，2010）。对外贸易规模的迅速扩大，为日本实现经济增长，成为世界大国做出了巨大贡献。第三，从教育体系看，日本一直很重视教育，早在明治维新前的 1867 年，日本的受教育者已占全国人口的 30%～40%。第二次世界大战后，为了重建家园，日本首先提出了要恢复和重建教育。因此，在战后，日本对教育的投入非常大，教育的普及度也非常高。数据显示，日本的教育经费随国民生产总值的增长而增长，1940 年日本地方政府对教育的投资总额仅为 4.8 亿日元，自 1950 年起这一投资额迅速增长为 1 375.9 亿日元，到了 1980 年，则达到了 77 906.5 亿日元，占地方政府开支的比例达 20.3%（余玖玖，2010）。与此同时，战后日本教育的普及度也很高，九年义务教育达到 100%，在 1976 年高中入学率就达到了 93%，大学入学率达到了 39.3%。劳动者素质的不断提高，对于劳动生产率的提高、人民收入水平的提高是至关重要的①，也是科技发展、社会进步的重要根基。第四，从科学技术角度看，科学技术的进步是日本经济起飞的关键。1965 年以前，日本主要的科技体制是引进国外技术，并迅速模仿推广。20 世纪 80 年代初，日本提出了“科学技术立国”这一新的社会经济发展战略，旨在由“模仿和追随的时代”迈向“首创和领先的时代”，努力实现自主创新。90 年代后期，为了提高基础创新能力和增加技术储备，又提出了“新技术立国”，包括增加政府科技投入，扩

① 根据世界银行《1988 年世界发展报告》，1960—1985 年间，日本社会平均文化技术综合指数增长了 0.98 倍，同时期劳动生产率增加了 7 倍。

大基础研究资金，创造良好的商业环境等举措。日本对科技的高度重视，使得日本的科学事业规模日益庞大，科研能力显著提高，高新技术制造业在GDP中比重逐年上升，为实现经济持续稳定增长、产业结构优化做出了巨大贡献。

在增长机制方面，中国与日本两国都重视政府对经济发展的重要性，且高度重视出口对经济增长的贡献，但是，我国在教育和科研方面的重视程度及投入远不及日本。其一，从教育投入看，根据《教育统计年鉴2015》的数据，2010年全国教育经费总投入为19 562亿元，占GDP比重为4.73%，2014年为32 806亿元，占GDP比重仅为5.09%（见图3-13），远远比不上日本在20世纪80年代对教育的投入。而从增长率来看，这5年来教育经费投入的增长率呈现了下降的趋势。

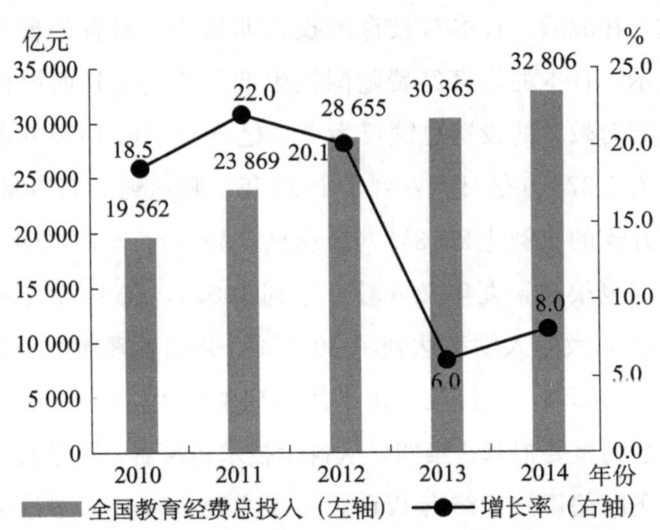

图3-13　2010—2014年中国全国教育经费总投入及增长情况

资料来源：中华人民共和国教育部发展规划司．中国教育统计年鉴2015［M］．北京：中国统计出版社，2016.

其二，从科研看。近年来国家高度重视科学技术的发展，强调“要推动以科技创新为核心的全面创新”，“不断推进科技创新、管理创新、产品创新、市场创新、品牌创新”。与此相对应的是，科研人员的数量、科研经费的投入都在不断上升，每年的发明专利数量也快速增长，由 2009 年的 314 573 件上升至 2016 年的 1 338 503 件。但是，总体上讲，我国整体创新能力不强，企业尚未真正成为技术创新的主体，缺乏创新的动力和机制。一是科研经费投入总量虽然在上升，但是占 GDP 比重仍然很低，2016 年科研经费投入占 GDP 比重仅为 2.11%（见表 3－7），远低于世界发达国家水平。二是自主创新能力不足，核心技术受制于人。尽管我国各个产业的技术水平和自主创新能力有了不同程度的提高，个别产业在国际上也具备了一定的竞争力，但真正体现行业竞争力的高精尖加工工艺和重大技术装备仍然比较薄弱，国民经济和高技术产业领域所需的某些重要装备依赖进口。三是引进技术消化再创新能力薄弱，引进技术没有与自主创新和提高产业竞争力结合起来。我国现阶段在很大程度上仍处于日本 20 世纪七八十年代的"模仿和追随的时代"，而没有跨入自主创新和引领的时代。

表 3－7　2009—2016 年中国科技活动基本情况

年份	R&D 人员（万人）	R&D 经费支出（亿元）	R&D 经费支出占 GDP 比重（%）	发明专利（件）
2009	229.1	5 802.1	1.7	314 573
2010	255.4	7 062.6	1.76	391 177
2011	288.3	8 637.6	1.84	526 412
2012	324.7	10 298.4	1.98	652 777
2013	353.3	11 846.6	2.08	825 136
2014	371.1	13 015.6	2.02	928 177
2015	375.9	14 169.9	2.06	1 101 864
2016	387.8	15 676.9	2.11	1 338 503

资料来源：国家统计局．中国统计年鉴 2017 [M]．北京：中国统计出版社，2017.

（二）中德经济增长速度与质量的比较

我们以同样的方式分析中德经济对比关系。第二次世界大战后，德国因是战败国，在经济、政治等方面均受到了毁灭性的打击。一方面，德国在第二次世界大战后与日本不同的是，国家由此分裂，直至 1990 年才统一。另一方面，战争带来了人口的大规模下降，德国在战争中伤亡近千万人，占总人口的40%；城市大部分建筑、道路等被摧毁，粮食严重短缺，物价飞升，人民生存艰辛。

为了实现战后经济快速复苏，联邦德国建立了具有本国特色的市场经济体制，其主要特征在于，在市场经济的基础上，强调国家的适度调节，并重视福利体制的建立。而在经济发展战略上，德国则采取了与日本相似的贸易立国、科技兴国的战略。经过经济体制和经济发展战略方面的转型，德国创造了属于自己的增长奇迹。自20世纪50年代中期开始，德国GDP实现迅速增长，并迅速跻身西欧发达资本主义国家行列。2008年金融危机后，为了寻求新的经济增长点，德国又率先提出“工业4.0”计划，以期通过制造业的智能化促进经济增长。统计数据显示，1970年联邦德国的GDP总量为1 927亿美元，占世界GDP比重为6.45%，是世界第四大经济体，次于美国、日本和苏联，1986年超越苏联成为世界第三大经济体。2007年德国被中国超越，成为第四大经济体，并一直保持至今。2016年德国GDP总量为34 777.96亿美元，占世界GDP比重为4.59%，是欧盟最强大的经济实体，也是欧盟人口第一大国。

首先，从高增长持续时间和增长速率看，德国保持高速增长持续时间约为25年（20世纪50年代中期至20世纪70年代，之后为低速稳定增长期），在此期间，德国GDP总量增长了27倍。远低于中国高速增长时期的74倍。2007年以前，中国的GDP总量均低于德国，自2007年起，中国的GDP总量首次超越德国，2016年中国的GDP总量为111 991亿美元，是德国GDP总量的3.22倍。而从增速来看，自1977年起，中国GDP的增速就一直显著高于德国（见图3-14）。

其次，从人均GDP角度看，在战后德国高速增长时期，德国人均GDP从1950年的419美元，增长至1975年的6 213美元，增长了近14倍。且在此后的低增长时期，人均GDP一直呈现增长趋势，至2016年已达42 069美元，是中国的5倍，位列世界第19位。中国2016年的人均

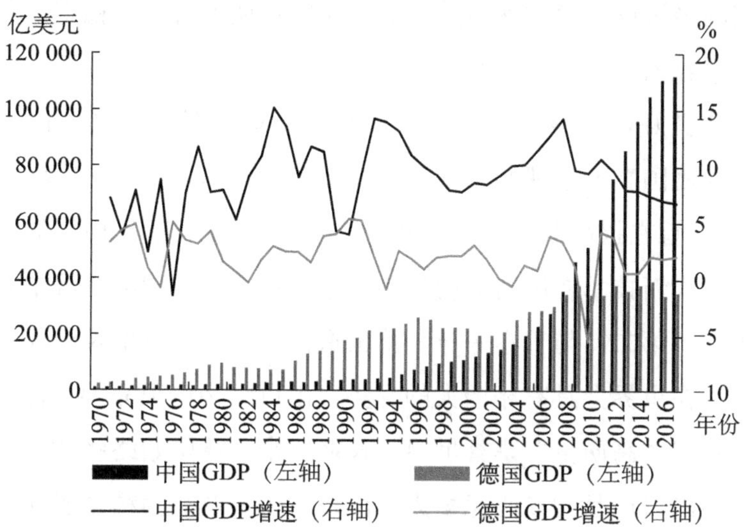

图 3-14 1970—2016 年中德两国 GDP 总量及增速情况

资料来源：根据世界银行历年公布的相关数据整理。

GDP 为 8 123 美元，仅相当于德国 1978 年的水平。数据显示，与日本相同，尽管中国的人均 GDP 增速显著高于德国人均 GDP 增速，但人均 GDP 水平却显著低于德国（见图 3-15）。

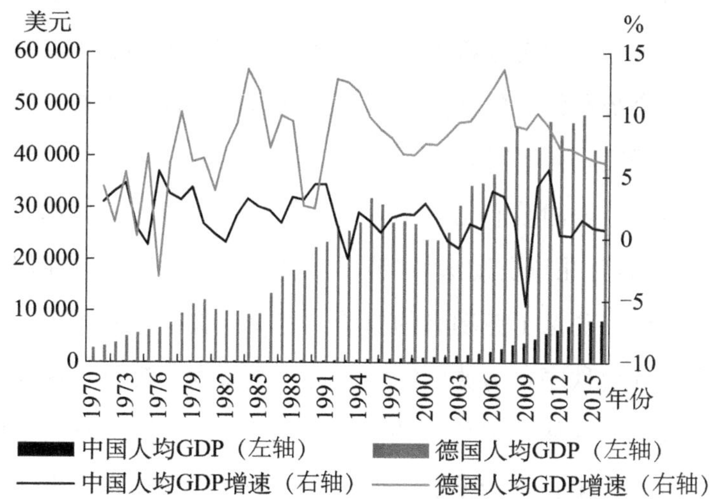

图 3-15 1970—2016 年中德两国人均 GDP 及增速情况

资料来源：根据世界银行历年公布的相关数据整理。

德国的经济增长模式使得其在战后能够长期保持物价稳定，劳资关系和谐，国民收入平等，即使在2008年世界金融危机的冲击下，德国经济态势也保持良好，且很快恢复经济增长和就业增长。究其原因，具体来说：第一，德国高度重视制造业的发展，且于2011年率先提出了“工业4.0”计划，旨在提高制造业的智能化水平。与日本极其相似的是，德国也十分重视高新技术在制造业的运用，这使得德国在国际经济中始终处于产业链顶端。第二，与日本一样，德国重视出口对经济增长的作用。且德国的出口品在世界上具有相当大的优势，出口结构也很完善。德国所制造的物品一直以“高质量”享誉世界。长期以来，德国始终将“高质量、高技术”视为出口产品的核心竞争力，出口的主要产品为精密机械、汽车及配件、精密化工产品，这些产品因其高质量和低替代性而广受欢迎，这促使德国成为世界第三大贸易国家。第三，中小企业的异军突起，带动了经济发展和就业增加。德国中小企业因受到政府的大力扶持而迅速发展，在第二次世界大战后成为国民经济的支柱。在政府的保护下，德国的中小企业获得了百余年的持续稳定发展，虽然企业规模都比较小，但企业的寿命都很长，很多都是具有百年历史的家族企业，优良的历史传统与现代化技术结合，使得这些企业至今都在世界上占有举足轻重的地位。[①] 第四，政府高度重视社会福利体制的建立，努力提高国民的福利待遇，使得德国劳资关系和谐，居民收入平等，社会稳定。第二次世界大战后，为改善德国国民的生存境遇，德国政府出台了一系列保障国民福利的法律，如《社会保障均衡法》《养育儿童资助法》《劳动促进法》等。这些旨在保障国民福利的法律的出台，确保了劳动者的权益，避免了贫富差距过大、劳资冲突过大，稳定了社会秩序，为德国经济的持续健康发展提供了保障。

总体来说，不论从经济总量还是从人均GDP增长来看，中国的经济增长速度均显著快于日本和德国。但是，经济增长的质量远低于日本和德

---

① 邓春明．经济增长与充分就业的德国模式研究［J］．人民论坛，2014：253－255．

国，具体表现在：自主创新能力低下，高新技术产业占比低；企业制度不完善，企业的生命力低；对教育的投资不足，人力资本水平较低；社会保障水平较低等方面。为了具体研究我国经济增长质量，本章的第三部分做了具体分析。

三、中国经济增长内在质量的比较分析与评价

经济增长作为社会物质财富不断增加的过程，是对社会再生产动态过程和结果的整体反映，经济增长只有保持在合理的收敛区间内，才能实现高效的经济运行，平稳有序的经济增长，这是一个国家财富创造的重要保障。改革开放 40 年来，我国经济增长的数量扩张与速度提升引人瞩目，但增长质量却不高。2011 年后，中国经济开始告别高速增长时期，GDP 增长率连续 5 年呈下降趋势，经济增长的降速使得经济发展不平衡问题、增长过程中诸种矛盾日渐凸显，正日益消减经济高增长的成果。今后要更加重视提高经济增长的质量和效益，重视资源的合理配置，以实现中国经济平稳较快发展。国务院发展研究中心副主任王一鸣在“中国经济 50 人论坛 2018 年年会”中的发言也明确指出，“改革开放 30 多年来我国已经完成了‘数量的缺口’，未来很重要的任务就是填补‘质量的缺口’。”①

发达国家经济增长的经验表明，衡量一个国家经济增长质量高低的首要标准，是宏观经济效益的高低，也就是说，在社会资源综合利用效率提高的前提下，以较少的要素投入获得较高的产出，实现生产要素的合理配置，形成低投入、低成本、高产出、高效益的良性循环。增长理论告诉我们，经济增长的质量是经济增长的内在性质，而不同学者对衡量增长质量的标准有不同的看法。郭克莎（1996）认为，从国际比较的角度看，经济增长的质量主要表现在以下几个方面：一是经济增长的效率，主要表现为

① 王一鸣“十问” 向高质量发展转型［N］. 新浪财经，2018-02-25.

全要素生产率（TFP）的增长率及其贡献率的高低；二是国际竞争力的高低，主要表现为产品和服务的质量水平和相对成本水平；三是通货膨胀的状况，也就是相对于经济增长率的通货膨胀率；四是环境污染的程度，即经济增长过程的环境污染面和污染率。[①] 孙咏梅（2011）认为衡量增长质量的标准主要有：经济增长的结构、经济增长的稳定性、福利变化与成果分配、资源配置和生态环境等四个方面。[②] 任保平等（2012）则建立了一个系统的经济增长质量的比较维度，并从经济增长的效率、经济增长的结构、经济增长的稳定性、经济增长的福利变化与成果分配、资源利用和生态环境代价以及国民经济素质六个维度来比较分析各国的经济增长质量。[③] 我们在这里主要从经济增长效率、经济增长结构、经济增长的稳定性、居民福利变化与成果分配角度来考察我国的经济增长质量。

我们选取了 11 个经济体与中国进行比较，其中有发达经济体英国、美国、德国和日本，“亚洲四小龙”中的中国香港、新加坡和韩国（中国台湾因为缺少数据，故没有在此列出），以及“金砖五国”中的俄罗斯、巴西、印度和南非。通过与这些经济体各指标的对比，分析中国的经济增长质量。

（一）中国经济增长效率分析与评价

经济增长效率衡量的是在经济增长过程中能否以较少的投入获得较高的产出和效益。我们在这里用劳动生产率和全要素生产率来衡量我国的经济增长效率。

1. 以劳动生产率衡量我国经济增长效率

劳动生产率是指劳动者在一定时期内创造的劳动成果与其相适应的劳动消耗量的比值。在这里，劳动生产率的计算公式为：劳动生产率＝GDP

① 郭克莎．论经济增长的速度与质量［J］．经济研究，1996（1）：41.

② 孙咏梅．我国经济增长中的矛盾与资源的有效配置［J］．当代经济研究，2011（11）.

③ 任保平．经济增长质量的逻辑［M］．北京：人民出版社，2015：183.

（2010 年不变价美元）/就业人员总数。首先，与自身历史水平相比，根据计算结果可知，我国的劳动生产率总体上呈上升趋势，从 1991 年的 1 048 元/人，上升到了 2016 年的 10 243 元/人，增长了近 9 倍。但是，自 2011 年起，劳动生产率的增长率呈现下降趋势，劳动生产率增长速度放缓（见图 3-16）。

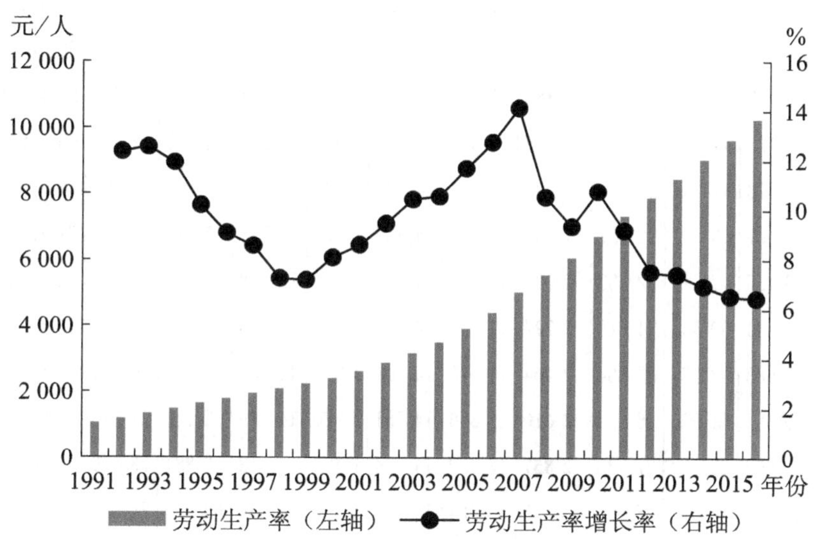

图 3-16　1991—2016 年我国劳动生产率及其增长率

资料来源：根据世界银行历年公布的相关数据计算整理。

其次，从国际比较角度看。根据世界银行提供的数据计算后发现，各国的劳动生产率均呈上升趋势，但是劳动生产率水平相差很大。从表 3-8 中可以清晰地发现，2016 年，美、英、德、日等发达资本主义国家的劳动生产率很高，均超过了 70 000 元/人，远高于其他发展中国家。其次，与“亚洲四小龙”（除中国台湾）相比，中国香港、韩国和新加坡的劳动生产率水平也远高于中国。第三，与发达国家相比，“金砖五国”的劳动生产率水平都比较低，而中国位列第四名，仅高于印度。由此可见，从劳动生产率的国际比较视角可知，中国的劳动生产率水平较低，与发达国家的差距还是很大的。就 2016 年来说，美国、德国、日本、新加坡的劳动生产率水平分别是中国劳动生产率水平的 8.7 倍、7.7 倍、8.1 倍和 7.8 倍。

表 3-8　　1991—2016 年各经济体劳动生产率（元/人）

年份	中国香港	新加坡	韩国	中国	俄罗斯	巴西	印度	南非	英国	美国	德国	日本
1991	30 563	35 934	15 730	**1 048**	15 547	13 212	911	14 381	49 289	59 082	59 827	62 472
1992	32 773	37 695	16 501	**1 177**	12 507	12 698	942	13 176	50 573	60 540	61 831	62 627
1993	34 493	41 254	17 512	**1 325**	11 899	13 031	969	13 588	52 572	61 084	62 076	62 880
1994	35 937	44 208	18 616	**1 483**	11 070	13 396	1 008	12 644	54 080	61 859	64 453	63 718
1995	36 550	46 713	19 992	**1 635**	10 802	13 655	1 071	12 236	54 874	62 383	65 136	65 640
1996	36 513	47 466	21 166	**1 783**	10 661	14 354	1 136	13 157	55 725	63 694	65 849	67 504
1997	38 057	49 704	22 137	**1 935**	11 358	14 535	1 172	13 592	57 016	65 025	67 477	67 848
1998	36 435	47 731	22 433	**2 075**	11 145	14 879	1 220	13 778	58 226	66 813	68 413	67 778
1999	37 704	50 563	24 619	**2 224**	11 150	14 574	1 318	13 895	59 486	68 819	69 335	68 497
2000	39 683	53 084	25 864	**2 404**	11 976	14 904	1 352	14 467	60 919	70 731	70 893	70 755
2001	39 681	51 590	26 645	**2 610**	12 686	14 751	1 380	14 549	62 123	71 618	71 973	71 471
2002	40 866	55 129	27 985	**2 857**	13 059	14 924	1 406	15 013	63 381	73 509	72 666	72 493
2003	42 647	58 624	28 996	**3 155**	13 924	14 976	1 476	15 844	64 852	75 537	73 781	73 824
2004	45 433	63 318	29 992	**3 487**	14 772	15 361	1 559	16 401	65 896	77 548	74 804	75 557
2005	48 154	65 286	31 103	**3 895**	15 554	15 217	1 677	16 426	67 472	79 020	74 941	76 673
2006	50 857	66 916	32 541	**4 391**	16 789	15 745	1 836	16 559	68 506	79 832	76 478	77 578
2007	53 222	69 265	34 032	**5 011**	17 791	16 525	2 011	17 460	69 814	80 612	77 323	78 366
2008	54 123	66 641	35 023	**5 539**	18 701	16 864	2 104	17 399	68 939	80 661	77 309	77 738
2009	53 691	64 472	35 690	**6 056**	17 620	16 730	2 287	17 720	67 153	81 605	73 150	74 693
2010	57 306	71 536	37 820	**6 707**	18 279	17 873	2 520	18 828	68 233	84 275	75 562	77 540
2011	58 732	73 966	38 713	**7 322**	18 938	18 584	2 693	19 214	68 927	84 989	78 098	78 413
2012	58 631	74 287	39 127	**7 870**	19 369	18 704	2 836	19 200	69 099	85 636	78 059	79 853
2013	59 457	77 334	39 942	**8 452**	19 706	19 151	2 987	19 042	69 438	86 315	77 679	80 855
2014	60 642	79 184	41 296	**9 036**	19 742	18 956	3 179	19 115	69 810	87 275	78 437	80 670
2015	61 866	79 158	42 297	**9 625**	19 243	18 440	3 387	19 059	70 282	88 362	78 841	81 883
2016	63 102	79 940	43 297	**10 243**	19 199	18 288	3 587	19 141	70 750	88 904	79 008	82 967

资料来源：根据世界银行历年公布的相关数据计算整理。

2. 全要素生产率衡量我国经济增长效率

全要素生产率（TFP）是各种生产要素的平均产出，并且是经质量调整的劳动和经投入组合调整的资本的平均产出。它是用来衡量生产效率的指标，有三个来源：一是效率的改善；二是技术进步；三是规模效应。在计算上它是除去劳动、资本、土地等要素投入之后的“余值”。本书这里全要素生产率的资料来源于卢万青的《经济增长方式的国际比较及其关联定位》一文（具体结果见表3-9）。从表3-9中可知，与发达国家相比，中国的TFP对GDP的贡献率显著低于德国、日本，因为德国、日本是以发展高技术制造业为主的国家；但高于美国和英国，这是因为英美以发展服务业为主，服务业的劳动生产率和技术进步相对工业而言较为缓慢。与“亚洲四小龙”中的新加坡、韩国相比，韩国的TFP贡献率显著高于中国。而在“金砖五国”中，俄罗斯的TFP贡献率是最高的，巴西和南非的TFP贡献率甚至为负，中国的TFP贡献率在五个国家中处于第二位。但从TFP增长率可以发现，自2008年起，中国的TFP增长率持续走低，且低于2001—2010年的平均增长率。

表3-9 1991—2010年各经济体TFP增长率及其对GDP贡献率（%）

年份	新加坡	韩国	中国	俄罗斯	巴西	印度	南非	英国	美国	德国	日本
1991	−1.53	4.08	**2.14**	—	−0.27	−2.37	−4.03	0.6	−0.77	2.12	0.3
1992	2.1	1.99	**4.33**	—	−1.56	1.57	−5.08	0.91	1.83	1.05	−1.45
1993	6.37	2.18	**3.07**	−7.48	3.59	1.83	−1.66	2.16	0.08	−0.34	−0.16
1994	3.42	3.92	**2.97**	−10.59	4.1	2.6	0.17	1.37	0.86	1.97	−0.59
1995	7.55	3.07	**7.52**	−1.08	2.17	2.81	−0.44	0.39	−0.11	1.76	0.76
1996	−6.67	2.17	**−4.83**	−1.66	1.09	3.58	0.27	0.72	1.29	1.36	0.45
1997	0.82	2.79	**−1.36**	3.92	0.97	0.45	−1.58	0.02	0.66	1.66	0.16
1998	−6.19	−1.15	**−5.87**	−3.06	−2.58	2.61	−4.02	0.68	0.44	−0.09	−2.35
1999	3.55	7.49	**0.53**	8.21	−2.21	2.2	−2.02	0.35	1.47	0.71	−0.16
2000	6.52	2.63	**3.31**	11.43	0.43	−0.16	0.19	1.13	1.26	2.28	0.85
2001	−7.66	−0.53	**4.73**	6.29	−0.71	1.31	−0.92	−0.01	−0.16	1.07	0.01
2002	4.42	3.78	**6.14**	5.32	−0.44	−0.6	0.35	0.49	0.46	0.06	0.62

续前表

年份	新加坡	韩国	中国	俄罗斯	巴西	印度	南非	英国	美国	德国	日本
2003	4.24	1.77	**7.85**	7.45	−0.89	3.69	−0.83	1.15	0.95	−0.25	0.89
2004	6.77	2.24	**2.61**	6.59	1.63	2.33	0.48	1.08	1.67	0.35	1.38
2005	4.73	2.34	**2.62**	4.69	−0.65	3.65	0.58	−0.16	0.82	1.45	0.65
2006	0.37	2.66	**4.65**	4.84	−0.4	3.38	0.35	1.34	0.03	2.9	0.5
2007	3.01	3.57	**6.07**	3.52	1.13	2.79	−0.17	0.94	−0.09	1.31	1.5
2008	−6.5	1.95	**2.35**	−0.37	−1.57	0.72	−3.39	−0.85	−1.05	−0.64	−0.85
2009	3.66	−0.57	**1.88**	−12.5	5.66	2.33	−6.85	−4.42	−1	−3.98	−3.55
2010	7.79	4.7	**2.66**	—	2.03	2.68	—	0.35	2.25	1.8	4.44
2001—2010年平均值	1.21	2.18	**4.14**	2.69	−0.58	2.22	−1.19	−0.02	0.48	0.39	0.54
1991—2010年平均值	1.35	2.54	**2.61**	—	−0.01	1.86	−1.53	0.4	0.54	0.82	0.16
2001—2010年TFP对GDP贡献率	21.75	52.60	**39.51**	52.27	−0.47	28.27	−33.97	−1.39	24.64	41.97	76.39

资料来源：卢万青．经济增长方式的国际比较及其关联定位［J］．改革，2013（6）：32.

（二）中国经济增长结构分析与评价

经济结构是一个由许多系统构成的多层次、多因素的复合体，我们在这里主要从国民经济各部门和社会再生产的各个方面的组成和构造考察，主要包括产业结构、消费结构、技术结构、劳动力结构等。为了更具体地说明这一问题，我们可以从供给侧、需求侧两个方面考察我国的经济增长结构。其中供给侧结构主要考察产业结构和劳动力结构，需求侧主要考察投资结构和消费结构。

1. 以供给侧结构考察产业结构和劳动力结构

（1）产业结构。

首先，从国内历史水平角度看，我国的产业结构还是得到了一定程度的改善，前文中对此已具体描述。但是，从国际比较角度看，我国的产业结构仍需不断升级。从表 3－10 可以看出，从服务业增加值占 GDP 比重看，中国服务业增加值占 GDP 比重从 2000 年的 39.8%上升到了 2015 年的 50.2%，英、美、德、日则分别从 2000 年的 74.0%、75.7%、68%、65.8%上升到 2015 年的 79.3%、78.9%、68.9%和 70.0%，中国与它们相比还有较大差距。而在与“亚洲四小龙”和“金砖五国”中的其他经济体相比，中国的服务业占比水平也是最低的，甚至低于印度。从工业增加值占 GDP 比重和农业增加值占 GDP 比重的数据看，发现各经济体这两个占比都在下降，说明各国经济发展重点或产业结构重心都逐渐由第一、二产业向第三产业转移。

表 3-10　　1991—2016 年各经济体产业结构比较（%）

经济体	1991 年	1995 年	2000 年	2005 年	2010 年	2011 年	2012 年	2013 年	2014 年	2015 年	2016 年
服务业增加值占 GDP 比重											
中国香港	—	—	87.3	91.3	93.0	93.1	93.0	92.9	92.7	92.7	92.2
新加坡	65.7	66.1	65.1	67.6	72.3	73.7	73.6	75.2	74.4	73.8	73.8
韩国	52.3	54.6	57.5	59.4	59.3	59.1	59.5	59.3	59.6	59.4	59.2
中国	**34.5**	**33.7**	**39.8**	**41.3**	**44.1**	**44.2**	**45.3**	**46.7**	**47.8**	**50.2**	**51.6**
俄罗斯	38.1	55.9	55.6	57.0	61.4	62.2	62.5	64.1	63.9	62.7	62.8
巴西	56.0	66.7	67.7	66.0	67.8	67.7	69.1	69.9	71.2	72.7	73.3
印度	39.2	40.1	45.1	46.9	48.7	49.0	50.0	50.6	51.8	52.9	53.8
南非	57.2	61.3	64.8	67.1	67.2	67.6	68.0	68.0	68.0	68.5	68.6
英国	70.3	71.1	74.0	77.5	79.3	79.1	79.3	78.9	79.3	79.3	79.2
美国	—	—	75.7	76.9	78.4	78.0	78.2	77.9	77.9	78.9	—
德国	61.9	66.0	68.0	69.8	69.1	68.6	68.5	68.9	68.8	68.9	68.9
日本	—	63.6	65.8	68.8	70.4	71.9	72.0	71.8	71.0	70.0	—
工业增加值占 GDP 比重											
中国香港	—	—	12.6	8.7	7.0	6.8	6.9	7.1	7.2	7.3	7.7
新加坡	34.1	33.8	34.8	32.4	27.6	26.3	26.4	24.8	25.6	26.1	26.1
韩国	40.2	39.5	38.1	37.5	38.3	38.4	38.1	38.4	38.1	38.3	38.6
中国	**41.5**	**46.8**	**45.5**	**47.0**	**46.4**	**46.4**	**45.3**	**44.0**	**43.1**	**40.9**	**39.8**
俄罗斯	47.6	37.0	37.9	38.1	34.7	33.9	33.8	32.3	32.1	32.8	32.4
巴西	36.2	27.5	26.7	28.5	27.4	27.2	26.0	24.9	23.8	22.3	21.2

续前表

经济体	1991 年	1995 年	2000 年	2005 年	2010 年	2011 年	2012 年	2013 年	2014 年	2015 年	2016 年
印度	30.3	32.7	31.0	33.6	32.4	32.5	31.8	30.8	30.2	29.6	28.8
南非	38.3	34.9	31.9	30.3	30.2	29.9	29.6	29.7	29.6	29.2	28.9
英国	28.3	27.5	25.1	21.9	20.0	20.2	20.1	20.3	20.0	20.0	20.2
美国	—	—	23.2	21.9	20.4	20.6	20.5	20.7	20.9	20.0	—
德国	36.9	32.9	30.9	29.4	30.2	30.6	30.7	30.1	30.4	30.5	30.5
日本	—	34.7	32.7	30.1	28.5	27.0	26.9	27.1	27.9	28.9	—
农业增加值占 GDP 比重											
中国香港	—	—	0.1	0.1	0.1	0.0	0.1	0.1	0.1	0.1	0.1
新加坡	0.3	0.2	0.1	0.1	0.0	0.0	0.0	0.0	0.0	0.0	0.0
韩国	7.5	5.9	4.4	3.1	2.5	2.5	2.5	2.3	2.3	2.3	2.2
中国	**24.0**	**19.6**	**14.7**	**11.6**	**9.5**	**9.4**	**9.4**	**9.3**	**9.1**	**8.8**	**8.6**
俄罗斯	14.3	7.2	6.4	5.0	3.9	3.9	3.7	3.6	4.1	4.6	4.7
巴西	7.8	5.8	5.5	5.5	4.8	5.1	4.9	5.3	5.0	5.0	5.5
印度	30.5	27.2	23.9	19.5	18.9	18.5	18.2	18.6	18.0	17.5	17.4
南非	4.5	3.9	3.3	2.7	2.6	2.5	2.4	2.3	2.4	2.3	2.4
英国	1.4	1.4	0.9	0.6	0.7	0.7	0.7	0.7	0.7	0.7	0.6
美国	—	—	1.2	1.2	1.2	1.4	1.2	1.4	1.3	1.1	—
德国	1.2	1.0	1.1	0.8	0.7	0.8	0.8	1.0	0.8	0.6	0.6
日本	—	1.7	1.5	1.1	1.1	1.1	1.1	1.1	1.1	1.1	—

资料来源：根据世界银行历年公布的相关数据计算整理。

为了能够更具体地说明经济结构的服务化倾向，我们还可以使用“产业结构高级化指数”（=第三产业产值/第二产业产值）这一指标来衡量产业结构是否朝着服务化的方向发展，即若产业高级化指数上升，经济就在向服务化的方向推进，产业结构就在升级。根据任保平（2015）计算的结果可知，与英、美、德、日等发达国家甚至“亚洲四小龙”中的新加坡、韩国，以及“金砖五国”中的俄罗斯、印度、南非、巴西相比，中国的产业结构高级化指数水平都是非常低的，2010 年只有 0.93，且增长速度缓慢，这说明与其他经济体相比，中国的产业结构升级速度相对缓慢。

（2）劳动力结构。

劳动力结构指劳动就业人口在不同产业的分布，即不同产业的劳动就业人口在总劳动就业人口中所占的比重。在这里，我们主要考察劳动力结构的产业结构，即劳动力在三次产业中的就业分布。根据产业结构的调整，各国的就业结构也在不断调整。我们以非农就业人口比重（＝非农产业就业人数/总就业人数）来观察各经济体的劳动力结构。从表 3－11 中可以看出，首先，就我国的历史水平来看，自 1991 年以来，中国的非农就业人口比重不断上升，1991 年我国的劳动力就业结构还是以农业为主，非农就业人口比重为 45.15％，随着工业化和城镇化进程不断推进，我国非农人口就业占比在 2016 年达到了 72.12％，增长了近 27 个百分点。但从三产占比和其对经济增长的贡献来看，我国的农业就业人口仍然是过量的，就业结构仍然存在不对称的问题，人口资源分配应是未来需要关注的重点。

其次，就国际比较来看，我国的非农就业人口比重还是比较低的。可以发现，英、美、德、日这些发达资本主义国家的非农化程度非常高，2016 年非农就业人口比重分别达到了 98.76％、98.49％、98.62％以及 96.29％。与“亚洲四小龙”和“金砖五国”中的其他经济体相比，中国的非农就业人口比重仅高于印度。究其原因，主要在于，我国的农业现代化水平相对世界平均水平还很低，农业经营模式仍然以传统的小农经济模式为主，仍有大量劳动力在从事着农业活动，无法从农业中释放出来。

表 3－11　1991—2016 年各经济体非农就业人口比重（％）

年份	中国香港	新加坡	韩国	**中国**	俄罗斯	巴西	印度	南非	英国	美国	德国	日本
1991	99.17	99.71	83.75	**45.15**	88.61	72.41	37.18	84.42	97.72	97.03	95.60	93.18
1992	99.31	99.71	84.20	**46.05**	89.23	71.98	37.59	83.98	97.78	97.03	95.99	93.56
1993	99.41	99.81	85.22	**47.56**	88.81	72.63	37.52	83.95	97.96	97.29	96.24	94.05
1994	99.41	99.71	86.24	**48.87**	88.54	73.42	38.33	83.84	97.90	97.08	96.48	94.14
1995	99.37	99.78	87.60	**49.85**	88.14	74.38	38.94	83.96	98.02	97.12	96.82	94.30
1996	99.58	99.78	88.29	**50.28**	88.00	75.98	38.89	84.24	98.08	97.22	97.05	94.45

续前表

年份	中国香港	新加坡	韩国	中国	俄罗斯	巴西	印度	南非	英国	美国	德国	日本
1997	99.68	99.78	88.69	**50.33**	87.75	76.31	38.96	84.36	98.23	97.34	97.10	94.69
1998	99.68	99.68	87.58	**49.41**	88.31	77.08	38.63	84.40	98.27	97.33	97.24	94.65
1999	99.64	99.72	88.39	**49.33**	84.87	76.21	38.88	84.54	98.53	97.44	97.13	94.72
2000	99.64	99.68	89.38	**49.71**	85.37	81.06	39.93	84.95	98.48	97.49	97.39	94.82
2001	99.78	99.68	89.99	**50.38**	87.90	79.09	39.43	89.86	98.64	97.71	97.39	95.05
2002	99.64	99.72	90.68	**51.45**	88.63	79.25	40.50	87.81	98.59	97.60	97.50	95.23
2003	99.80	99.68	91.19	**53.62**	89.04	79.22	41.16	89.74	98.80	98.33	97.59	95.33
2004	99.64	99.72	91.90	**55.22**	89.75	78.86	42.98	91.21	98.74	98.43	97.63	95.47
2005	99.64	99.62	92.08	**57.41**	89.86	79.45	44.08	92.75	98.64	98.43	97.63	95.45
2006	99.80	99.58	92.32	**59.58**	89.94	80.53	45.05	91.86	98.65	98.54	97.73	95.75
2007	99.75	99.63	92.37	**61.56**	90.99	81.56	46.30	91.50	98.60	98.59	97.73	95.75
2008	99.75	99.63	92.85	**63.21**	91.37	82.52	47.28	94.52	98.50	98.49	97.73	95.73
2009	99.75	99.63	92.97	**64.27**	91.53	82.95	47.86	94.68	98.86	98.50	98.31	95.52
2010	99.75	99.63	93.37	**65.87**	92.06	83.86	48.95	95.33	98.81	98.39	98.36	95.86
2011	99.80	99.63	93.61	**67.39**	92.27	84.21	52.29	95.48	98.81	98.39	98.36	95.40
2012	99.80	99.63	93.76	**68.42**	92.67	85.36	52.76	95.22	98.76	98.44	98.46	96.12
2013	99.75	99.63	93.90	**69.24**	92.87	85.69	52.71	95.18	98.92	98.44	98.57	96.25
2014	99.85	99.63	94.34	**70.25**	93.22	85.37	53.37	94.44	98.76	98.49	98.57	96.15
2015	99.85	99.63	94.78	**71.10**	93.26	85.06	53.98	93.77	98.76	98.49	98.57	96.25
2016	99.85	99.63	94.90	**72.12**	93.16	84.74	54.89	93.81	98.76	98.49	98.02	96.29

资料来源：根据世界银行历年公布的相关数据计算整理。

2. 以需求侧结构考察投资结构和消费结构

首先，我们利用投资率（=资本形成总额/GDP）来衡量一个经济体的投资结构。从上述对经济结构变迁中消费结构的分析中可以发现，自20世纪90年代以来，我国经济增长就呈现典型的投资驱动型特征。从表3-12中可以看出，发达国家的投资率比较低，而亚洲国家或地区以及“金砖五国”的投资率都相对较高，其中中国的投资率尤为高，2016年投资率达到了44.31%，紧随其后的是印度，达到了30.38%。究其原因，中国和印度的增长模式较为相似，都采取了投资引导的增长模式，但是，与发达国家不同的是，中国和印度更多地呈现的是一种粗放型的增长模式。

表 3－12　　1991—2016 年各经济体投资率（%）

年份	中国香港	新加坡	韩国	**中国**	俄罗斯	巴西	印度	南非	英国	美国	德国	日本
1991	26.92	33.97	41.37	**35.87**	36.27	19.77	24.30	19.02	19.59	20.06	25.59	33.93
1992	28.18	35.49	38.49	**39.84**	34.61	18.93	25.67	16.77	18.83	20.02	24.96	32.16
1993	27.25	37.17	37.48	**44.24**	27.01	20.85	24.73	15.16	18.38	20.33	23.61	30.78
1994	31.38	32.87	38.54	**40.95**	25.54	22.99	27.56	17.72	19.38	21.22	23.83	29.54
1995	34.29	33.84	39.00	**39.68**	25.44	19.18	28.17	19.17	18.64	21.20	23.74	29.88
1996	31.80	35.02	39.68	**38.37**	23.67	17.27	26.39	18.04	18.84	21.63	22.74	30.87
1997	34.20	38.20	37.42	**36.34**	21.98	17.76	28.50	17.72	18.01	22.36	22.78	29.95
1998	29.00	31.57	27.76	**35.68**	14.96	18.16	26.98	17.99	18.63	22.85	23.34	28.52
1999	24.98	32.70	30.92	**34.96**	14.83	17.39	29.68	17.04	18.06	23.32	23.47	27.12
2000	27.58	34.90	32.94	**34.43**	18.69	18.90	27.04	16.37	18.47	23.57	23.92	27.31
2001	25.49	27.76	31.56	**36.42**	21.95	18.74	27.02	15.74	17.86	22.05	22.31	26.56
2002	23.18	25.48	30.94	**37.08**	20.05	17.45	27.58	16.28	17.76	21.58	19.92	24.66
2003	22.38	17.66	32.01	**40.63**	20.86	16.86	29.90	17.11	17.38	21.66	19.69	24.40
2004	22.36	23.12	32.12	**42.89**	20.90	17.91	36.57	18.47	17.02	22.53	19.12	24.35
2005	21.06	21.39	32.16	**41.39**	20.08	17.20	38.62	18.31	17.22	23.22	18.81	24.75
2006	22.29	22.35	32.70	**40.93**	21.17	17.82	39.74	20.18	17.59	23.33	19.77	24.75
2007	21.40	23.16	32.58	**41.46**	24.16	19.82	42.48	20.99	18.11	22.35	20.75	24.48
2008	21.04	30.53	33.02	**43.27**	25.50	21.62	38.23	23.15	16.99	20.79	20.86	24.55
2009	21.85	27.79	28.47	**46.44**	18.93	18.80	40.66	20.70	14.43	17.51	18.07	21.32
2010	23.89	28.24	32.02	**47.61**	22.62	21.80	40.68	19.51	15.68	18.39	19.63	21.30
2011	24.14	27.13	32.96	**47.69**	24.44	21.83	39.59	19.72	15.56	18.54	21.08	22.10
2012	25.22	29.88	31.00	**47.23**	24.54	21.42	38.35	19.97	15.76	19.35	19.31	22.65
2013	24.03	30.49	29.10	**47.39**	23.13	21.69	34.02	21.26	16.36	19.76	19.51	23.19
2014	23.82	28.64	29.28	**47.01**	22.24	20.55	34.57	20.84	17.11	20.18	19.52	23.88
2015	21.54	26.77	28.92	**45.40**	22.37	17.61	32.90	20.71	16.97	20.43	19.15	23.91
2016	21.75	25.34	29.21	**44.31**	23.40	15.45	30.38	19.38	16.96	19.69	19.20	23.34

资料来源：根据世界银行历年公布的相关数据计算整理。

其次，从消费率看，由表3-13可知，英国、美国、德国和日本这些发达国家的居民消费支出水平都很高，2016年消费率均达到了50%以上。“金砖五国”中，其他四国的消费水平也非常高，中国在其中排名第五，2016年的消费率仅有39.01%。中国香港的消费率也很高，2016年达到了66.16%，但新加坡的消费率很低，是唯一一个低于中国的国家。

表3-13　　1991—2016年各经济体消费率（%）

年份	中国香港	新加坡	韩国	中国	俄罗斯	巴西	印度	南非	英国	美国	德国	日本
1991	59.15	43.59	49.65	**46.37**	46.94	61.57	64.37	58.17	61.82	64.14	56.38	50.90
1992	59.00	43.57	50.35	**44.13**	37.46	61.52	63.92	60.35	62.44	64.47	56.54	51.69
1993	58.53	43.96	50.69	**42.85**	45.24	60.08	64.00	60.67	63.23	65.00	57.21	52.50
1994	59.92	42.93	51.16	**42.96**	50.80	61.18	62.08	60.30	62.24	64.87	56.91	53.52
1995	62.16	41.32	51.51	**44.96**	52.09	64.07	62.25	62.06	64.32	65.03	56.64	53.49
1996	61.54	39.86	52.45	**45.75**	52.61	65.16	64.22	61.32	64.65	65.04	57.04	53.25
1997	61.11	38.63	52.64	**46.51**	54.75	65.31	61.48	61.86	65.73	64.60	57.00	53.39
1998	61.44	37.52	49.61	**44.81**	59.63	64.14	62.53	61.98	66.36	64.95	56.54	53.70
1999	60.24	40.96	51.88	**45.48**	53.54	64.68	59.80	61.86	67.18	65.29	56.90	54.80
2000	58.64	42.08	53.65	**46.22**	46.19	64.59	61.66	62.37	66.90	66.04	57.14	54.41
2001	59.61	44.25	54.70	**44.86**	48.94	64.11	61.84	61.77	67.29	66.87	57.36	55.24
2002	58.03	44.91	55.43	**44.43**	51.20	61.90	61.84	61.12	67.09	67.27	56.88	55.87
2003	57.53	43.27	53.51	**41.74**	49.85	61.84	59.68	61.47	66.40	67.46	57.69	55.71
2004	58.58	40.01	51.26	**39.87**	49.87	60.21	54.60	62.52	66.35	67.29	57.39	55.53
2005	57.48	38.62	52.12	**38.48**	49.36	60.50	53.63	62.46	65.93	67.16	57.74	55.62
2006	57.78	37.53	52.70	**36.39**	48.71	60.44	53.47	63.39	65.28	67.15	56.95	55.88
2007	59.51	36.54	52.37	**35.82**	49.92	59.87	51.65	62.54	65.03	67.35	55.10	55.68
2008	60.12	38.13	52.35	**36.46**	47.43	59.73	56.36	59.81	65.74	68.03	55.30	56.64
2009	61.09	38.52	51.68	**36.15**	52.85	61.96	53.30	59.03	66.13	68.29	57.43	58.49
2010	61.38	35.52	50.32	**35.92**	50.58	60.22	52.69	59.02	65.57	68.18	56.06	57.75
2011	63.30	36.25	50.96	**36.75**	50.04	60.27	55.87	59.61	65.26	68.88	55.33	58.25
2012	64.55	37.53	51.37	**36.63**	50.97	61.41	57.69	61.23	65.71	68.40	55.76	58.64

续前表

年份	中国香港	新加坡	韩国	**中国**	俄罗斯	巴西	印度	南非	英国	美国	德国	日本
2013	66.08	37.11	50.91	**36.63**	52.95	61.72	58.66	60.56	65.80	68.07	55.32	58.96
2014	66.49	36.81	50.35	**37.16**	53.41	62.96	57.99	60.19	65.35	68.01	54.33	58.42
2015	66.43	36.68	49.11	**37.14**	52.09	63.84	59.09	59.92	65.57	68.06	53.57	56.56
2016	66.16	37.50	48.78	**39.01**	53.37	64.01	59.43	59.89	66.36	68.84	53.26	55.84

资料来源：根据世界银行历年公布的相关数据计算整理。

因此，从投资消费结构看，我国的经济增长仍然表现出明显的投资引导型特征，尽管最近年份的资本贡献率有所下降，但资本贡献率在经济增长中的作用还是非常大的。然而，增长对投资的过度依赖，使我国经济增长的风险增加，经济的稳定性会受到影响。如果资本贡献率出现下降，经济则很有可能走向萧条。

（三）中国经济增长的稳定性分析与评价

所谓经济增长的稳定性，就是经济体在一个较长时期中实现平稳增长的态势，从而使经济总量和人均产量在这个时期内稳步地显著上升。因此，在一个稳定的经济增长过程中，短期经济增长对长期经济增长趋势的偏离应保持在较小范围内，否则经济增长就是不稳定的。因为在本章的第一节中已经对经济增长率的波动做了国际对比，故在此选择通货膨胀率、就业波动水平这两个指标来更全面地衡量我国经济增长的稳定性。

1. 高增长中的通货膨胀率

从理论上讲，经济发展中的政策目标极有可能引发一系列冲突，例如经济增长与物价稳定之间的交替关系、充分就业与物价稳定之间的交替关系、平等与效率之间的交替关系、国内均衡与国外均衡之间的交替关系等。驱动经济高增长往往需要增加投资，为了提高投资者的预期利润率，就需要维持较低的利率水平，或者使劳动者的实际工资率下降。前者需要增加货币供给量，后者需要刺激物价上涨。在供给变动缓慢的条件下，经济增长又会刺激投资需求和消费需求，进而带动物价上涨。为了控制物价，就要抽紧银根，这会降低投资者的预期利润率和投资需求。而需求下降会使价格回落，使实际工资率上升，最终又会使经济滑坡。因此，在充分就业的前提下，经济增长目标与物价稳定之间存在着相互排斥的关系。

对于高增长所伴随的高通货膨胀，本书在这里选取的指标是按 GDP 平减指数衡量的通货膨胀率，该通货膨胀显示的是整个经济体的价格变动率。

从表 3-14 中可以看出，就中国自身的通货膨胀率水平看，进入 20 世纪 90 年代以来，我国价格变动幅度较大，在高速增长时期 1992—1996 年和 2003—2007 年伴随着相应的高通货膨胀。在第一个高增长期，GDP 年均增长 12.4%，价格年均上涨高达 12.8%，国民经济运行呈现出"高增长、高通胀"的特征。在第二个高增长期，GDP 增速高达 11.7%，价格年均上涨 5.0%，国民经济运行明显是"高投入、高消耗、高排放、难循环、低效率"的粗放型特征。面对 2008 年世界金融危机，为刺激经济增长，我国实施了积极的财政政策，投入了 4 万亿元资金刺激经济，通货膨胀率呈现出持续推高的趋势。2012 年后，我国的通货膨胀水平在逐渐下降平缓，2015 年，通货膨胀率为 1.22%。从国际比较角度看，英、美、德、日四国的通货膨胀水平比较稳定，说明价格变动幅度很小。而除了这四个发达国家，其余经济体，如"亚洲四小龙"的中国香港、新加坡和韩国，以及"金砖五国"俄罗斯、巴西、南非和印度的价格变动幅度也很大，尤其是俄罗斯和巴西。

表 3-14　1991—2016 年各经济体年通货膨胀率（%）

年份	中国香港	新加坡	韩国	中国	俄罗斯	巴西	印度	南非	英国	美国	德国	日本
1991	9.14	4.43	9.48	**6.68**	128.63	414.24	13.75	15.65	6.40	3.33	3.09	2.61
1992	9.90	1.00	7.74	**8.20**	1 490.42	968.18	8.97	14.57	3.35	2.28	5.29	1.59
1993	8.61	3.40	6.20	**15.20**	887.84	2 001.35	9.86	12.98	2.70	2.38	4.14	0.44
1994	6.32	3.67	8.10	**20.60**	307.30	2 302.84	9.98	9.52	1.36	2.13	2.16	0.12
1995	4.14	3.29	6.94	**13.67**	144.00	93.52	9.06	10.20	10.81	2.09	1.98	−0.53
1996	5.88	1.47	4.26	**6.50**	45.80	15.99	7.58	7.90	4.08	1.83	0.62	−0.50

续前表

年份	中国香港	新加坡	韩国	**中国**	俄罗斯	巴西	印度	南非	英国	美国	德国	日本
1997	5.76	1.04	4.06	**1.62**	15.06	7.73	6.48	7.94	0.93	1.71	0.26	0.50
1998	1.22	−1.36	4.62	**−0.89**	18.54	4.92	8.01	7.77	1.16	1.09	0.61	−0.04
1999	−4.10	−3.90	−1.18	**−1.27**	72.39	8.01	3.07	7.07	0.82	1.53	0.32	−1.31
2000	−3.39	3.74	1.09	**2.06**	37.70	5.89	3.64	8.84	2.05	2.28	−0.45	−1.38
2001	−1.77	−2.24	3.65	**2.04**	16.49	8.23	3.22	7.60	0.86	2.28	1.28	−1.10
2002	−3.40	−1.25	3.06	**0.60**	15.49	9.80	3.72	12.24	2.23	1.54	1.35	−1.46
2003	−6.01	−1.71	3.40	**2.61**	13.78	14.09	3.87	5.79	2.41	1.99	1.21	−1.62
2004	−3.59	4.25	2.98	**6.95**	20.28	7.75	5.73	6.53	2.51	2.75	1.09	−1.10
2005	−0.15	2.23	1.03	**3.90**	19.31	7.43	4.24	5.45	2.65	3.22	0.62	−1.04
2006	−0.53	1.72	−0.14	**3.93**	15.17	6.77	6.42	6.26	3.03	3.07	0.30	−0.88
2007	3.14	5.86	2.40	**7.81**	13.80	6.44	5.76	8.85	2.58	2.66	1.70	−0.73
2008	1.28	−1.49	2.96	**7.83**	17.96	8.78	8.66	8.83	2.82	1.96	0.84	−0.98
2009	−0.38	3.52	3.54	**−0.13**	1.99	7.31	6.06	7.50	1.52	0.76	1.76	−0.61
2010	0.27	−0.05	3.16	**6.94**	14.19	8.42	8.98	6.35	1.57	1.22	0.76	−1.90
2011	3.90	1.23	1.58	**8.15**	23.64	8.32	8.54	6.53	2.01	2.06	1.07	−1.67
2012	3.54	0.36	1.04	**2.39**	9.09	7.94	7.93	5.28	1.56	1.84	1.54	−0.76
2013	1.81	−0.24	0.85	**2.23**	5.41	7.50	6.19	6.15	1.90	1.62	1.97	−0.33
2014	2.85	−0.41	0.60	**0.83**	7.50	7.85	3.05	5.77	1.72	1.59	1.79	1.75
2015	3.64	2.54	2.39	**0.09**	8.15	7.90	1.79	4.99	0.46	1.28	2.01	2.04
2016	1.78	−1.43	1.81	**1.22**	3.61	8.33	3.61	7.01	2.00	1.28	1.33	0.27

资料来源：根据世界银行历年公布的相关数据计算整理。

2. 高增长中的就业波动

理论上讲，在高增长中往往会出现充分就业与物价稳定之间的交替关系。因为充分就业是政府重要的经济政策目标。为了实现充分就业，政府往往需要采取赤字财政政策和增加货币供应量等政策，由此会刺激总需求和引起物价总水平的上升。为了抵制通货膨胀，又必须紧缩货币供应量，抑制投资需求和消费需求，由此又会引起失业率的上升。

我们用各经济体的失业率这一指标来衡量就业情况（如表 3－15 所示）。近年来，中国的失业率基本上保持在 4％左右，就业波动平稳。从国际比较角度看，英、美、德、日四个发达国家，只有日本的失业率基本上低于中国，但这四个国家的就业波动率均大于中国。与“亚洲四小龙”和“金砖五国”的几个经济体相比，只有韩国和印度的失业率水平及就业波动率状况要好于中国，新加坡和中国香港近年来的失业率低于中国，但是相比而言，就业波动比较大。巴西和南非的失业率比较高，但就业波动率不大。俄罗斯的失业率呈逐年下降的趋势，但有较大的就业波动率。

表 3-15　　1991—2016 年各经济体失业率（%）

年份	中国香港	新加坡	韩国	中国	俄罗斯	巴西	印度	南非	英国	美国	德国	日本
1991	1.80	1.90	2.40	**4.90**	12.10	10.10	4.10	25.40	8.60	6.80	5.30	2.10
1992	2.00	3.10	2.50	**4.40**	5.20	11.60	4.10	22.40	9.80	7.50	6.30	2.20
1993	2.00	3.10	2.90	**4.30**	5.90	11.00	4.30	25.90	10.30	6.90	7.70	2.50
1994	1.90	3.00	2.50	**4.30**	8.10	10.50	3.70	20.00	9.60	6.10	8.70	2.90
1995	3.20	3.30	2.10	**4.60**	9.40	9.90	4.00	16.90	8.70	5.60	8.20	3.20
1996	2.80	3.60	2.00	**4.60**	9.70	11.20	4.00	21.00	8.20	5.40	8.80	3.40
1997	2.20	2.50	2.60	**4.60**	11.80	11.60	4.40	22.90	7.10	4.90	9.90	3.40
1998	4.60	3.40	7.00	**4.70**	13.30	14.70	3.80	25.00	6.20	4.50	9.80	4.10
1999	6.20	4.80	6.30	**4.70**	13.00	14.70	4.20	25.40	6.00	4.20	8.90	4.70
2000	4.90	3.70	4.40	**4.50**	10.60	13.90	4.30	26.70	5.60	4.00	7.90	4.70
2001	5.10	3.80	4.00	**4.50**	9.00	12.50	4.00	26.20	4.70	4.70	7.80	5.00
2002	7.30	5.60	3.30	**4.40**	7.90	13.00	4.30	26.60	5.00	5.80	8.50	5.40
2003	7.90	5.90	3.60	**4.30**	8.20	13.70	3.90	27.10	4.80	6.00	9.80	5.30
2004	6.70	5.80	3.70	**4.30**	7.80	12.90	3.90	24.70	4.60	5.50	10.70	4.70
2005	5.60	5.60	3.70	**4.10**	7.10	11.40	4.40	23.80	4.80	5.10	11.20	4.40
2006	4.80	4.50	3.50	**4.00**	7.10	11.50	4.30	22.60	5.40	4.60	10.20	4.10
2007	4.00	3.90	3.20	**3.80**	6.00	10.90	3.70	22.50	5.30	4.60	8.70	3.90
2008	3.60	4.00	3.20	**4.40**	6.20	9.40	4.10	22.40	5.60	5.80	7.50	4.00
2009	5.30	4.30	3.60	**4.30**	8.30	9.70	3.90	23.50	7.50	9.30	7.70	5.10
2010	4.30	3.10	3.70	**4.20**	7.30	8.50	3.60	24.70	7.80	9.60	7.00	5.10
2011	3.40	2.90	3.40	**4.30**	6.50	7.80	3.70	24.60	8.00	8.90	5.80	4.50
2012	3.30	2.80	3.20	**4.50**	5.50	7.40	3.70	24.70	7.90	8.10	5.40	4.30

续前表

年份	中国香港	新加坡	韩国	**中国**	俄罗斯	巴西	印度	南非	英国	美国	德国	日本
2013	3.40	2.80	3.10	**4.50**	5.50	7.10	3.60	24.60	7.50	7.40	5.20	4.00
2014	3.30	2.80	3.50	**4.60**	5.20	6.80	3.50	24.90	6.10	6.20	5.00	3.60
2015	3.30	1.70	3.60	**4.50**	5.60	8.50	3.50	25.20	5.30	5.30	4.60	3.40
2016	3.40	1.80	3.70	**4.60**	5.50	11.50	3.50	26.70	4.80	4.90	4.10	3.10

资料来源：根据世界银行历年公布的相关数据计算整理。

（四）中国居民福利变化与成果分配

居民福利变化与成果分配这一指标主要考察的是经济增长过程中，居民的福利状况和居民收入分配状况的变化，并据此来衡量经济增长的成果是否被绝大部分人分享。只有当经济增长的成果能被绝大部分人分享时，才是有意义且稳定持续的发展过程。

1. 居民收入水平的国际比较

我们以人均 GDP 这一指标来反映居民的收入状况。由表 3－16 可知，所有经济体的人均 GDP 水平均呈上升趋势，但是各个经济体间人均 GDP 的水平和增长速度是不一样的。首先，从中国历史发展水平看，改革开放以来，中国的人均 GDP 增长迅速，从 1991 年的 333 美元，增长至 2016 年的 8 123 美元，年均增长率达 13.6%，这一增长速度是其他任何国家都无法达到的，但人均 GDP 水平还比较低，目前仍属于中高收入国家行列，没有跨入高收入国家行列。其次，从国际比较角度看，英、美、德、日四个发达国家的人均 GDP 水平非常高，2016 年，四国的人均 GDP 均超过了 35 000 美元，但增长速度缓慢。与“亚洲四小龙”（除中国台湾）相比，新加坡的人均 GDP 最高，中国香港次之，韩国最后，但都在 20 000 美元以上，均高于中国的人均 GDP 水平，但增长速度均慢于中国。与“金砖五国”相比，包括中国在内的五个国家的人均 GDP 水平都相对较低，均低于 10 000 美元。中国的人均 GDP 水平高于印度和南非，低于俄罗斯和巴西，但这四个国家的人均 GDP 增长率均低于中国。由此可见，中国虽然人均GDP水平相对较低，但增长速度非常快，这种高速度的增长趋势是别的国家无法比拟的。

表3-16　　1991—2016年各经济体居民人均GDP（美元）

年份	中国香港	新加坡	韩国	中国	俄罗斯	巴西	印度	南非	英国	美国	德国	日本
1991	15 466	14 505	7 523	**333**	3 485	3 967	300	3 288	19 901	24 405	23 269	28 874
1992	17 976	16 144	8 002	**366**	3 096	2 592	314	3 481	20 487	25 493	26 334	31 376
1993	20 396	18 302	8 741	**377**	2 929	2 786	298	3 390	18 389	26 465	25 489	35 866
1994	22 503	21 578	10 206	**473**	2 663	3 495	343	3 446	19 709	27 777	27 088	39 269
1995	23 497	24 937	12 333	**610**	2 666	4 841	370	3 753	23 013	28 782	31 730	43 440
1996	24 818	26 263	13 138	**709**	2 644	5 157	396	3 497	24 220	30 068	30 564	38 437
1997	27 330	26 386	12 132	**782**	2 738	5 271	411	3 555	26 621	31 573	27 046	35 022
1998	25 809	21 824	8 085	**829**	1 835	5 076	409	3 161	28 015	32 949	27 341	31 903
1999	25 092	21 796	10 409	**873**	1 331	3 470	438	3 089	28 384	34 621	26 796	36 027
2000	25 757	23 793	11 948	**959**	1 772	3 739	439	3 037	27 982	36 450	23 719	38 532
2001	25 230	21 577	11 253	**1 053**	2 100	3 147	447	2 684	27 428	37 274	23 687	33 846
2002	24 666	22 017	12 783	**1 149**	2 375	2 820	466	2 524	29 786	38 166	25 205	32 289
2003	23 977	23 574	14 209	**1 289**	2 975	3 060	541	3 776	34 174	39 677	30 360	34 808
2004	24 928	27 405	15 908	**1 509**	4 102	3 623	621	4 871	39 984	41 922	34 166	37 689
2005	26 650	29 870	18 640	**1 753**	5 323	4 770	707	5 413	41 733	44 308	34 697	37 218
2006	28 224	33 580	20 888	**2 099**	6 920	5 860	792	5 635	44 252	46 437	36 448	35 434
2007	30 594	39 224	23 061	**2 695**	9 101	7 314	1 018	6 117	50 134	48 062	41 815	35 275
2008	31 516	39 721	20 431	**3 471**	11 635	8 788	991	5 793	46 768	48 401	45 699	39 339
2009	30 697	38 578	18 292	**3 838**	8 563	8 553	1 090	5 914	38 262	47 002	41 733	40 855
2010	32 550	46 570	22 087	**4 561**	10 675	11 224	1 346	7 362	38 893	48 374	41 786	44 508
2011	35 142	53 167	24 080	**5 634**	14 212	13 167	1 462	8 059	41 412	49 791	46 810	48 168
2012	36 708	54 431	24 359	**6 338**	15 154	12 291	1 447	7 548	41 791	51 450	44 065	48 603
2013	38 358	56 029	25 890	**7 078**	15 544	12 217	1 452	6 880	42 724	52 787	46 531	40 454
2014	40 247	56 336	27 811	**7 684**	14 126	12 027	1 573	6 485	46 783	54 599	48 043	38 096
2015	42 351	53 630	27 105	**8 069**	9 329	8 757	1 596	5 773	44 306	56 469	41 324	34 474
2016	43 681	52 962	27 539	**8 123**	8 748	8 650	1 710	5 285	40 341	57 638	42 070	38 901

资料来源：根据世界银行历年公布的相关数据计算整理。

2. 基础设施改善状况

首先，从改善的水源（获得改善水源的人口所占百分比）看，从表 3－17可以看出，到 2016 年，表中所列国家的水源改善情况都达到了很高的水平，最差的南非都达到了 93.2%。其中，自 1991 年以来，中国获得改善水源的人口比重增长速度最快，由 1991 年的 68.3%增长至 2016 年的 95.5%，增长了 27.2 个百分点。由此可见，水源问题在中国绝大部分地区已获得改善，居民基本可以获得干净的水源。

表 3－17　　1991—2015 年各经济体水源改善状况（%）

年份	新加坡	韩国	中国	俄罗斯	巴西	印度	南非	英国	美国	德国	日本
1991	100	89.6	**68.3**	93.6	89	71.5	83	100	98.4	100	100
1992	100	89.8	**69.8**	93.7	89.6	72.6	83.1	100	98.5	100	100
1993	100	90.1	**71.2**	93.9	90.1	73.6	83.3	100	98.5	100	100
1994	100	90.3	**72.5**	94	90.6	74.6	83.4	100	98.6	100	100
1995	100	90.6	**73.9**	94.2	91.1	75.6	84	100	98.6	100	100
1996	100	91.2	**75.2**	94.3	91.6	76.6	84.5	100	98.7	100	100
1997	100	91.8	**76.5**	94.4	92.1	77.6	85	100	98.7	100	100
1998	100	92.3	**77.8**	94.6	92.5	78.6	85.5	100	98.7	100	100
1999	100	92.9	**79.1**	94.7	93	79.6	86	100	98.8	100	100
2000	100	93.4	**80.3**	94.9	93.5	80.6	86.5	100	98.8	100	100
2001	100	94	**81.6**	95	93.8	81.5	87	100	98.8	100	100
2002	100	94.5	**82.8**	95.2	94.2	82.5	87.4	100	98.9	100	100
2003	100	95.1	**84**	95.3	94.5	83.5	87.9	100	98.9	100	100
2004	100	95.6	**85.2**	95.5	94.9	84.5	88.4	100	98.9	100	100
2005	100	96.1	**86.3**	95.6	95.2	85.5	88.9	100	99	100	100
2006	100	96.6	**87.4**	95.8	95.6	86.5	89.4	100	99	100	100
2007	100	97.1	**88.5**	95.9	95.9	87.4	89.8	100	99	100	100
2008	100	97.6	**89.5**	96.1	96.2	88.4	90.3	100	99	100	100
2009	100	97.6	**90.5**	96.2	96.5	89.4	90.7	100	99.1	100	100
2010	100	97.6	**91.4**	96.3	96.9	90.3	91.1	100	99.1	100	100

续前表

年份	新加坡	韩国	中国	俄罗斯	巴西	印度	南非	英国	美国	德国	日本
2011	100	97.6	**92.3**	96.5	97.2	91.3	91.6	100	99.1	100	100
2012	100	97.6	**93.2**	96.6	97.5	92.2	92	100	99.1	100	100
2013	100	—	**94**	96.8	97.8	93.1	92.4	100	99.2	100	100
2014	100	—	**94.8**	96.9	98.1	94.1	92.8	100	99.2	100	100
2015	100	—	**95.5**	96.9	98.1	94.1	93.2	100	99.2	100	100

资料来源：根据世界银行历年公布的相关数据计算整理。

其次，从经过改善的卫生设施（使用经过改善的卫生设施的人口所占百分比）来看，由表3-18可知，第一，从中国自身发展水平看，中国经过改善的卫生设施覆盖率由1991年的48.6%上升至2016年的76.5%，上升了27.9个百分点，成果显著，但与发达资本主义国家以及新加坡、韩国相比，还是比较落后。第二，从国际对比角度看，新加坡、韩国（“亚洲四小龙”中的两个）、英国、美国、德国和日本基本上实现了对全民的卫生设施改善。而“金砖五国”中，中国、俄罗斯、巴西三国使用改善的卫生设施的人口占比达到了70%以上，其中巴西达到了80%以上；印度和南非改善的卫生设施覆盖率相对较低，而印度尤为落后，在2016年，其卫生设施覆盖率仅有39.6%。

表3-18　　1991—2015年各经济体改善的卫生设施覆盖率（%）

年份	新加坡	韩国	中国	俄罗斯	巴西	印度	南非	英国	美国	德国	日本
1991	99.2	100	**48.6**	72.7	67.5	16.9	51.5	99.2	99.5	99.2	100
1992	99.3	100	**49.8**	72.7	68.3	17.8	51.6	99.2	99.6	99.2	100
1993	99.3	100	**50.9**	72.6	69.1	18.8	52.3	99.2	99.6	99.2	100
1994	99.4	100	**52**	72.6	70	19.8	53.1	99.2	99.6	99.2	100
1995	99.4	100	**53.2**	72.6	70.8	20.8	53.8	99.2	99.6	99.2	100
1996	99.5	100	**54.3**	72.6	71.5	21.7	54.5	99.2	99.7	99.2	100
1997	99.5	100	**55.4**	72.5	72.4	22.7	55.1	99.2	99.7	99.2	100
1998	99.6	100	**56.6**	72.5	73.1	23.7	55.8	99.2	99.7	99.2	100
1999	99.6	100	**57.7**	72.5	73.9	24.6	56.5	99.2	99.7	99.2	100

续前表

年份	新加坡	韩国	中国	俄罗斯	巴西	印度	南非	英国	美国	德国	日本
2000	99.7	100	**58.8**	72.5	74.7	25.6	57.2	99.2	99.7	99.2	100
2001	99.8	100	**60**	72.4	75.3	26.6	57.8	99.2	99.8	99.2	100
2002	99.8	100	**61.2**	72.4	75.9	27.6	58.5	99.2	99.8	99.2	100
2003	99.9	100	**62.4**	72.4	76.5	28.6	59.2	99.2	99.8	99.2	100
2004	99.9	100	**63.7**	72.4	77.1	29.6	59.8	99.2	99.8	99.2	100
2005	100	100	**64.9**	72.4	77.7	30.6	60.4	99.2	99.8	99.2	100
2006	100	100	**66.1**	72.3	78.2	31.6	61.1	99.2	99.9	99.2	100
2007	100	100	**67.2**	72.3	78.8	32.6	61.7	99.2	99.9	99.2	100
2008	100	100	**68.4**	72.3	79.4	33.6	62.3	99.2	99.9	99.2	100
2009	100	100	**69.6**	72.3	79.9	34.6	62.9	99.2	99.9	99.2	100
2010	100	100	**70.8**	72.3	80.5	35.5	63.5	99.2	99.9	99.2	100
2011	100	100	**71.9**	72.3	81.1	36.5	64.1	99.2	100	99.2	100
2012	100	100	**73.1**	72.2	81.6	37.5	64.7	99.2	100	99.2	100
2013	100	100	**74.2**	72.2	82.1	38.5	65.3	99.2	100	99.2	100
2014	100	100	**75.4**	72.2	82.7	39.5	65.8	99.2	100	99.2	100
2015	100	100	**76.5**	72.2	82.8	39.6	66.4	99.2	100	99.2	100

资料来源：根据世界银行历年公布的相关数据计算整理。

3. 公共医疗卫生支出

公共医疗支出可以反映一国对居民医疗方面的投入程度。近年来，医疗支出在我国居民家庭支出中所占的比重越来越大，巨大的医疗支出使得很多中等及中等收入居民家庭“因病返贫”的现象越来越严重。为了完善社会保障体系，避免大规模“因病返贫”现象，应当不断增加公共医疗卫生支出。①

英、美、德、日四个发达国家公共医疗卫生支出占政府支出比例最高，四个国家的这一比例在2014年都达到了16%以上。而与“亚洲四小龙”（这里仅包括新加坡和韩国）以及“金砖五国”中其他四个国家相比，

① 说明：世界银行数据库没有提供中国香港的数据，故在此省略。

新加坡、韩国、南非的公共医疗卫生支出占政府支出比例相对较高，均达到了12%以上，中国的公共医疗卫生支出在2014年为10.43%，仅高于俄罗斯、巴西和印度，且这一比重有下降的趋势（见表3-19）。这说明，近年来，虽然我国公共医疗卫生支出总额在不断上升，但占比却有所下降，居民在医疗保障服务方面的权益仍需加强。

表3-19 1995—2014年各经济体居民公共医疗卫生支出占政府支出比例（%）

年份	新加坡	韩国	中国	俄罗斯	巴西	印度	南非	英国	美国	德国	日本
1995	9.29	6.27	**15.95**	9.14	8.36	4.52	12.98	13.05	15.92	14.05	14.99
1996	7.86	6.97	**15.90**	8.75	8.04	4.43	13.82	13.43	16.17	16.59	14.46
1997	9.60	7.14	**15.32**	10.52	7.03	4.60	13.81	13.10	16.51	16.83	15.25
1998	9.90	7.19	**14.24**	10.13	5.63	4.60	13.57	13.55	16.49	16.86	15.46
1999	9.39	7.93	**12.23**	9.78	5.48	4.53	13.14	14.28	16.51	16.80	15.18
2000	7.08	8.37	**10.82**	12.67	4.08	4.39	13.63	15.17	16.79	17.87	15.38
2001	4.65	9.95	**9.29**	12.37	4.75	4.25	13.62	14.47	17.38	17.13	16.21
2002	6.41	9.57	**9.26**	11.22	5.00	3.82	13.76	14.76	17.84	17.31	16.26
2003	9.06	7.88	**9.54**	11.02	4.41	3.60	13.75	14.85	18.10	17.34	16.59
2004	7.44	8.79	**10.00**	11.28	5.15	4.04	12.79	15.20	18.45	17.10	17.90
2005	7.89	9.56	**9.79**	11.75	4.98	4.51	13.01	15.35	18.47	17.33	18.27
2006	7.86	10.45	**9.94**	10.77	5.17	4.40	13.00	15.66	19.04	17.58	18.35
2007	7.86	11.05	**11.06**	10.21	5.40	4.43	13.15	15.69	19.01	18.06	18.71
2008	8.57	10.51	**10.13**	10.39	5.99	4.34	13.48	15.34	18.92	18.13	18.59
2009	10.20	10.77	**10.31**	10.06	6.06	4.37	13.29	16.05	18.68	18.31	18.52
2010	9.75	12.44	**10.24**	9.72	9.90	4.29	14.11	15.93	18.97	18.15	19.36
2011	10.02	11.81	**10.62**	10.03	8.24	4.42	14.56	16.20	19.46	18.58	19.72
2012	11.10	11.77	**10.49**	10.18	6.86	4.49	14.44	16.21	20.08	18.81	20.05
2013	12.69	12.31	**10.28**	9.84	7.05	4.66	14.23	16.52	20.78	19.25	20.12
2014	14.15	12.28	**10.43**	9.49	6.78	5.05	14.23	16.52	21.29	19.65	20.28

资料来源：根据世界银行历年公布的相关数据计算整理。

中　篇

中国反贫困成就与“中国实践”

贫困是人类社会生产关系与生产力严重不匹配的结果，消减贫困是联合国千年发展目标之一。对大多数人而言，权力和资源占有上的不平等是贫困的主要诱因之一。在政治、经济、文化等方面占有资源的不平等，导致人们在经济上缺乏竞争力，在政治上丧失权利，在社会生活中难以掌握资源，在利益分配中没有表达诉求的机会。

中国在几十年的大规模扶贫开发实践中，使7亿多贫困人口摆脱了绝对贫困，以至于全球缩减贫困人口数量70%以上的成就来自中国。中国共产党的历代领导人在反贫困实践中逐步形成了具有中国特色的社会主义扶贫开发理论。以毛泽东为代表的中国共产党人提出消除贫富差距的思想，初步形成新中国扶贫理论；以邓小平为代表的中国共产党人完善了共同富裕思想，使新中国扶贫理论基本定型；以江泽民为代表的中国共产党人在共同富裕思想基础上，提出了系统的扶贫开发理论；以胡锦涛为代表的中国共产党人从科学发展观的战略高度继续深化扶贫开发理论。这些理论都为习近平总书记关于扶贫工作的重要论述奠定了深厚的理论基础。

第四章　中国反贫困进程中的理论探索与创新

消除贫困和实现经济增长一直是所有国家共同追求的两大重要目标，这两者之间也存在着一定的内在联系：快速且持续的经济增长对于削减贫困，特别是对于收入增长和人类的发展都是至关重要的；严重的贫困问题也必然会影响一国经济发展水平。但是，经济增长只是贫困减少的必要非充分条件，而不是充分必要条件。这是因为，增长对贫困的影响程度不仅取决于经济增长率的高低，还取决于增长带来的额外收入在一国内如何分配，即取决于不平等程度如何随增长变化。

世界银行早在对世界贫困问题的研究报告中就指明，随着各国经济发展水平的提高，平均而言，收入贫困程度降低了。其他福利指标的平均水平也逐渐改善。因此，经济增长是减少贫困的强大力量。在这一报告中，研究者们还对世界各个地区、东南亚各国、菲律宾国内各地区之间的贫困发生率年均变化与人均 GDP 年均增长两个指标的关系做了分析，最后得出结论："凡是出现经济增长的地区，增长便成为该地区贫困减少的重要原因；而没有出现增长的地区，贫困问题往往没有进展。"但是，在经济增长率一定的情况下，各个国家减少贫困的程度却是不一样的。因此，经济增长对削减贫困的影响值得深入研究。

一、贫困理论研究中的研究脉络及其演变

国外对贫困识别的研究主要体现在贫困概念的演变、贫困理论的完善和对贫困测量方法体系的构建上。国外相关研究曾出现过三次大的高峰：第一，20 世纪 70 年代至 80 年代中期，围绕贫困概念展开研究，涌现出

一系列非常有价值的学术思想。第二，20世纪80年代中期到20世纪末，对贫困概念进行整合和应用，并就理论应用过程中的各种减贫政策展开激烈争论（Kanbur，2002）。尽管存在分歧，但对贫困的认识方向基本一致：从将其视为静态的到将其视为一个动态的过程；从一种客观状态到某些主观感受；从一维视野扩展到多维视野。第三，多维贫困理论日渐成熟（Sen，1999）。国外学者在最初的研究中，对贫困的规定多是一维的，传统衡量方法依据收入和消费标准，依据个人维持生计所需的最低收入或消费水平即贫困线（阈值）作为判断是否贫困的标准（Orshansky，1963）。由于传统的一维衡量法不能充分反映其他维度的贫困。阿马蒂亚·森提出能力分析法（Sen，1999），引发了对如何操作多维贫困的测量的讨论（Wagle，2008）。至今，贫困问题的研究大致可分为两个脉络：一是多维贫困理论的发展和测量方法的确立，如 Alkire and Foster（2008）提出了多维贫困的 AF 测量方法。二是多维贫困测量指标的确立和完善，如多维度贫困指数（MPI）等的确定，主要包括：（1）多维贫困的识别。阿特金森和布吉尼翁进行了经济不公平多维度比较（Atkinson and Bourguignon 1983）。（2）多维贫困的测量指标的设立。通过设计一个综合指标，就这个指标或指数确定一个贫困线作为测度贫困的标准。如联合国开发计划署于1990年推荐的人文发展指数（HDI）、美国海外发展委员会于1975年提出的生活质量指数和埃利斯特（Ellist，1991）在《世界社会发展报道卡片》中给出的社会进步指数，都是从不同的角度来反映贫困。这些指数包括10个维度的 HM 法、PPA 法、最优维度法和 AF 法。这些成果为本研究提供了良好的分析工具，其中 AF 法因其全面客观性，为本研究提供了科学的依据。

（一）马克思主义反贫困理论对贫困根源的剖析

1. 无产阶级贫困的根源：资本主义生产方式

无产阶级是资本主义社会贫困的主体，马克思曾说过，“大多数人的贫穷和少数人的富有就是从这种原罪开始的；前者无论怎样劳动，除了自己本身以外仍然没有可出卖的东西，而后者虽然早就不再劳动，但他们的财富却不断增加”①。这里的“原罪”便是指原始积累。这是资本的历史起源，同时也是无产阶级贫困产生的历史起点。而资本主义生产方式则是无产阶级贫困产生的根源。资本主义生产方式显著的特点是资本对剩余价值的无限贪求，资本雇用劳动，劳动受资本的盘剥。这具体表现在：第一，在资本主义生产方式下，工人出卖劳动力创造出来的价值量，要比工人以工资形式从资本家那里得到的价值量大得多，而这个多出来的部门就是被资本家无偿占有的剩余价值，对剩余价值本身的占有就铸成了工人阶级物质贫困的根源。第二，资本家为了占有更多的剩余价值不惜突破道德极限和身体极限延长工作日，增加劳动强度，工人的身心健康受到损害，甚至生命受到摧残。无产阶级过度劳累，身体退化严重，健康状况恶化，精神状态严重压抑。第三，资本家为了降低成本，使自己的产品更便宜，总是千方百计地压低工资，这导致工人的工资低于劳动力的价值，劳动力再生产处于萎缩状态。无产阶级家庭的代际贫困问题严重，贫困成为工人们挥之不去的魔咒。第四，资本家总是贪求高剩余价值率，常常为了节约开支而克扣必要的安全卫生投入。正如马克思所说的：“资本主义生产对已经实现的、对象化在商品中的劳动，是异常节约的。相反地，它对人，对活劳动的浪费，却大大超过任何别的生产方式，它不仅浪费血和肉，而且也浪费神经和大脑。”② 除非社会强制要求，资本不会为了工人的生命健康而增加劳动过程中的成本支出。因此，雇佣工人在福利待遇上常常是贫困的。

2. 贫困的积累与深化：资本积累与相对过剩人口

与此同时，伴随着资本积累和产业后备军队伍的壮大，无产阶级的贫困也在不断积累。资本积累过程本身在增大增强资本的同时，会增加“勤

---

① 马克思．资本论：第1卷［M］．2版．北京：人民出版社，2004：821.

② 马克思．资本论：第3卷［M］．2版．北京：人民出版社，2004：103.

劳贫民”即无产阶级的数量，他们的劳动力转化为日益增长的资本的“增殖力”，并且对资本的从属关系永久化。资本积累使工人阶级队伍壮大，他们被资本雇用、剥削，免不了陷入贫困的循环之中；他们被资本抛却，失去任何生活来源，沦落到赤贫的境地。因而资本积累的背面也就是劳动人民贫困的积累。

相对过剩人口是资本积累的必然产物。相对过剩人口的长期存在为无产阶级贫困的积累与深化提供了一张巨大的“温床”：第一，所谓的相对过剩人口是指处于半失业或全失业时期的工人，因此，沦为相对过剩人口的工人就失去了获得工资收入的机会，基本丧失生活来源，处于绝对贫困之中。第二，相对过剩人口的存在使得工人阶级对资本的依附性增强，遭受资本的肆意盘剥。这支产业后备军为资本“增殖”提供便利，起着劳动力的“蓄水池”作用。他们绝对地依附于资本，听从资本的召唤，时而被抛弃，时而被雇用。第三，相对过剩人口的存在使得压低工人阶级的工资水平成为现实，雇佣工人工资水平低下，生活拮据，只能听从资本的摆布。

因此，马克思对资本主义贫困化问题的剖析也是基于社会生产关系的多维视角。工人阶级贫困的直接表现是工资水平低下，难以满足正常、体面生活的需要。造成这一现象的原因是多方面的。从宏观上看，资本家阶级对整个工人阶级的剥削、工人阶级的组织化程度、国家在保护工人经济利益及其相关权利方面的作用、宏观经济兴衰周期以及自然环境和资源等，都会对劳动者的贫困状况产生普遍影响。而从微观上看，雇佣工人个人的劳动技能、知识文化水平、劳动熟练程度、身体素质、健康状况以及家庭负担情况都会影响到其工资水平和贫困状况。在马克思看来，资本所导致的绝对贫困和相对贫困，无论是从产权还是从劳资关系抑或是分配制度与福利机制的角度进行分析，都应从深刻的制度层面及整个经济过程进行多维的审视。

（二）森的贫困理论：从一维到多维研究的演进

长期以来，研究贫困问题的学者们习惯将贫困的识别理解为“一维”概念。世界银行主要是按个人的日均“消费”支出额来识别贫困，我国主要是按人均纯收入水平（2003年人均纯收入2 300元/年以下为贫困人口）划分。贫困就是收入短缺或消费能力不足这一观点在贫困问题研究领域长期得到研究者的认可。过去的研究认为，收入不足常常是导致被我们惯常与贫困联系在一起的那些剥夺，包括饥饿和饥荒的一个主要原因。因此，有极好的理由将收入水平作为研究贫困问题的重点。但是，应该注意到，我们得到的实际收入与我们得到的福利和自由之间存在着差异，这些差异至少来自五个方面：个体禀赋的异质性，环境的多样性，社会氛围与人际关系，社会关系，家庭内部的财富以及机会的分配。因此，我们不应只关注作为结果性的收入贫困，而且应关注个体的生活及整个经济过程。

阿马蒂亚·森正是基于前人对收入与福利差异性的认识，拓展了“以能力看待贫困”的深度视角，从而使人类对贫困的理论认识得到了深化，对于贫困识别的理解也由“一维”概念向“多维”概念转变。阿马蒂亚·森认为，一个人的处境不能以收入或者罗尔斯的“基本物品”来判断，而应从一个人所具有的可行能力，即一个人所拥有的、享受自己有理由珍视的那种生活的实质自由来判断。因此，贫困是对人的基本可行能力的剥夺，而不仅仅是收入低下。他还指出，基本可行能力的剥夺，可以表现为过高的死亡率、明显的营养不良、持续的亚健康及高发病率、识字率低下等其他一些能力或权利的缺失。森的“可行能力”视角并不否认低收入是造成贫困的主要原因之一这一合理观点，但其认为从能力被剥夺的视角认识贫困更有意义。这是因为，首先，贫困可以用可行能力的剥夺来定义或识别，这更接近贫困的本质，而收入仅仅是识别贫困的手段或工具；其次，除了收入低下以外，还有其他因素也能影响到可行能力的剥夺，从而影响真实贫困；最后，低收入与低可行能力之间的工具性联系，在不同的地方甚至是不同的家庭和不同个体之间是可变的。也就是说，收入对可行能力的影响是随境况而异的，是条件性的。森对贫困问题的主要贡献实质上是将贫困定义的逻辑基于“贫困—福祉被剥夺—基本需要—可行能力”进一步进行理论的延伸，从而深化了我们对贫困本质的理解。

国内学者王小林在一维贫困理论以及森的贫困理论基础之上，发展了多维贫困理论。他指出，贫困概念可以从经济学、社会学、发展学和政治学四个学科视角给出。第一，从经济学视角看，贫困表现为收入不足、消费不足以及资产不足。第二，社会学家从个人或家庭在社会中处于弱势的分析视角，将贫困区分为剥夺和社会排斥。剥夺这一概念主要用于识别谁是贫困者并帮助设定贫困线；而社会排斥主要用于识别那些被排斥在福利制度之外的人，以及不能参与到社会和经济活动中的人。“社会排斥”与制度结构联系紧密。第三，森所提出的以“可行能力”定义贫困的方法，就是发展学视角的贫困概念。第四，从政治学视角看，贫困即是权利的剥夺。

森提出基于可行能力的多维贫困理论以后，所面临的最大挑战是如何量化测度多维贫困。1990 年，联合国开发计划署构建了基于受教育水平、健康状况、生活水平三个维度的人类发展指数（HDI）。布吉尼翁（Bourguignon，1997）和查克拉瓦蒂（Chakravarty，1998）详细讨论了多维贫困的测算方法及其数学性质，其测算方法被称为“布吉尼翁-查克拉瓦蒂方法”。之后，阿尔基尔和福斯特（Alkire and Foster，2008）基于计数和多维贫困测量，提出了计算多维贫困指数的“阿尔基尔-福斯特方法”，解决了多维贫困的指标量化与多维贫困的识别问题，实现了多维贫困基础理论与实证检验的双向互动。

（三）马克思主义反贫困理论的当代价值

1. 坚持公有制和按劳分配的主体制度

马克思最鲜明的反贫困主张是无产阶级掌握国家政权，废除资本主义私有制，逐步实现共产主义。我国目前还处于社会主义初级阶段，生产力发展呈现出不平衡、多层次性的特征，无论从物质基础上还是从思想认识准备上看，目前都不可能实行单一的公有制和按劳分配。但是，在已经建立起来的社会主义制度上，维护公有制和按劳动分配的主体地位是我国消除贫困、走向共同富裕的根本制度保障。在生产资料公有制的基础上消除资本对劳动的压榨，保障劳动者平等地参与生产经营，享有监督管理权，按劳分配，共享发展的果实，从而可以有效地消减贫困。社会主义制度实际上是人民当家做主的制度，可以集中力量办大事，更有效地保护人民群众的各项权益，真正走向共同富裕。例如，在当前如火如荼的农村精准扶贫中，我国发扬社会主义制度的优越性，各级党委协调一致，调动各种力量齐抓扶贫工作，鼓励各级党政机关、国企、事业单位派出人员加入驻村工作队，从而有效地增强了扶贫力量，加快推进扶贫进程。当然，推行社会主义制度的实践是循序渐进的，其反贫困的效果也将是逐渐显示出来的。

2. 国家在反贫困中发挥主导作用

马克思主义反贫困理论阐述了无产阶级成为统治阶级后可以利用国家政权出台各种措施保障其权益，增加其经济利益，如对资本家征收高额累进税，对所有无产阶级家庭的儿童实行公共免费教育。资本主义国家也可以在一定程度上实行一些节制资本、保护劳工的法律政策，如济贫法，从而缓解无产阶级的贫困状况。国家的力量在某种程度上可以改变单纯经济规律作用的结果。总之，国家可以在反贫困中积极有为，有效缓解社会贫困问题。

我国作为走社会主义道路的社会主义国家，政府理应在消除贫困、维护贫困群众的利益上更加积极作为，发挥举足轻重的作用。第一，可以发挥税收的再分配效应，通过征收房产税、超额累进的个人综合所得税等方式，从而增加扶贫资金的来源。第二，贯彻落实《中华人民共和国劳动合同法》等法律法规，维护工人尤其是农民工的合法权益，这对长期减贫意义重大。第三，提高贫困地区的基本公共服务水平，尤其加强贫困户的危房改造，提高当地义务教育质量和医疗卫生服务水平等。第四，完善社会保障体系，优先保障贫困群众和低收入者享有较高标准的养老、医疗和社会保险补助。第五，加强对贫困地区群众的教育与培训，提高其知识文化水平、劳动技能和就业能力。在我国农村扶贫中发挥党的领导核心作用和政府的主导作用，整合各种社会资源投入到扶贫中去。

二、经济增长与反贫困：几种当代经济理论的比较分析

一般经济理论认为，经济增长与减贫具有一定的相关性。但是，这种相关性具体是通过什么来实现的？不同的理论持有的观点截然不同：滴漏经济学（trickle-down economics）的“涓滴效应”理论认为，高速经济增长会自动消减贫困，只要照顾优先发展群体，通过这些优先发展起来的群体的消费、就业等拉动力，就可以惠及贫困阶层。低水平均衡陷阱理论和恶性循环理论认为，高增长不会自动实现减贫，因为贫困会阻碍经济增长，最终使二者陷入恶性循环。库兹涅茨倒U形假说认为，收入不平等会随着经济发展水平的逐渐提高呈现出先扬后抑的趋势，只要有足够的耐心等待经济增长带来的“拐点”的到来，收入不平等会随经济进一步增长而自动降低。这些理论的科学性及其对中国经济增长模式选择的意义如何？我们有必要进行理性的比较分析。

（一）滴漏经济学：经济增长具有自动减贫效应

滴漏经济学认为，经济增长具有自动减贫效果。经济增长过程中有利于食利者、雇主及其高层职员的政策，更有利于改善宏观经济运行条件，因为工人最终将受益于减薪和更苛刻的工作条件，由此而带来的较高的利润率会使企业家和监督者更加努力地工作，投入更多的机器，奖励最终会因此“滴漏”下来，从而使低层工人受益；在经济增长过程中不必要给予

贫困阶层以特殊优待，只要照顾优先发展群体，通过这些优先发展起来的群体的消费、就业等拉动力，就可以惠及贫困阶层并带动其发展和富裕。该理论亦被称为“涓滴效应”理论，它建立在一个经济增长的涓滴过程的基础上，即增加利润导致更高增长的良性循环，最终也会有利于劳动者和低收入者。里根政府在执行期间高度认可滴漏经济学，并采纳了其政策主张。

一些自由主义经济学家对滴漏经济学的观点持肯定态度，他们认为政府救济不是救助低收入者最好的方法，应该通过经济增长使总财富增加，最终使低收入者受益。政府只要创造一个有利于经济高速增长的环境就可以自动消减贫困。为了证实这一点，一些学者做了进一步的实证分析，例如罗默和古格蒂（Roemer and Gugerty，1997）利用 26 个发展中国家的数据证实 GDP 的增长带来了贫困人口收入的增加，且收入分配格局变化缓慢，经济增长是减少贫困的最好的方式之一。杜拉和凯利（Dollar and Karry，2002）利用跨国数据证实贫困群体的收入与全社会的平均收入呈现出同比例增加的关系，贫困群体从增长中的受益比例与非贫困群体一样，因此，高增长是有利于贫困群体的，政府不需要针对贫困群体制定扶贫政策，只要最大化经济增长就能减少贫困。

也有学者对滴漏经济学的主张进行了批判，他们认为，经济增长并不是贫困发生率变动的唯一影响因素，世界上有很多国家的经济增长率相近，而贫困减少情况却完全不同，这是因为在一定的增长率下，增长带来的收入分配的变化也对贫困减少有着至关重要的影响，贫困消减的程度取决于初始不平等状况以及收入分配如何随着经济增长而变化。拉·瓦雷（Ravallion，1995）对 20 世纪 80 年代发展中国家的数据进行回归后发现，经济增长显然不是减少贫困的唯一因素，初始条件的差异和不平等的变化也会影响贫困减少。西尔瓦和苏玛托（Silva and Sumarto，2014）分析了 2002—2012 年印度尼西亚贫困、不平等和经济增长的关系，他们发现在经济增长中，贫困群体获得的好处少于非贫困群体，经济增长并没有真正实现减贫脱贫，若想要通过刺激经济增长以减少贫困，必须要考虑增长对不平等的影响。

（二）均衡增长理论与“贫困恶性循环”

美国经济学家拉格纳·纳克斯（Narkse，1953）通过考察发展中国家的贫困状况，提出了著名的“贫困恶性循环”理论。纳克斯认为，发展中国家之所以贫困，是因为这些国家的经济体中存在着一些互相联系、互相作用的“恶性循环”：从资本供给看，存在“低收入—低储蓄能力—低资本形成—低生产率—低产出—低收入”的恶性循环；从资本需求看，存在“低收入—低购买力—低资本形成—低生产率—低产出—低收入”的恶性循环。这两个恶性循环互相影响、互相作用，阻碍了经济发展，使得发展中国家长期处于贫困和经济停滞的困境中。基于“贫困恶性循环”理论，纳克斯提出了“平衡增长战略”，也就是在贫困的发展中国家实施“大推进”战略，在各个部门和产业中同时投资推进经济发展，打破贫困的恶性循环。但这一战略过分依赖于计划和国家干预，忽视了政府失灵的可能性。

与纳克斯相反，艾伯特·O. 赫希曼提出了非平衡增长战略。这一战略将经济发展过程（以工业化为核心）看作是不同部门先后不同的成长，并相互联系着彼此施加压力和推力的结构演化过程。非平衡增长战略认为，在制定经济发展战略时，需要充分重视不同工业部门发展的关联作用，而不是所有部门共同推进。

（三）低水平均衡陷阱：高增长无法完全消减贫困

对于滴漏经济学所持的“高速经济增长具有自动消减贫困的效应”的理论缺陷，一些学者通过对发展中国家贫困的调查提出了不同的观点，例如，美国经济学家纳尔森（Nelson，1956）利用数学模型分别研究了发展中国家人均资本、人口增长、产出增长和人均收入增长的关系，发现发展中国家人均收入稳定在一个仅能维持生存的均衡水平上，无法摆脱贫困，更难以实现经济增长，期待以经济增长自动消减贫困在这些国家是行不通的。

纳尔森认为，如果人口增长率大于收入增长率，国民收入的增长就会被更快的人口增长所抵消，人均收入将在原有水平上有所下降，并被逼回到维持生存的水平上，保持稳定；如果收入增长率大于人口增长率，国民收入增长超过人口增长，人均收入将在原有水平之上有所提高，直到国民收入增长率降到人口增长率为止，在这一点上，人口增长率和国民收入增长率达到一个新的均衡。因此，在人口增长率大于收入增长率以及人口增长率等于收入增长率的人均收入水平之间，存在着一个低水平均衡陷阱，在这个陷阱中，任何超过仅能够维持生活的人均收入水平的增长都将由人口的增长所抵消，且这种低水平均衡是稳定的。如果将经济增长定义为人均收入的提高，那么陷入低水平均衡陷阱的国家因不可摆脱的贫困，就不可能实现经济增长。发展中国家的贫困在没有外力的推动下是一种高度稳定的均衡现象，一旦经济从低水平均衡陷阱中挣脱出来，人均收入水平就能实现稳定增长，经济就能进入持续稳定增长的局势。纳尔森也探讨了发展中国家贫困的原因，他认为人均收入投资倾向过低、人口增长过快、生产效率低下是发展中经济增长的障碍，他强调资本形成对摆脱低水平均衡陷阱具有决定性作用，发展中国家可以通过进行大规模投资、鼓励生产、控制人口增长等方式摆脱经济贫困。

（四）利贫式增长理论：站在穷人的角度研究经济增长

“利贫式增长”的定义有广义和狭义之分。拉瓦雷（Ravallion，2003）从广义角度定义了利贫式增长，认为能够减少贫困的经济增长就是利贫式的增长，而不论减贫程度。在收入分配不变的情况下，一国贫困发生率减少，则该国经济增长就是利贫的。卡克瓦尼和玄（Kakwani and Hyun，2003）从狭义角度定义了利贫式增长，他们认为，“利贫”从字面上应该定义为贫困者在经济增长中的受益程度应该大于非贫困者。同时，利贫式增长还分为相对利贫式增长和绝对利贫式增长两种：相对利贫式增长是指贫困者从经济增长中的受益按比例大于非贫困者，这意味着经济增长在减少贫困的同时，也改善了财富分配的相对不平等；绝对利贫式增长则是指贫困者从经济增长中得到的绝对收益等于或大于非贫困者得到的绝对收益，在这种情况下，经济增长会改善绝对不平等的状况，这种情况也被称为“超级利贫”（super pro-poor）。

因此，利贫式增长主要从贫困者的角度来研究经济增长，其主要目的在于实现减贫和改善收入分配不平等的状况，重点在于扩大贫困者的经济机会。利贫式增长的减贫战略就是要采纳直接有利于贫困人群的政策，消除制度和政策的偏见。《中国农村扶贫开发纲要（2011—2020 年）》中的规定“贫困地区农民人均纯收入增长幅度高于全国平均水平，基本公共服务主要领域指标接近全国平均水平”，就是利贫式增长在政策上的应用的一个典型例子。

三、收入不平等与经济增长：库兹涅茨倒 U 形假说

针对经济增长中的贫富两极分化，库兹涅茨（Kuznets，1995）在著名的“库兹涅茨倒 U 形假说”中认为，收入分配与经济增长呈现倒 U 形关系，即收入不平等会随着经济发展水平的逐渐提高呈现出先上升后下降的趋势，并最终稳定在一个可接受的水平上，只要有足够的耐心等待经济增长带来的“拐点”的到来，到那时增长会自动缓解收入分配两极分化的趋势，并使每一个群体收益。也就是说，不管一国在经济政策、文化环境等方面有何等差异，收入不平等最终会随经济增长而自动降低。库兹涅茨的这一假说提出之后，引起了一些学者的共鸣：刘易斯等人提出的两部门理论、缪尔达尔等提出的地区不平衡发展理论，都先后为“库兹涅茨倒 U 形假说”提供了理论支持。一些学者还对库兹涅茨倒 U 形假说进行了实

证检验，阿卢瓦利亚（Ahluwalia，1979）、钱纳里和赛尔奎因（Chenery and Syrquin，1975）等利用一些国家的经验数据进行了大量的实证研究，用以证实了库兹涅茨倒 U 形假说的成立。

但是，也有大量学者对库兹涅茨倒 U 形假说提出了质疑，他们认为库兹涅茨及其继承者在证明这一假说时选取的数据和数学方法存在很多问题，并且很多国家的贫困现实也并不符合这一假说。例如，菲尔兹（Fields，1984）对 7 个经济体间就业、收入分配和经济增长的关系进行研究时就发现，韩国、新加坡、中国香港和中国台湾四个亚洲新兴经济体在 20 世纪 60 年代经济快速发展时期的收入分配差距变小了，这是因为在 20 世纪 60 年代这四个经济体都实施了出口导向型战略，重点发展劳动密集型产业，使得本区域内失业率明显下降，人们的实际工资水平大幅度提高，这一现象并不符合库兹涅茨倒 U 形假说。皮凯蒂（Piketty，2014）在他的著作《21 世纪资本论》中指出，库兹涅茨曲线的实证基础过于薄弱，他所观测到的发达国家发生的收入不平等的锐减处于特定的环境下——总体上源于世界大战和这些国家所遭受的剧烈的经济政治冲击。陈斌开、林毅夫（2013）利用中国 1978—2008 年的省级高增长数据进行实证研究，发现对外开放和城市偏向的经济政策的选择导致了城乡收入差距的扩大——库兹涅茨倒 U 形假说在中国这样一个典型的发展中国家并不成立，依赖高速增长缩小城乡居民收入差距并不成立。

通过上述理论比较，我们发现，高速经济增长本身并不直接导致不平等乃至贫困，也不具备天然的自动缓解不平等乃至贫困的动因，经济增长与减贫的相关性在很大程度上取决于经济结构变动，政治、经济环境变化等内在因素，因此，经济高增长并不能自动消减贫困，对于这一点，中国改革开放 40 年高速经济增长与贫困数据的变动完全可以提供充足的论据。

四、经济增长、不平等与贫困减少：一个统一分析框架

相同经济增长率国家的贫困减少率的不同表现表明，一个国家或地区

贫困规模的变动既取决于经济增长率水平，也取决于社会初始不平等程度和不平等状况的变化趋势。一国初始不平等程度越高，贫困群体能够分享到的经济增长的成果越少。也就是说，一个较小的初始分享往往意味着从后续的总体经济扩张中分享的收益份额也较小。同时，经济增长过程中不平等状况的变动也影响着贫困减少率的大小。在社会平均收入提高的同时，若收入分配使得贫困群体的收入增长得更快，贫困就会更大程度地减少；而若不平等状况恶化，即使经济增长带来平均收入的增加，贫困也可能不减反增。

布吉尼翁（Bourguignon，2002）在对经济增长的减贫贡献的研究中表明，贫困变动受两个部分的影响，一是经济增长带来的收入增长；二是相对收入的变动。前者被称为“增长效应”，后者被称为“分配效应”。

拉瓦雷（Ravallion，2004）也指出，贫困减少率并不是和经济增长率直接正相关，而是和“分配修正的增长率”直接成比例关系。在此基础上，他提出了一个新的贫困减少率等式，即：$\Delta P=[\alpha(1-G)^{\theta}]\times g$。式中，$\Delta P$ 为贫困减少率，α 为常数项，且小于零，G 为不平等指数，θ 是一个不小于 1 的参数，g 为一般经济增长率。$\alpha(1-G)^{\theta}$ 表示贫困减少的增长弹性。从拉瓦雷给出的等式可以知道，当社会分配平均（不平等指数 $G=0$）时，贫困减少率达到最大值；而在高度不平等程度（不平等指数 G 接近或等丁 1）下，贫困群体在增长中将得到很少或根本得不到收益。

因此，没有一定速度的经济增长，必定会导致共同贫困；但是，高速度的经济增长也不一定能减少贫困，只有伴随不平等减少的积极的增长才能真正带来贫困减少，实现共同富裕。

自 20 世纪 90 年代以来，国内很多学者就开始对增长与分配对贫困的效应做出了很多具体分析。魏众（1998）利用 20 世纪 80 年代早期至 90 年代中期的数据，对我国农村地区贫困变动做了研究，并发现自 1988 年以来，增长与分配对贫困变动的效应相互抵消，是农村人口结构的变化使得贫困发生率不断下降。李石新（2006）除了考虑收入增长、收入不平等对贫困的影响，还考虑了我国经济结构变动（乡镇企业的发展、城镇化的推进、国有企业改革等）对贫困的影响。汪三贵（2008）利用我国改革开放 30 年的经济增长与农村贫困变动的数据论证了经济增长对大规模减贫的重要性，并表明农业和农村经济的增长是农村贫困减少的关键。王小林（2012）利用三种测度方法（PPGI、GIC 和 PEGR）测度了中国 1989—2009 年经济增长的利贫性，三种方法都表明我国 2006—2009 年的经济增长是利贫的，这是因为 2006 年国家出台了各类支农惠农政策，直接增加了贫困群体的收入，使得这几年增长的“涓滴效应”和收入分配效应共同促进了这一阶段的利贫式增长。罗楚亮（2012）利用住户调查数据，估计了不同年份我国贫困的增长弹性和分配弹性，发现我国不同时期贫困的增长弹性逐步下降，分配弹性逐步上升，这说明收入不平等对贫困变动的影响越来越大。张德亮等（2013）对中国经济增长质量与减贫做了研究，并利用增长发生曲线这一方法测度了 2000—2010 年中国经济增长的利贫性。结果发现，2000 年以来中国农村经济增长基本上是不利贫的。沈扬扬（2013）不仅研究了经济增长对贫困的影响，还研究了经济增长对不同类别农户、不同地区农户的影响。她指出，经济增长对于缓解务农农户、文盲农户贫困状况的作用最小，对于缓解外出务工农户、高中以上学历农户贫困状况的作用最大，且经济增长对西部地区农户的减贫效果是最低的。因此需要根据这些特点，制定出“瞄准”扶贫机制。

第五章　中国扶贫思想的成熟与反贫困道路的探索

中华人民共和国成立以来，中国的扶贫开发取得了巨大成就，创造了举世瞩目的“中国奇迹”。以习近平总书记为核心的党中央高度重视反贫困事业，在长期理论与实践探索中形成了习近平总书记关于扶贫工作的重要论述。习近平总书记关于扶贫工作的重要论述是在对马克思、列宁、毛泽东等反贫困思想不断思考的基础上，长期理论积累与实践探索的结果。长期以来，新中国扶贫思想经历了消灭饥饿、解决温饱、扶贫开发、精准扶贫这样一个目标演变的历程。2013 年 11 月，习近平提出精准扶贫的概念。精准扶贫的提出，把“脱贫攻坚、决胜全面建成小康社会”摆在了治国理政的重要位置，使我国反贫困事业实现了跨越式的飞跃。理解和掌握习近平总书记关于扶贫工作的重要论述的精髓，对中国实现第一个百年奋斗目标、探索中国式的扶贫道路以及向世界反贫困事业提供“中国经验”，具有巨大的理论价值与实践意义。

2020 年是我国“脱贫攻坚战、决胜全面建成小康社会”的收官之年，中国将努力消除现行标准下农村剩余贫困人口中的绝对贫困，实现全面建成小康社会的伟大目标。习近平总书记关于扶贫工作的重要论述为打响脱贫攻坚战、决胜全面建成小康社会提供了科学的理论指导，兑现了中国共产党人对全体人民群众做出的庄严承诺，谱写了中国及人类反贫史上的重要篇章。中华人民共和国成立 70 余年来，中国共消除了 7 亿多贫困人口，创造了世界反贫困史上的“中国奇迹”，习近平总书记关于扶贫工作的重要论述的提出，是以马克思、恩格斯、列宁等革命导师提出的反贫困思想为基础，经过数代中国共产党人努力探索积累起来的理论成果。精准扶贫作为习近平总书记关于扶贫工作的重要论述的内核与精髓，为中国决胜全面建成小康社会、实现第一个百年奋斗目标，做出了强大的理论贡献。

一、习近平总书记关于扶贫工作的重要论述的理论源流

习近平总书记关于扶贫工作的重要论述不是凭空产生的，也不是一蹴而就的，而是以马克思、恩格斯、列宁等人的反贫困思想为基础，结合中国反贫困历程，在具体实践中不断发展、不断总结、不断完善、不断凝练的结果。习近平总书记关于扶贫工作的重要论述传承了马克思主义反贫困思想的基本内核，参考了列宁反贫困思想的经验教训，继承和发展了中国共产党历代领导人反贫困理论的成就与积极实践的精华，并成为新时代我国打响脱贫攻坚战的根本指导思想。

（一）马克思主义反贫困思想提供了坚实的理论基础

马克思早期关于贫困的思考来源于“林木盗窃法案”与“摩塞尔农民贫困破产事件”的启发。19 世纪中期，欧洲资本主义国家的工商业快速发展、财富迅速积累膨胀，贫富分化日益加剧，马克思开始关注资本主义私有制社会底层无产阶级劳动者的生活状况。关于贫困的产生，马克思认为资本主义制度下的生产发展使得社会中的资产阶级和无产阶级关系日益简单化，“资产阶级借以在其中活动的那些生产关系的性质决不是单一的、单纯的，而是两重的；在产生财富的那些关系中也产生贫困；在发展生产力的那些关系中也发展一种产生压迫的力量；这些关系只有不断消灭资产阶级单个成员的财富和产生出不断壮大的无产阶级，才能产生资产者的财富，即资产阶级的财富；这一切都一天比一天明显了”[①]。在资本主义私有制度下，资产阶级和无产阶级关系对立化的趋势日益明显，资产阶级凭

① 马克思，恩格斯．马克思恩格斯选集：第 1 卷［M］．3 版．北京：人民出版社，2012：234.

借不断侵占无产阶级的剩余劳动来实现自身资本的“增殖”目的，无产阶级劳动者则面临越努力工作就越贫穷的现状。在马克思看来，无产阶级贫困的根源在于资本主义生产方式，即在资本主义生产方式下，一端是资本所有者财富的积累，一端是无产阶级贫困的积累。贫困是资本主义制度的必然产物。马克思还发现，“劳动为富人生产了奇迹般的东西，但是为工人生产了赤贫。劳动创造了宫殿，但是给工人创造了贫民窟。劳动创造了美，但是使工人变成畸形。”① 马克思指出正是由于劳动的异化，富人或者说是资本家可以在工人持续勤恳的劳作中不断获益，积累了大量财富，享受了奢靡的生活。在资本主义制度下，工人越劳动就越贫困，在整日劳动中最终陷入赤贫。

马克思指出，资本家对无产阶级劳动者的剩余价值的榨取使得劳动者生命健康权、接受教育权甚至是基本人权都无法得到保障。“工人降低为商品，而且是最贱的商品：工人的贫困同他的产品的力量和数量成正比；竞争的必然结果是资本在少数人手中积累起来，也就是垄断的更可怕的恢复；最后，资本家和靠地租生活的人之间、农民和工人之间的区别消失了，而整个社会必然分化为两个阶级，即有产者阶级和没有财产的工人阶级。”② 贫困使得阶级的分化日益严重、对立日益明显，国家的经济、政治、文化、民族、宗教等各方面冲突会随之增加与爆发，社会矛盾尖锐，进而导致发展受阻受挫，甚至产生严重的危机。

马克思认为，私有制是导致贫困问题的根源，“大的财产比小的财产增长得更快，因为从收入中作为占有者的费用所扣除的部分要小得多。这种财产的集中是一个规律，它与所有其他的规律一样，是私有制所固有的”③。在资本主义私有制的生产方式中，贫困必然发生，因此推翻资本主义制度、变革资本主义生产方式便是解决贫困问题的根本之道。马克思

① 马克思，恩格斯．马克思恩格斯全集：第42卷［M］．北京：人民出版社，1956：93.

② 同①89.

③ 马克思，恩格斯．马克思恩格斯选集：第1卷［M］．3版．北京：人民出版社，2012：45.

认为，只有打破社会中原有的结构、制度以及生产方式，才能从根源上消除贫困。特别是在资本主义制度框架下，通过调整内部机制结构，无法完全消除贫困问题。

马克思主义反贫困理论直接揭示了贫困产生和发展的原因，深刻严谨地剖析了消灭贫困的根本路径在于建立社会主义公有制，为科学的反贫困理论提供了正确的思考方向和有益的实践指导，更是为中国共产党长期的反贫困实践以及习近平总书记关于扶贫工作的重要论述的提出，提供了理论范式指导和根本路径遵循。

（二）列宁对社会主义反贫困的实践探索提供了参考

列宁继承发展了马克思主义反贫困理论，并在现实层面积极探索实践，在巩固布尔什维克领导下的苏维埃政权、尝试社会主义制度改造、出台政策推动反贫困实践等方面都做出了实质性的贡献，具有极大的借鉴价值。

十月革命胜利后，经济基础薄弱、贫困发生率高企的严峻现实摆在苏联共产党人面前。在探索建设社会主义道路的进程中，以列宁为核心的苏联共产党人充分发挥执政党的优势，推进贫困地区的反贫困进程。关于消灭贫困的方式，列宁认为，布尔什维克领导下的苏维埃政权具有沙皇政府不具有的政治优势和体制特色，消灭贫困的前提是巩固政权，不断完善社会主义制度，进而消除贫困。“苏维埃政府应当立即宣布无偿地废除地主土地私有制，在立宪会议解决这个问题以前，把这些土地交给农民委员会管理。地主的耕畜和农具也应当交给这些农民委员会支配，以便无条件地首先交给贫苦农民无偿地使用。”① 在实际操作中，列宁针对“战时共产主义政策”的弊端，及时推出“新经济政策”，直接惠及贫困农民，在较短时间内消除了全国大范围的饥荒问题。在农村改革中，列宁认为需要改

① 列宁．列宁选集：第3卷［M］．3版．北京：人民出版社，2012：227.

变孤立、落后的小农生产方式，建立、巩固工人和农民的生产联盟，引导占据主要地位的小农劳动方式向规模化的社会主义生产方式改变。列宁指出，应该利用资本主义，作为小生产和社会主义之间的中间环节，作为提高生产力的途径、方法和方式。

（三）中国历代共产党人为新中国的反贫困提供了长期的实践积累

1. 以毛泽东为核心的中国共产党人奠定了新中国早期反贫困思想

中华人民共和国成立后，毛泽东将马克思主义反贫困理论与中国现实进行了有机的结合，他认为“中国人民业已有了自己的中央政府……它将领导全国人民克服一切困难，进行大规模的经济建设和文化建设，扫除旧中国所留下来的贫困和愚昧，逐步地改善人民的物质生活和提高人民的文化生活”①。以毛泽东为核心的共产党人早期树立的反贫困目标是实现共同富裕，长期反贫困的探索过程为后来反贫困思想的成熟与完善提供了宝贵经验。从消除贫困的制度因素考虑，毛泽东指出“只有进到社会主义时代才是真正幸福的时代”②。当时的中国共产党人认识到，要改变资本主义制度下农民被剥削和压榨的悲惨状态，社会主义合作化是可行路径，建立、巩固真正的社会主义制度是实现生产力进步、生产效率提升、社会公平、人民共同富裕的必然要求。针对当时贫困的农民占比极高的社会现实，毛泽东指出，贫困农民拥有走社会主义道路的积极性，“对于他们说来，除了社会主义，再无别的出路……全国大多数农民，为了摆脱贫困，改善生活，为了抵御灾荒，只有联合起来，向社会主义大道前进，才能达到目的”③。毛泽东认为，要建立社会主义制度，关键是要打破旧制度，改变生产关系，一方面要对土地制度进行社会主义改革，另一方面要进行合作化，逐步消除私有制。除了制度改革，毛泽东战略性地制定了优先发

① 毛泽东．毛泽东文集：第 5 卷 [M]. 北京：人民出版社，1996：348.
② 毛泽东．毛泽东选集：第 2 卷 [M]. 北京：人民出版社，1991：683.
③ 毛泽东．毛泽东文集：第 6 卷 [M]. 北京：人民出版社，1999：429.

展重工业的决策，希望通过发展重工业带动国民经济的发展。优先发展重工业策略的提出，间接带动了早期的城镇化，劳动力由第一产业不断进入第二产业，人民群众的生活水平逐渐提高。

2. 邓小平开启了改革开放时期的反贫困思想

党的十一届三中全会后，邓小平同志总结了毛泽东反贫困实践的成功经验，反思了平均主义的教训，提出了“效率优先、兼顾公平”的发展思路，确立了依靠高速经济增长驱动反贫困的战略思想。邓小平同志充分肯定毛泽东提出的必须坚持走社会主义道路的思想，指出只有社会主义才能发展中国。他认为如果不坚持社会主义，而是走资本主义道路，即使短期内局部地区的少数人可以快速致富，但是更多的人民群众仍将处于贫困之中，甚至于温饱问题都难以得到解决。只有坚持发展中国特色社会主义，才能真正实现人民的共同富裕。邓小平同志提出依靠发展生产力和改革开放反贫困的策略，强调“发展才是硬道理”，社会主义的本质是解放生产力，发展生产力，消灭剥削，消除两极分化，最终达到共同富裕。与此同时，小平同志又提出了改革开放的策略，“要发展生产力，就要实行改革和开放的政策。不改革不行，不开放不行”①。改革开放作为解放和发展生产力的必然要求，打破了“大锅饭”的共同贫穷模式，尤其成功的是在农村推行家庭联产承包责任制，让一部分人先富起来。邓小平指出：“要允许一部分地区、一分部企业、一部分工人农民，由于辛勤努力成绩大而收入先多一些，生活先好起来……带动其他地区、其他单位的人们向他们学习。这样，就会使整个国民经济不断地波浪式地向前发展，使全国各族人民都能比较快地富裕起来。”② 允许和鼓励一部分人先富起来的做法适用于当时的中国国情，它不同于绝对平均的同等富裕理念，避免政策走向平均主义的错误方向。

---

① 邓小平．邓小平文选：第3卷［M］．北京：人民出版社，1994：265．

② 邓小平．邓小平文选：第2卷［M］．北京：人民出版社，1994：152．

3. 世纪之交大规模扶贫开发为中国反贫困思想提供了“中国实践”

中国共产党人经过数十年的反贫困实践探索，为 21 世纪中国的大规模扶贫开发打下了坚实的体制基础。以江泽民为核心的党中央对毛泽东、邓小平等的反贫困理论和政策实践进行了总结，主张推动大规模开发扶贫，对于地区之间发展差距日渐扩大的问题进行了深刻研究和精细部署，注重解决偏远落后地区和少数民族地区的贫困和经济发展问题。这一时期的反贫困思想的最大特色是转变了以往“救济式扶贫”模式，取而代之以“开发式扶贫”，着眼点是解决人民的温饱问题。这一时期，反贫困与改革开放、经济发展更加紧密地联系在一起。在反贫困进程中，被扶持者不仅是客体更是主体。大规模的扶贫开发还把扶贫目标扩展到消除“贫困文化”和“贫困思想”方面。“把贫困地区的干部群众的自身努力同国家扶持结合起来，开发当地资源，发展商品生产，改善生产条件，增强自我积累、自我发展的能力，这是摆脱贫困的根本出路。”①

4. 科学发展观指导下的新世纪全方位的反贫困思想

进入 21 世纪后，我国贫困人口温饱问题得到解决，以胡锦涛为首的党中央提出了科学发展观，其第一要义是发展，核心是以人为本，基本要求是全面协调可持续，根本方法是统筹兼顾。科学发展观极大推进了社会主义新农村建设，将反贫困推向更全方位、更高层次。以胡锦涛为核心的党中央着力提升贫困人口的文化水平，改善精神面貌。和谐社会的构建是反贫困工作所努力的方向。在进行社会之和谐社会建设的过程中，社会公平是重点，实现社会公平，缩小区域间的差距，消除贫困可以说是构建和谐社会不可缺少的重要一环。建设社会主义新农村是我国全方位反贫困的必由之途。由于我国贫困人口大量集中在农村地区，扶贫与建设新农村成为一体之两翼，国家强调以农业发展带动农村脱贫。

---

① 江泽民．全党全社会进一步动员起来 夺取八七扶贫攻坚决战阶段的胜利［N］．人民日报，1990－07－12（01）．

二、习近平总书记关于扶贫工作的重要论述的实践根基

贫困长久以来一直是世界各国希望攻克的难题，各国政府在反贫困道路上通过努力探索，均开出了自己的“药方”，但有的“疗效差”，有的“见效慢”，有的甚至存在巨大“副作用”。中华人民共和国成立以来，几代共产党人领导中国人民创造了消减7亿多贫困人口的“中国奇迹”。中国反贫困的实践探索，经历了消灭饥饿、解决温饱、扶贫开发、精准扶贫这样一个目标演变的历程，大致可分为三个阶段：一是社会主义改造与建设初期通过制度变革打下反贫困坚实基础的阶段，二是改革开放后通过经济开发推动广泛脱贫的阶段，三是党的十八大以来通过精准扶贫全面消除贫困的阶段。长期的反贫困实践为习近平总书记关于扶贫工作的重要论述的形成打下了扎实的实践根基。

（一）制度变革为中国反贫困打下了坚实的基础（1949—1977年）

中华人民共和国成立初期，人民群众普遍处于贫困状态，当时农业人均粮食产量仅为418斤，不能维持温饱，4亿多人口中有一半以上处于饥饿状态。[①] 1950年，《中华人民共和国土地改革法》颁布，目的是从地主手中剥夺土地，将土地与生产资料分配给无地、少地农民，使得全国3亿多无地或少地的农民获得了75 000万亩土地和大量房屋、农具等生产资料。[②] 土地改革为消除贫困做出了实质性贡献。

但是受制于土地零散、生产资料稀缺、农民文化程度普遍较低、抵御自然灾害能力弱等影响，“耕者有其田”的制度安排不能解决贫困问题。1952—1957年，中央政府审慎地推进土地所有制改革，从土地私人所有

① 朱凤岐．中国反贫困研究［M］．北京：中国计划出版社，1996：4.

② 中华人民共和国农业部政策法规司，中华人民共和国国家统计局农村司．中国农村40年［M］．郑州：中原农民出版社，1989：4.

制变革为公有制，通过“互助组”“初级合作社”“高级合作社”三个阶段的推进，建立了人民公社制度。社会结构变化、体制机制改革让传统的经济发展模式全盘重构。尽管这一时期频繁的政治运动使政策持久性不足，但是体制的变革为后来解决赤贫问题打下了坚实的制度基础。在制度变革初步完成后，由于生产力落后、经济总量低、国家实力弱，国家投入了近70亿元进行工业建设，着重发展水利、交通、能源、钢铁等产业，以期通过发展工业拉动国民经济快速上涨。1952年，工业产值占我国GDP的30%，农业占64%，而到1972年，工业产值占72%，农业则仅占28%。① 这一时期的扶贫政策以救济为主，具体可以大致划分为如下四点：(1) 大规模推动基础设施建设，为农业发展水平的整体提升提供了坚实的物质基础和最为基本的条件保障。(2) 构建新型教育体系，建立覆盖全面的免费基础教育，并推动教育教学改革，文盲、科盲、法盲逐步被“消灭”。国家还在农村设立了四万个农业技术推广服务站，农村减贫效果增强。(3) 推动医疗卫生、社会保障建设，为广大农民提供了基本的医疗卫生保障。(4) 建立“五保”等救济扶助机制。1956年6月，《高级农业生产合作社示范章程》出台，对缺乏劳动能力、没有生活来源的老、幼、病、残、孤等进行基本生活扶助，“保吃、保穿、保住、保医、保葬”，对于因为突发自然灾害等而受损的群众还给予物质支持救济。

(二) 经济发展推动中国贫困群体广泛脱贫（1978—2012年）

改革开放后，党的十一届三中全会拉开了新的反贫困序幕，反贫困工作的政策导向是以高速的经济增长拉动贫困地区和人口的脱贫。1978年我国的国内生产总值为3 624亿元，而到2012年我国国内生产总值高达538 580亿元②，高增长带来的减贫效果显著（见图5-1），中国的扶贫模式也在不同时期呈现出不同的特征。

---

①② 根据国家统计局公布的相关资料整理。

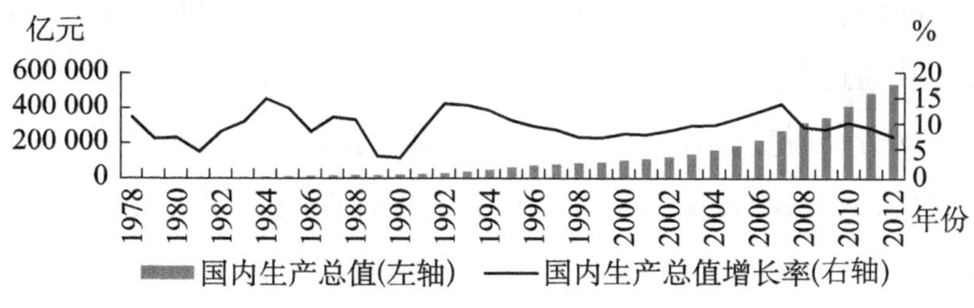

图 5-1 1978—2012 年国民经济核算情况

1. 经济增长拉动型反贫困模式（1978—1985 年）

1980 年，中共中央印发《关于进一步加强和完善农业生产责任制的几个问题》的通知，开始在农村实行家庭联产承包责任制。农村改革赋予农民更多的主体地位，并且对于不同层次的生产力水平拥有较大的宽容度，农民劳作的积极性被激发，大量农民逐步摘掉了贫困的“帽子”。按 1978 年贫困标准，我国农村贫困人口从 1978 年的 2.5 亿人下降到 1985 年的 1.25 亿人，年均减贫近 1 800 万人。“贫困人口从占总人口的大约 1/3 下降到 1/10 左右。”①

2. 有针对性的定向扶贫模式（1986—1993 年）

这一时期贫困人口主要集中在西部省份及西部边远农村地区。1986 年 6 月国务院成立贫困地区经济开发领导小组，自上而下的扶贫架构完整地构建了具有中国特色的扶贫体系，并确立了扶贫对象识别机制。财政部、中国人民银行、中国农业银行等还在 1980—1984 年间，向贫困地区提供了低息贷款和专项拨款。“据统计，至 1994 年累计投入 161.4 亿元，扶持乡镇 9 876 个，修建小电站 1.6 万座……修建小水库 7 066 座，农田建设 15.7 万公顷……文化馆 8 458 座，校舍 12.15 万间，卫生所 4.55 万所……”②

3. 大规模扶贫开发攻坚模式（1994—2012 年）

国家发布《国家八七扶贫攻坚计划》，调整了对贫困人群的识别认定标准，扶贫事业进入攻坚阶段。经济增长、教育投资、乡村基本保障成为

---

① 世界银行．中国：90 年代的扶贫战略［M］．北京．中国财政经济出版社，1994：1.

② 汪三贵．扶贫投资效率的提高需要制度创新［J］．经济开发论坛，1996（7）.

三大主要战略目标。国家实施了“国家贫困地区义务教育工程”“希望工程”等，并通过人员培训、移民开发等方式提高人口素质，变被动式接受救济为主动劳动脱贫。1994 年 1 月出台的《农村五保供养工作条例》，建立推广农村合作医疗保障制度、农村社会医疗保险制度、农村最低生活保障制度，工作的重点从扶持区域转向了扶持贫困户，全国农村贫困人口温饱问题基本得到解决。我国加入 WTO 后，西部大开发战略及《中国农村扶贫开发纲要（2001—2010 年）》的推行，使全国农村贫困人口从 2000 年的 39 448 万人进一步减少至 2011 年的 12 238 万人（见表 5-1）。

表 5-1　　1994—2011 年我国农村减贫情况

年份	农村 CPI	可比贫困标准（元/人/年）	贫困规模（万人）	贫困占比（%）	减贫规模（万人）
1994	61.46	1 414	62 644	68.9	—
1995	72.22	1 661	58 018	63.0	4 626
1996	77.92	1 792	49 094	53.3	8 924
1997	79.88	1 837	45 424	49.4	3 670
1998	79.08	1 819	41 426	45.3	3 997
1999	77.89	1 792	40 003	43.4	1 424
2000	77.82	1 790	39 448	42.7	555
2001	78.44	1 804	37 716	40.9	1 732
2002	78.12	1 797	36 081	38.4	1 634
2003	79.36	1 825	34 473	36.8	1 609
2004	83.17	1 913	29 912	31.9	4 561
2005	85.01	1 955	26 749	28.3	3 163
2006	86.27	1 984	23 232	24.5	3 517
2007	90.93	2 091	19 056	20.3	4 177
2008	96.83	2 227	17 306	18.1	1 750
2009	96.53	2 220	15 563	16.4	1 742
2010	100.00	2 300	14 684	15.3	879
2011	105.80	2 433	12 238	12.7	2 446

（三）精准扶贫推动中国迈向全面消除贫困（2013—2020 年）

经过改革开放后 30 多年艰苦卓绝的努力，到 2012 年初，我国剩余贫困人口降为 9 989 万人，区域性的贫困问题基本得到消解，但还存在“疑难杂症”——剩余农村贫困人口分散化、边缘化、隐形化等特征，使得扶贫工作更加复杂。2013 年末，习近平总书记在湖南省湘西考察时指出，扶贫工作要实事求是、因地制宜、分类指导、精准扶贫——“精准扶贫”概念被首次提出。2014 年初，中央对精准扶贫模式进行了深入研究与顶层设计，以推动精准扶贫由思考变为现实机制。在 2015 年 10 月召开的减贫与发展高层论坛中，习近平总书记系统、深入地阐述了精准扶贫的思路与内涵。在 2015 年 10 月 26 日召开的中共十八届五中全会上，精准扶贫被正式确立为国家“十三五”期间的扶贫工作模式。精准扶贫的具体模式，是“对症下药、精准滴灌、靶向治疗”，重点要解决精准识别扶持对象的问题，在 2005 年对贫困农户“建档立卡”的基础上，2016 年对建档立卡的贫困人口进行了全国范围内的复核，对于错误识别的贫困户予以调整更改，对于被漏掉的贫困户予以识别认定。就实施路径而言，精准扶贫特别关注提升主体工作能力、聚焦客体实际需求。政府是具体开展精准扶贫工作的“引擎”，使市场、社会各界多元主体共同参与，整合多重力量，共同推进脱贫攻坚。

三、习近平总书记关于扶贫工作的重要论述的精髓：精准扶贫的逻辑与内涵

早在 20 世纪 80 年代末，习近平同志在福建宁德工作时，就提出了“弱鸟先飞”“滴水穿石”等发展思路与理念，其精准扶贫理念已经处于酝酿萌芽阶段。2013 年 11 月，习近平总书记在湖南花垣县十八洞村考察时历史性地提出了“精准扶贫”重要概念，之后多次进行阐释与讨论。以

《关于创新机制扎实推进农村扶贫开发工作的意见》《关于印发〈建立精准扶贫工作机制实施方案〉的通知》《关于印发〈扶贫开发建档立卡工作方案〉的通知》等文件的发布为标志，精准扶贫正式作为扶贫政策落实到实际行动当中。

（一）全面建成小康社会是精准扶贫的逻辑起点

共同富裕是建设社会主义的根本目标，全面建成小康社会是党的十九大报告“协调推进四个全面战略布局”的重要组成部分。全面建成小康社会与打赢脱贫攻坚战实则是一体之两面，是相互统一、相互融合的关系。党的十八大提出的第一个百年奋斗目标，就是全面建成小康社会。2015年11月发布的《中共中央国务院关于打赢脱贫攻坚战的决定》中明确，到2020年完成脱贫攻坚总体目标的任务，这与2020年全面建成小康社会的任务时间表相契合。这意味着，摆脱贫困、全面建成小康社会是相辅相成、互为促进的关系，如果没能摆脱贫困，全面建成小康社会就无从谈起，全面建成小康社会则必然要求脱贫攻坚工作取得全盘胜利。党的十九大报告指出当下的社会主要矛盾发生转变，对于我国反贫困事业来说也迎来了新的机遇和挑战。2020年全面建成小康社会是全面消灭绝对贫困的基础，脱贫攻坚工作取得胜利是全面建成小康社会的前提。

（二）精准扶贫的提出是新中国反贫困发展逻辑演变的必然结果

以习近平总书记为核心的党中央高度重视反贫困事业，在长期理论与实践探索中形成了习近平总书记关于扶贫工作的重要论述。中华人民共和国成立70多年来，中国的反贫困事业取得了巨大成就，创造了举世瞩目的“中国奇迹”。习近平总书记关于扶贫工作的重要论述是在对马克思、列宁、毛泽东等反贫困思想长期思考的基础上，长期理论积累与实践探索的结果。精准扶贫的提出，立足于建设社会主义公有制、实现共同富裕，坚持共产党的领导，随着社会主义生产力的不断向前发展，中国的反贫困事业在奋进中向着一个又一个目标前行，精准扶贫的提出，经历了解决饥饿、满足温饱、大规模扶贫开发、脱贫攻坚这样一个演变历程。精准扶贫成为习近平总书记关于扶贫工作的重要论述的新内核与精髓。精准扶贫是把“脱贫攻坚、决胜全面建成小康社会”摆在了治国理政的重要位置，使我国反贫困事业实现了跨越式的飞跃。理解和掌握习近平总书记关于扶贫工作的重要论述的精髓，对中国实现第一个百年奋斗目标、探索中国式的扶贫道路以及向世界反贫困事业提供“中国经验”，具有巨大的理论价值与实践意义。

（三）“六个精准”是精准扶贫的根本任务和具体要求

习近平总书记在中央扶贫开发工作会议（2015年）讲话中指出，精准扶贫、精准脱贫要解决好“扶持谁、谁来扶、怎么扶、如何退”四个根本问题。“扶持谁”明确了扶贫工作的具体对象；“谁来扶”指出了扶贫工作开展的主体；“怎么扶”研究了扶贫工作推进的基本路径和有力抓手；“如何退”确定了全面脱贫的评价体系与具体指标。习近平总书记在贵州召开部分省区市党委主要负责同志座谈会（2015年）上第一次提出“六个精准”：扶贫对象精准、措施到户精准、项目安排精准、资金使用精准、因村派人（第一书记）精准、脱贫成效精准。“六个精准”可以看作是对2013年印发的《建立精准扶贫工作机制实施方案》中“精准识别、精准帮扶、精准管理、精准考核”的深化与具体化，是考评“扶真贫、真扶贫、真脱贫”结果的指标，具体来说：（1）扶贫对象精准，解决了“扶持谁”的问题。贫困人口是扶贫的对象和客体，科学识别、准确认定是精准扶贫的前提。（2）措施到户精准、项目安排精准、资金使用精准，解决的是“怎么扶”的问题。按照贫困实际情况摸清致贫原因，对于因重大疾病致贫、因学致贫以及自然灾害致贫的，要区分开来，对症下药。（3）因村派人精准，解决的是“谁来扶”的问题，其强调的是第一书记在基层的重要作用，充分发挥党委的领导作用。（4）脱贫成效精准，回应的是“如何退”的问题，一方面，对于存在指标脱贫、纸面脱贫问题，在实际评估当中要予以甄别和认定，避免将没能脱贫的地区和人口“强行脱贫”；另一方面，对于已经脱贫又返贫的人口要避免追求账面成就。

（四）推进“五个一批”是精准扶贫的实施路径

2015年，《中共中央国务院关于打赢脱贫攻坚战的决定》提出精准扶贫“五个一批”：发展生产脱贫一批、易地搬迁脱贫一批、生态补偿脱贫一批、发展教育脱贫一批、社会保障兜底一批。贫困户可通过诸如举办特色产业、易地搬迁、接受保障兜底、接受教育帮扶、获得资产收益、外出务工等方式实现脱贫。“五个一批”使精准扶贫的实施路径更加多元化和具体化：（1）发展生产脱贫一批。发展生产是摆脱贫困的关键，一方面可以发挥产业的社会效益带动地区经济发展，另一方面也可以改变部分贫困人口“等、靠、要”的不良风气，采取一些生产脱贫的模式，如能源产业扶贫、旅游产业扶贫、光伏风力扶贫、互联网综合扶贫、劳动密集型工厂扶贫等。（2）易地搬迁脱贫一批。对于地处偏远、居住分散、资源稀少的贫困人口，易地搬迁是有效率且低成本的方案。2015年发布的《“十三五”时期易地扶贫搬迁工作方案》要求用5年时间解决“一方水土养不起一方人”问题，对贫困人口实施易地扶贫搬迁。（3）生态补偿脱贫一批。一些自然资源禀赋特殊的地区，如生态功能区、自然保护区等，虽然资源丰富，但是在“美丽中国”政策号召下不适宜大规模采掘开发。对贫困人口应通过相应的生态补偿推动减贫。之前的“大水漫灌”和“粗放式”经济发展方式造成了许多严重的环境污染问题，生态补偿脱贫可解决短期内全面脱贫目标与长期中生态环境保护的矛盾点。（4）发展教育脱贫一批。教育是阻断代际贫困的最有力途径，短期中可以使新技术、新思想、新理念落地生根，长期中则有助于构建适应时代发展的人才体系，消解刘易斯所界定的“贫困文化”，打破贫困区域内部的封闭循环。（5）社会保障兜底一批。习近平总书记在2015年11月召开的中央扶贫开发工作会议上指出："目前，贫困人口中完全或部分丧失劳动能力的有二千万至二千五百万人。到二〇二〇年难免还有这样的贫困人口，要由社会保障来兜底。"①诸如医疗保险、养老保险、就业保险等，在人们遭遇突发情况后能够得到基本的帮扶和救助，能有效抑制返贫现象。

四、精准扶贫在脱贫攻坚收官阶段的重要贡献

2020 年是中国脱贫攻坚的收官之年，自习近平总书记提出"精准扶贫"重要概念至今近 7 年，脱贫攻坚工作正式进入最后一程。精准扶贫工作在脱贫攻坚收官阶段取得了举世瞩目的成就：（1）贫困发生率持续走低，贫困人口数量显著下降；（2）贫困地区居民收入持续增长，消费水平稳步提升；（3）贫困地区基础设施广泛建设，公共服务体系日臻完善。精准扶贫的重大贡献为世界各国反贫困实践提供了可资借鉴的有效思路。

（一）精准扶贫为世界反贫困事业提供可行思路

中国作为全世界最大的发展中国家，在即将实现自身反贫困事业胜利的同时，也为世界反贫困事业提供了"中国经验"。贯穿精准扶贫工作中的"扶持谁、谁来扶、怎么扶、如何退"的逻辑问题，揭示了反贫困工作的推进思路，具有普遍性的意义和可行性的指导，任何国家在开展反贫困工作时，都应该回答这"四个问题"。

（二）我国贫困发生率持续走低，贫困人口数量显著下降

自 2013 年精准扶贫概念提出并指导实践以来，我国贫困人口数量下

① 习近平．习近平关于社会主义经济建设论述摘编［M］．北京：中央文献出版社，2017：221.

降显著（如图5-2所示），2013年我国农村贫困人口数量为8 249万人、贫困发生率为8.50%，2019年末我国农村贫困人口数量为551万人、贫困发生率为0.60%，农村贫困人口数量累计减少7 698万人，年平均减少1 100万人，贫困发生率年平均下降1.13个百分点。据国家统计局全国农村贫困检测调查，分三大区域看，2019年末农村贫困人口全面减少。东部地区农村贫困人口有47万人，比上年减少100万人；中部地区农村贫困人口有181万人，比上年减少416万人；西部地区农村贫困人口有323万人，比上年减少593万人。①

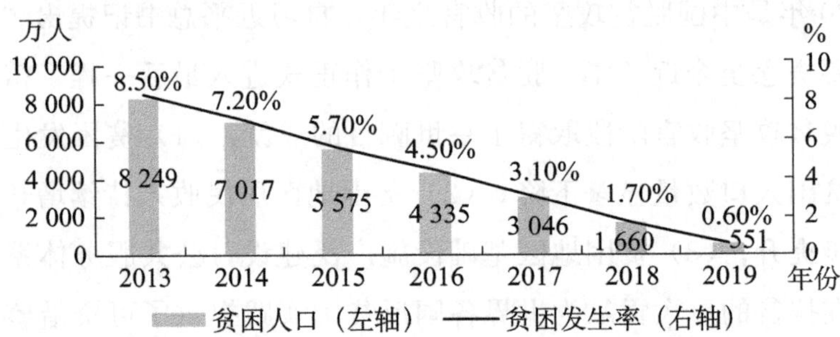

图5-2　2013—2019年全国农村贫困人口变化趋势

脱贫攻坚是全面建成小康社会的三大攻坚战之一，精准扶贫发挥了极大效力。2013—2019年间，我国农村贫困地区生产力明显提升，贫困人口数量大幅度减少，尤其是党的十八大后，包括"老、少、边、穷"地区在内的贫困落后地区，在精准扶贫工作和配套政策的推动下，年均减贫规模超过1 000万人，反贫困成就卓著，我国农村贫困地区由逐步消除绝对贫困逐步过渡到了全面脱贫、全面建成小康社会的新阶段。

（三）我国贫困地区居民收入持续增长，消费水平稳步提升

2013年以来，我国贫困地区农村居民收入持续稳定提高，贫困地区农村居民人均收入每年均保持两位数的增长，年均名义增长率为12%。

① 国家统计局.2019年全国农村贫困人口减少1 109万人[N].光明日报，2020-01-24.

2013年我国贫困地区农村居民人均可支配收入为6 079元，2019年为11 567元，2019年贫困地区农村居民人均可支配收入名义水平是2013年的1.9倍。贫困地区贫困农民收入的不断增长直接提升了生活水平，减贫效果突出（见图5-3）。统计数据显示，贫困地区农村居民人均收入对传统农业的依赖下降，收入来源趋向于多元化。①

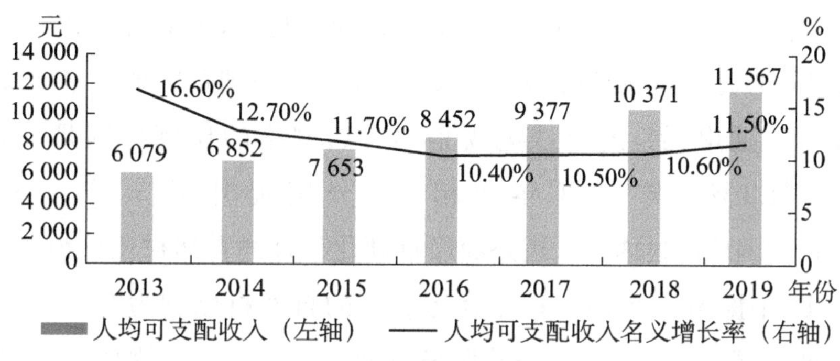

图5-3　2013—2019年贫困地区农村居民收入增长情况

2013年以来，我国贫困地区居民消费指数稳定增长。据国家统计局统计，2013年我国贫困地区农村居民人均消费为5 519元，2018年我国贫困地区农村居民人均消费为8 956元，年均名义增长10.17%。2018年，家庭耐用消费品包括彩电、洗衣机、冰箱等，每100户贫困地区农村居民拥有的数量分别是106.6台、86.9台、87.1台，比2013年初分别增加了8.3台、34.6台、39.6台；现代耐用消费品包括电脑、汽车等，每100户贫困地区农村居民拥有的数量分别是17.1台、19.9辆，相较2013年初，分别增加11.8台、17.2辆。除收入型贫困外，消费型贫困也在大幅度减少。②

（四）我国贫困地区基础设施建设增加，公共服务体系日臻完善

长期以来，我国贫困地区存在基础设施严重短缺、公共服务难以完全满足人民需要的问题，对于贫困地区摆脱贫困客观上造成了严重阻碍。改革开放以来，特别是党的十八大后，党中央高度重视，就改善和完善基础

①②　根据国家统计局公布的相关数据整理。

设施和公共服务等方面多次提出新要求，加大对贫困地区教育、医疗、卫生方面的投资和扶持力度。

根据国家统计局统计数据，在居住条件方面，2018年我国贫困地区居住在钢筋混凝土房或砖混材料房的农户比重为67.4%，比2013年初的39.2%提高了28.2%；使用卫生厕所的比例是46.1%，比2013年初的25.7%提高了20.4%；饮用水无困难户的比例是93.6%，比2013的81%提高了12.6%。在基础设施方面，2018年末，我国贫困地区基本实现通电全覆盖，通电话、通有线电视信号、通网络的比例分别是99.2%、88.1%、81.9%，与2013年初相比，分别提升了5.9%、19.1%、43.6%；贫困地区村内主干道路面经过硬化处理的自然村比重为82.6%，相较2013年提高了22.7%；通客运班车的自然村比例为54.7%，相较2013年提升了15.9%。[①] 在公共服务方面，2018年，贫困地区有87.1%的农户上幼儿园便利，89.9%的农户上小学便利，相较于2013年分别提升了15.7%、10%；拥有合法性行医证医生或卫生员的行政村的比例为92.4%，相较2013年初的83.4%提高了9%；93.2%的农户所在自然村有卫生站，相较于2013年的84.4%提高了8.8%。[②]

自党的十八大以来，精准扶贫在我国脱贫攻坚最关键的时间点上发挥了决定性的引领和指导作用，立足当下时代背景，对我国反贫困事业的重大意义、战略地位、实施途径、实践模式进行创新，丰富了马克思主义反贫困理论的内涵，并深刻展现了时代特征。当下，继续坚持贯彻习近平总书记关于扶贫工作的重要论述，始终坚持党的领导，坚持强化扶贫体系，加大相应的政策倾斜支持力度，激发贫困人口自力更生的动力，充分调动社会各界资源和力量，我国便可在2020年如期完全消除贫困人口，全面建成小康社会。

---

① 根据国家统计局公布的相关数据整理。

② 国家统计局．扶贫开发持续强力推进 脱贫攻坚取得历史性重大成就——中华人民共和国成立70周年经济社会发展成就系列报告之十五［R］．国家统计局网站，2018-08-12.

第六章　大规模城镇化实践为摆脱贫困带来了契机

纵观世界经济发展史，任何一种新的经济模式的产生都伴随着大规模的工业化以及由工业化带动产生的城镇化。中华人民共和国成立 70 余年来，工业化和城镇化对我国农村贫困人口的脱贫提供了极大的推动力。随着改革开放和工业化进程的进一步加快，我国城镇常住人口由 1978 年的 1.6 亿人增加到现在的 7.8 亿人，40 余年间净增 6 个多亿。如今，近 60%的城镇化率标志着我国城镇化已经进入快速通道。具体来说，在改革开放后的第一个五年计划期——“六五”时期的城镇化水平较之前有了显著提高，经过数个五年计划，我国快速的城镇化使得大量农村劳动力进城，为贫困人口的脱贫带来了巨大的契机。

一、我国城镇化特点与城乡二元结构下的贫困分析

中华人民共和国成立初期，生产力水平落后，为了配合“五年计划”，户籍制度采取了城乡二元体制，逐步限制农村人口向城市流动，导致城镇化长期落后于工业化。1953—1980 年，我国城镇化率从 13.31%增长到 19.39%，其间还出现了负增长。随着改革开放和工业化进程的加快，我国城镇化进程也不断加快。改革开放后，随着社会主义市场经济体制的建设，对农村人口流动的限制开始放宽，农民被允许到小城镇务工。

具体来说，“六五”时期的城镇化水平较之前有了显著提高。1985 年末的城镇化率为 23.71%，比“五五”时期结束时提高了 4.32 个百分点，这一时期城镇化率年均提高了 0.86 个百分点（见表 6-1）。

表 6-1　　我国不同时期的城镇化水平（%）

时期	期初城镇化率	期末城镇化率	城镇化水平年均变化率
“一五”时期（1953—1957）	13.31	15.39	0.58
“二五”时期（1958—1962）	16.25	17.33	0.39
“三五”时期（1966—1970）	17.86	17.38	−0.12
“四五”时期（1971—1975）	17.26	17.34	−0.01
“五五”时期（1976—1980）	17.44	19.39	0.41
“六五”时期（1981—1985）	20.16	23.71	0.86
“七五”时期（1986—1990）	24.52	26.41	0.54
“八五”时期（1991—1995）	26.94	29.04	0.53
“九五”时期（1996—2000）	30.48	36.22	1.44
“十五”时期（2001—2005）	37.66	42.99	1.35
“十一五”时期（2006—2010）	44.34	49.95	1.39
“十二五”时期（2011—2015）	51.27	56.10	1.23

资料来源：1978 年前的资料来源于《新中国五十年统计资料汇编》（中国统计出版社，1999）；1978 年后的资料来源于《中国统计年鉴 2017》（中国统计出版社，2017）。

如表 6-1 所示，“七五”和“八五”两个时期城镇化率增长缓慢，20 世纪 80 年代后期，由于企业承包责任制的实施，地方鼓励乡镇企业发展，建制镇数量快速增长，城镇化继续平稳发展。1993 年，党的十四届三中全会强调要逐步改革小城镇的户籍管理制度，促进农村劳动力向城市的转移。但自 1996 年起，城镇化开始加速发展。自“九五”时期，城镇化水平年均变化率开始超过 1 个百分点，且增速一直持续至今，远远高于“九五”之前的各个时期。2003 年，党的十六届三中全会指出，在城镇有稳定职业和住所的农民可以在当地按规定登记户籍，享有法律规定的权利和义务。2010 年中央“一号文件”强调要继续深化户籍制度改革，放宽中小城市的落户条件，促进农业人口转移到城镇，并鼓励城市将农民逐步纳入城镇住房保障体系。2016 年我国城镇化率达 56.78%，较改革开放之初有了大幅提高。而正在实行的“十三五”规划则指出，到 2020 年，内地常住人口城镇化率要达到 60%，户籍人口城镇化率要达到45%左右，即实现1亿人左右的农业转移人口和其他常住人口在城镇落户。

（一）我国城镇化水平：三个滞后性特征

从国内对比角度看，改革开放以来我国的城镇化水平增速较快，年均增长速度达3.14%。但是和经历了高速经济增长的一些发达国家相比，我国的城镇化水平仍然存在着以下几个滞后性。

1. 城镇化水平滞后于世界同一收入等级的国家

截至2019年底，我国城镇化率接近60%，从国际横向对比来看，虽然我国的城镇化水平高于低收入国家、中低收入国家以及中等收入国家，但是与同一收入等级的中高收入国家相比，我国的城镇化水平还存在滞后。

从国际横向比较的角度来看，中国1998年进入中低收入国家行列，2010年进入中高收入国家行列，从城镇化的国际对比来看，我国在1998年以前，城镇化水平高于低收入国家的平均水平。1998年后，我国城镇化率低于中低收入国家平均水平，经过城镇化的快速发展时期，截至2010年我国进入中高收入国家行列时，城镇化水平已经超过中等收入国家。2010年至今，我国的城镇化水平还是显著滞后于中高收入国家的平均水平。

按照世界各国房地产的发展周期统计规律，一个国家的城镇化率在30%～70%的阶段，往往是房地产行业爆发和高速增长的阶段。目前美国总体平均城镇化率达到83%，一些都市圈的城镇化率已经接近100%，而目前中国城镇化率将近60%。

如果以83%为标准，中国还有3亿人的潜力缺口。如果以90%为标识，中国还有4亿多人的潜力缺口。未来20年间，中国城市将增加4亿人口，超过美国的总人口，其中会有超过2.4亿移民，中国城市形成两位数的特大都市圈城市群，到2025年，中国超过100万人的城市将有221

个，相比之下，目前全欧洲超过 100 万人的城市只有 35 个。

我国城镇化起步晚，过程曲折，但发展速度较快，与同一收入等级国家之间的差距在逐渐缩小。直至 2016 年，我国的城镇化率为 56.78%，比中高收入国家的平均水平低 8.27 个百分点，比高收入国家的平均水平低 23.02 个百分点（见表 6-2）。

表 6-2　1991—2016 年不同国家的城镇化水平（%）

年份	低收入国家	中低收入国家	中等收入国家	中高收入国家	高收入国家	中国
1991	22.96	36.18	37.26	43.89	73.29	27.31
1992	23.29	36.63	37.74	44.58	73.48	28.20
1993	23.60	37.08	38.21	45.27	73.72	29.10
1994	23.88	37.52	38.68	45.97	73.96	30.02
1995	24.14	37.96	39.16	46.68	74.22	30.96
1996	24.40	38.41	39.63	47.40	74.44	31.92
1997	24.66	38.86	40.11	48.13	74.64	32.88
1998	24.91	39.31	40.60	48.86	74.84	33.87
1999	25.16	39.77	41.10	49.61	75.05	34.87
2000	25.42	40.24	41.60	50.38	75.25	35.88
2001	25.71	40.75	42.16	51.26	75.57	37.09
2002	25.98	41.31	42.77	52.20	75.95	38.43
2003	26.27	41.88	43.38	53.16	76.31	39.78
2004	26.58	42.45	44.01	54.12	76.65	41.14
2005	26.89	43.03	44.63	55.09	76.98	42.52
2006	27.22	43.60	45.25	56.04	77.29	43.87
2007	27.56	44.17	45.87	56.97	77.58	45.20
2008	27.93	44.74	46.49	57.91	77.87	46.54
2009	28.31	45.32	47.11	58.85	78.14	47.88
2010	28.70	45.89	47.74	59.79	78.41	49.23
2011	29.10	46.47	48.36	60.73	78.67	50.57
2012	29.50	47.04	48.98	61.65	78.92	51.89

续前表

年份	低收入国家	中低收入国家	中等收入国家	中高收入国家	高收入国家	中国
2013	29.91	47.60	49.59	62.54	79.15	53.17
2014	30.32	48.16	50.20	63.41	79.37	54.41
2015	30.75	48.70	50.79	64.24	79.59	55.61
2016	31.18	49.23	51.36	65.05	79.80	56.78

资料来源：根据世界银行网站数据计算。为保持与其他国家数据的可比性，本表中的中国城镇化率数据也来自世界银行网站，与前文相关数据略有出入。

2. 城镇化滞后于非农化水平

在2008年，我国的城镇化水平已实现与工业化水平（工业化率＝第二产业产值/GDP）同步发展，且在此之后，城镇化水平超过工业化水平。我国城镇化的进程促使大量农村剩余劳动力向城镇的第二、三产业转移就业，农村非农就业人口比重不断攀升。如果非农就业人口比重大大超过城市人口比重，那么我们就称这种情况为城镇化水平的滞后。一般来说，经常根据非农就业人口比重（*N*）与城镇化水平（*U*）的比值*N/U*作为判断城镇化是否落后的指标。我国的非农就业人口比重与城镇化水平的对比如图6－1所示。

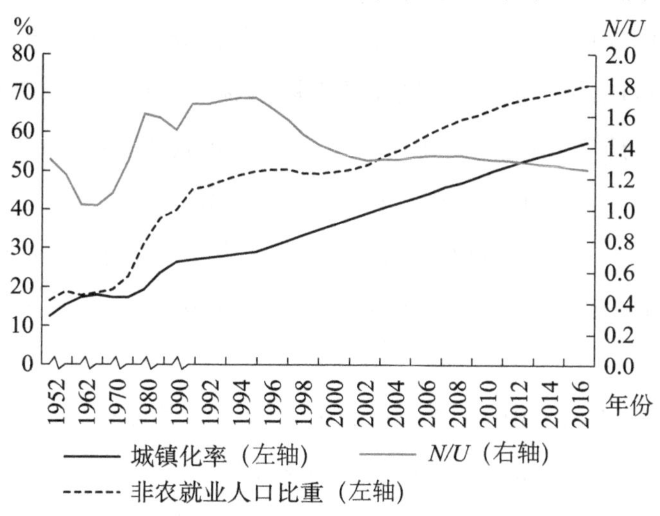

图6－1　我国非农就业人口比重与城镇化水平

资料来源：非农就业人口数据来源于世界银行网站；城镇化率数据来源于《中国统计年鉴2017》。

注：非农就业人口比重＝非农业就业人口数/总就业人口数。

从图 6-1 中可以清晰地看出，自 1952 年以来，我国的城镇化水平就一直低于非农就业人口比重，且从总体趋势上看，非农化的速度要快于城镇化的速度，两者的差距呈现不断扩大的趋势，直到 1995 年（N/U 的数值自 1952 年起整体上呈上升的趋势，直到上升到 1995 年的 1.72 后，开始缓慢下降）。1996 年后，我国的城镇化进程显著加快，两者间的差距逐渐缩小，但直到 2016 年，N/U 的值仍然高达 1.26，说明我国的城镇化水平仍然显著滞后于非农化水平。

3. 人口城镇化滞后于土地城镇化

受传统的城镇化理念影响，我们所完成的城镇化，集中表现为土地城镇化以及农业人口的城镇化，尤其是土地城镇化，在我国城镇化进程中所占的比重过高，甚至有的地区将城镇化完全理解为土地城镇化，从而忽视了城镇化的真实内涵。土地城镇化是指城镇地域空间向农村推进，非城镇建设用地转化为城镇建设用地的过程（用城市建成区面积占城市土地总面积的比重衡量）。人口城镇化是指农村人口转变为城镇人口和农业人口转变为非农业人口的过程。2000 年以来，我国土地城镇化率年均提高 3.8 个百分点，而人口城镇化率年均提高 1.4 个百分点（桂江丰等，2012）。为了衡量人口城镇化与土地城镇化的发展协调度，我们用城镇人口占比增长率（UG）与城市建成区面积增长率（BG）的比值（UG/BG）作为衡量指标，且当这一比值小于 1 时，就存在人口城镇化滞后于土地城镇化的情形（李子联，2013）。根据已有数据，2016 年，我国的 UG/BG 为 0.52，小于 1，因此，到目前为止，我国的人口城镇化仍然显著滞后于土地城镇化。

造成这一现象的原因主要有两方面，受这些因素的影响，我国的城镇化被认为是“不完全城镇化”或“半城镇化”：

第一，城乡二元户籍制度限制了农村人口向城镇的转移，尤其是城镇农民工向城镇的转移，造成人口城镇化发展滞后。中华人民共和国成立之初，为了缓解大量农村人口进城导致的城乡冲突，我国于 1958 年公布了

《中华人民共和国户口登记条例》，正式建立了城乡二元户籍制度，将农村户口和非农村户口划分开来，严格限制农村人口向城市的转移。1977年，国务院正式提出要严格限制"农转非"。城乡二元户籍制度在一定程度上阻碍了农民工将户口转移到城镇，导致户籍人口城镇化滞后于常住人口城镇化。

第二，城乡二元土地制度使得农村土地转化为城镇建设用地的过程中存在着大量的制度收益，强调GDP的政绩考核体系使得地方政府越来越多地依靠土地出让收益来维持政府的高财政收入和城市的建设，而这一行为便成了地方政府急剧扩张土地城镇化的基本动力，在1994年分税制改革后这一问题更为突出。城乡二元土地制度是指城市土地国家所有和农村土地集体所有，农地转化为非农用地必须首先由地方政府征用为国有土地。这一规定导致地方政府完全控制着征地程序，获得土地出让的大部分收益，提高了地方财政收入。这种方式虽然推动了土地城镇化，但是土地被过度征收、低效利用的问题频频出现。

（二）城镇化与城乡二元结构：城市农民工的多维贫困

制度因素是城镇化进程中的重要影响因素。中华人民共和国成立以来，与城镇化相关的制度因素中最重要的就是城乡二元结构体制。城乡二元结构体制是制约城镇化发展的重要制度因素，也是我国经济和社会发展的一个严重制度障碍。所谓的城乡二元结构体制，就是城乡有别的制度体系，主要包括户籍制度、住宅制度、粮食供给制度、生产资料供给制度、教育制度、就业制度、医疗制度、养老保险制度、劳动保护制度、人才制度等14种制度。[①] 其本质在于城乡二元背后不同的权利和利益规定，主要目的在于通过农业哺育工业、农村支持城市的发展战略实现经济发展。城乡二元结构体制自实施以来，就通过严格的户籍制度、就业制度、社会保障制度

---

① 郭书田，刘纯彬，等．失衡的中国——城市化的过去、现在与未来（第一部）［M］．石家庄：河北人民出版社，1999.

等具体制度产生了农村居民和城镇居民在权利和利益上的巨大差异，形成了在物质、权利、能力、福利和精神方面差异显著的两个社会阶层。伴随着城镇化的进程，越来越多的农民工进入城市，新型贫困问题随之显现。

我国当前正处于城镇化加速发展时期，农村进城务工人员数量不断增长。根据国家统计局发布的《2017 年全国农民工监测调查报告》，截至 2017 年末，我国农民工总量达到 28 652 万人，比 2008 年增长了 27%，近年来的平均流出量已经占到农村劳动力人口的 80%以上（见图 6－2）。据估算，2013 年，我国农民工的失业率低于 5%，几年间农民工数量持续增加，而农村产业后备军在 2015 年还剩 1.3 亿人，农村生产的潜在剩余人口下降主导了农村产业后备军的下降趋势，但目前仍然存在大量的农村剩余劳动力。[①] 农村劳动力进入城市投身于城市建设，为社会发展、城市进步做出了巨大贡献。但在巨大的经济改革和发展成果中，农民工却没能充分分享这些成果，他们得到的少之又少。农民工群体工资水平低、社会保障不足、劳动环境差等众多问题并没有得到改善或解决，以新的“三无”（无农地、无社会保障、无就业岗位）为特征，表现出“城市贫困”问题。随着产业结构转型升级，我国经济发展对劳动力的技能也有了更高的要求，而农民工受教育水平普遍偏低，因此还面临劳动力需求和供给无法匹配的状况。一方面是劳动力供给结构无法满足需求，另一方面是农民工的工资收入和福利保障水平长期偏低，由此导致的“用工荒”现象更是城市贫困问题突出的又一印证。

如上所述，在城乡二元结构体制的运行下，农民工在进入城市后，不仅没能摆脱原有的贫困，还表现出物质贫困、权利贫困、精神贫困、福利贫困和能力贫困的多维贫困特征。农民工的贫困为中国的扶贫减贫事业带来了巨大的挑战。为了全面建成小康社会，完成减贫事业，实现中国梦，在实施原有扶贫减贫政策的前提下，必须要着力解决农民工这一特殊群体

---

① 谢富胜，匡晓璐．中国劳动力短缺的时代真的到来了吗？——基于产业后备军理论的存量和流量分析 [J]．经济学家，2018 (01)：12－19.

的贫困问题。

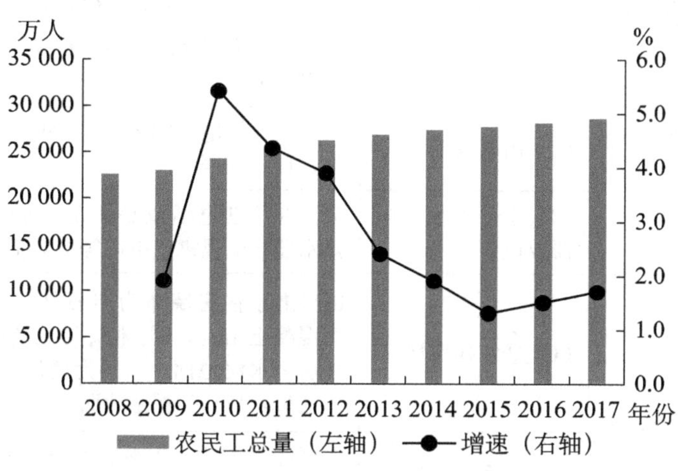

图 6-2　2008—2017 年农民工总量及增速

资料来源：图中数据来自 2009—2017 年《农民工监测调查报告》，参见中华人民共和国统计局网站。

1. 物质维度的贫困

物质贫困一般表现为收入水平低下。侯为民（2015）指出，农民工的物质贫困有两条贫困线：一般贫困线和食物贫困线。从一般贫困线来看，由于农业收入水平低下，农民工选择进入城市的重要原因就是城市打工的收入较高。因此仅从人均收入水平看，农民工的收入水平显著高于农村居民。按这一衡量标准，农民工的贫困人口显然会被低估。从食物贫困线看，在收入层面上，由于近年来工资上涨的挤出效应，农民工贫困度低于原居住地乡村的贫困度；但从消费的角度分析，其物质贫困的普遍发生率则达50%以上（见表 6-3）。也就是说，尽管近年来农民工工资大幅上涨，但仍有超过一半以上的农民工的物质生活水平低于官方贫困标准。这是因为，农民工的年收入水平的提高大多是自己“省吃俭用”的结果，消费水平并没有随着收入水平的提高而提高。这种物质生活上的高度贫困，必然会对其他贫困产生连锁反应和传导效应，并严重影响农民工生活质量。①

① 侯为民．城镇化进程中农民工的多维贫困问题分析［J］．河北经贸大学学报，2015（5）：100．

表 6-3　　物质贫困的测度指标与调查数据

<table>
<tr><th>维度</th><th>子维度</th><th>指标</th><th>问卷调查数据</th></tr>
<tr><td rowspan="6">物质贫困</td><td rowspan="3">工地生活标准</td><td>(1) 住房情况</td><td>91%工地集体宿舍，8%租房，1%在城市买房（工头）</td></tr>
<tr><td>(2) 用电情况</td><td>30%从不停电，63%偶尔停电，6%经常停电，1%未通电</td></tr>
<tr><td>(3) 主要的生活电器或设备</td><td>50%有移动电话或是固定电话，20%设有热水器，电视机、空调等电器基本没有</td></tr>
<tr><td rowspan="3">老家生活标准</td><td>(1) 老家住房情况</td><td>81%老家住房墙体为砖石结构，13%墙体为混凝土结构，6%木头与土坯；62%老家住房为水泥地面，24%为瓷砖地面，2%为木地板，12%为泥土地面</td></tr>
<tr><td>(2) 老家用电情况</td><td>74%经常停电，21%偶尔会停电，甚至有5%未通电</td></tr>
<tr><td>(3) 老家主要的生活电器或设备</td><td>30%拥有微波炉、电磁炉和热水器，40%拥有空调和电脑，60%拥有摩托车/电动车，70%拥有固定电话/移动电话、洗衣机和冰箱/冰柜，85%拥有彩色电视机</td></tr>
</table>

资料来源：五个不同省份建筑业农民工问卷调查数据。

如表 6-4 所示，就物质贫困的发生比例而言，一维的物质贫困（也就是至少有一个指标出现贫困的情况）达到了 81.1%，说明物质贫困现象在受访的农民工中是比较普遍的。这种现象是对城市务工人员进城动机的印证：这一批农民工离开家乡的最初目的就是提高收入，以改变家庭的贫困现象。事实上，农民工虽然努力工作并取得了高于农业生产的收入，但是他们在物质水平上的提升相比于城市居民而言仍然有限。但是，物质贫困人群集中于 k 值较低的几组中，$k>4$ 后物质贫困的比例不到 8%。因此，物质贫困群体面临着相对更轻的剥夺程度。

表 6-4　　k 维状态下物质贫困指数测算

k	k 维物质贫困比例（%）	剥夺强度（%）	多维物质贫困指数
1	81.1	29.9	0.242
2	54.2	38.5	0.209
3	31.0	48.5	0.151

续前表

k	k 维物质贫困比例（%）	剥夺强度（%）	多维物质贫困指数
4	16.3	58.5	0.095
5	7.8	67.6	0.053
6	2.6	78.1	0.020
7	0.5	91.7	0.004
8	0.2	100.0	0.002

2. 权利维度的贫困

物质贫困是一种经济现象，而权利贫困则体现为一种社会现象，权利贫困产生的根源是城乡二元结构的制度安排，主要表现为政治权利、经济权利和社会权利的缺失。因此，在这里将权利贫困定义为：由于社会制度安排的缺陷，导致社会群体和个人无法充分享受到社会和法律赋予的政治、经济和社会等方面的权利，从而处于生活水平低下的状态。当前农民工权利贫困的主要内容包括：(1) 参与权的贫困，即用手投票的投票表决权的缺失；(2) 迁徙权的贫困，即用脚投票的离乡选择权利的缺失；(3) 社会福利获取权的贫困，包括教育平等权、医疗保障权以及抗争权的缺失（见表 6-5）。

表 6-5　权利贫困的测度指标与调查数据

维度	子维度	指标	问卷调查数据
权利贫困	政治权利	(1) 拥有选举权和被选举权	农民工由于在城市里无法拥有合法的户籍身份而被排斥在城市的政治生活之外，同时，又因为离开家乡而不能参与家乡的政治生活
		(2) 拥有合法的维权渠道（如工会）	仅有 11.1%参与维权组织
	经济权利	(1) 劳动合同签约情况	31%未签约，69%签约
		(2) 拖欠工资情况	15%最近一年有被拖欠工资的经历，拖欠次数一般在 1 次到 3 次之间，拖欠时间为 1～12 个月不等
		(3) 加班情况	40%偶尔加班，14%经常加班，23%节假日一直都加班。同时 65%的农民工表示没有得到节假日加班费
		(4) 拥有劳动防护品	30%企业全部免费提供，20%免费提供一部分，50%自费购买

续前表

维度	子维度	指标	问卷调查数据
权利贫困	社会权利	(1) 社会活动参与	业余活动：15%没有业余活动，67%玩电子产品(包括看电视、玩手机、上网)，18%其他 本地活动参与度：94.4%没有参加过文化体育活动，83.3%没有参加过社区公益活动
		(2) 社会保障	保险：59%新农合，27%新农保，21%工伤，17%没有任何社会保险； 体检：46%从未体检过，24%两年及以上体检一次，30%每年体检一次
		(3) 参与培训	21%没有参加过，79%参加过，但只是安全知识培训

资料来源：五个不同省份建筑业农民工问卷调查数据。

3. 精神维度的贫困

精神贫困是以物质为载体却又脱离了物质层面的一种贫困，常常表现为信念、习惯、追求、认知、价值观等知性的障碍。精神贫困大多来自个性生命求索的内在动力不足，表现为理想信念缺失、内心空虚、不思进取、生活格调低下、认识偏执、价值观扭曲等。精神贫困属于隐性贫困，具有隐蔽性和脆弱性。农民工的精神贫困大多是由于农民工在外出务工期间，由于自身受教育水平低下、居住环境狭小闭塞（多居住在建筑工地的集体宿舍）、与外界接触少等原因所导致的。对于农民工而言，精神贫困直接导致农民工的思想观念落后、自主意识缺陷、价值目标模糊、社会融入障碍、内心狭隘自卑、精神空虚等多种极端异常心理。本书认为，精神贫困维度这个指标可以通过"社会关系"和"社会参与"这两个子维度下的5个指标进行考察（见表6-6）。通过问卷调查，我们发现，农民工在城市里与工人、班组长和劳务公司经理关系都比较好，但是在与城市居民的来往、是否有业务活动、是否参加过当地举办的文化体育活动方面与城市居民存在比较大的差距，存在精神贫困问题。由于个人的精神状态对于其生活、工作等各个方面的行为有着很大的影响，因此如果要实现长效脱贫，避免扶贫后的返贫，必须将精神贫困的消除纳入扶贫工作的考量之中。

表 6－6　　精神贫困的测度指标与调查数据

维度	子维度	指标	问卷调查数据
精神贫困	社会关系	(1) 与班组长、劳务公司经理关系正常	50%关系很好，28%关系较好，22%关系一般
		(2) 工地上工人之间的关系正常	45%关系很好，44%关系较好，11%关系一般
		(3) 与城市居民有来往	27%从不来往，58%偶尔来往，15%有来往
	社会参与	(4) 有业余活动	15%没有业余活动，67%玩电子产品（包括看电视、玩手机、上网），18%其他
		(5) 参加过当地举办的文化体育活动	94.4%没有参加过文化体育活动，83.3%没有参加过社区公益活动

资料来源：五个不同省份建筑业农民工问卷调查数据。

从表 6－7 中可以发现，以 $k=1$ 为例，这一批被调查农民工的总平均贫困维度数达到了 43.6%。这个数字是对整体精神贫困程度的刻画，说明建筑业农民工群体的精神贫困是处于中等程度的。

表 6－7　　k 维状态下精神贫困指数测算

k	k 维精神贫困比例（%）	剥夺强度（%）	多维贫困发生率（%）
1	43.6	43.59	100.00
2	43.5	43.91	97.78
3	42.6	45.07	88.13
4	38.9	47.31	65.43
5	19.7	57.64	27.45
6	10.3	66.87	13.80
7	5.6	73.94	4.90
8	1.9	83.00	1.63
9	0.6	90.00	0.45

4. 福利维度的贫困

农民工贫困问题涉及的因素不能仅局限于其本身的收入、福利水平和生活状况。实际上，农民工不仅需要承担外出打工过程中的生活、交通等支出，他们还是其整个家庭开支的主要承担者。因此，考察农民工的福利情况，既要考虑他们个人福利是否得到保障，也要分析他们的家人是否享受了充分的福利保障。对于没有福利保障的家庭来说，家庭福利开支需要农民工来承担，这必然会加重他们的经济和社会压力，从而对其真实的贫困程度产生巨大影响。我们认为，对于农民工福利贫困的研究可以通过三个分指标加以考察：其一，农民工居住地或家乡的医疗条件，即在老家去医院（包括诊所、卫生室等）看病是否方便。同时，由于农村相对于城市的医疗资源分配不均，能否获得足够便利的看病途径，实质上构成了影响农民工生存条件的相关福利中比较突出的因素。其二，农民工家庭所有成员参加新型农村合作医疗的情况。农民工均来自农村，而目前农村医疗保障体制对其提供的社会保障性福利主要是新型农村合作医疗保险制度（新农合）。考察这一指标有助于我们以医疗为切入点，衡量农民工群体的家庭受到社会保障的程度。其三，农民工家庭中的老人参加新型农村养老保险（新农保）的情况。近年来，农村的空心化程度比较严重，新农保的存在，一方面缓解了有劳动能力的老年人的生存压力，另一方面则为需要供养老人的家庭减轻了养老负担。故而，家中老人有无参加新农保应当被视为农村家庭福利的一个重要组成部分（见表 6-8）。

表 6-8　福利贫困的测度指标与调查数据

维度	指标	问卷调查数据
福利贫困	(1) 医疗费用报销情况	49%新农合没有报销（其中 26%手续不全不给报，30%离家太远，报销成本高），51%报销
	(2) 生病就医形式	73%自己买药，23%去医院，4%的不治疗
	(3) 参与社会保险状况	59%新农合，27%新农保，21%工伤，17%没有任何社会保险
	(4) 体检	46%从未体检过，24%两年及以上体检一次，30%每年体检一次

资料来源：五个不同省份建筑业农民工问卷调查数据。

根据全国五个不同省份的农民工问卷调查的数据，农民工的多维福利贫困情况如表 6-9 所示：以 $k=1$ 为例，一维福利贫困的比例为 74.4%，意味着至少有一个指标处于贫困线以下的个体，占据了所有被调查者的 3/4，这表明福利贫困现象在建筑业农民工中具有较高的普遍性。出现福利贫困现象的所有被调查者平均在 1.715 个维度上面临着福利受损失的现象，即整个贫困群体的平均贫困程度处于一个中低水平，这说明福利贫困问题从整体上来说还没有发展到一个过于严重的态势。

表 6-9　k 维状态下福利贫困比例的测算

k	k 维福利贫困比例（%）	剥夺强度（%）	多维贫困指数
1	74.4	34.3	0.26
2	40.0	46.6	0.19
3	10.7	64.7	0.07
4	1.8	87.5	0.02
5	0.7	100.0	0.01

5. 能力维度的贫困

阿马蒂亚·森把发展看作是扩展人们享有实质自由的一个过程，实质自由包括免受困苦——诸如饥饿、营养不良、可避免的疾病、过早死亡等——的基本可行能力。森把贫困看作是对基本可行能力的剥夺，而不仅仅是收入的低下。对基本可行能力的剥夺可以表现为过早死亡、严重的营养不良（特别是儿童营养不足）、长期流行疾病、大量的文盲以及其他一些失败。基本能力被剥夺，即能力贫困，是导致贫困的深刻原因，而收入低只是贫困的表层原因和体现。就其内涵而言，能力贫困反映的是人力资本的缺乏以及获取公共品或服务方面的不平等。人力资本体现在人的身上，表现为人的知识、技能、资历、身体素质、经验和熟练程度等，人力资本的缺乏即表现为人的能力和素质的不足（包括人们缺乏改变其生存状态、抵御各种风险、掌控各种获取经济收益机会的能力）；而获取公共品或服务方面的不平等则体现为教育机会不平等、社会保障不健全以及获取技能培训的机会不足等方面。

通过以上分析，我们认为，对于农民工能力贫困的研究可以通过两个分指标加以考察：一是农民工自身的受教育水平，这反映了农民工人力资本的高低；二是是否参加过与建筑业相关的技能/知识培训，这在一定程度上反映了农民工群体获取公共服务方面的情况（见表6-10）。

表6-10　能力贫困的测度指标与调查数据

维度	指标	问卷调查数据
能力贫困	(1) 受教育情况	7%文盲，19%小学，41%初中，19%高中/中专/技校，14%大专及以上
	(2) 参加过与建筑业相关的技能/知识培训	21%没有参加过，79%参加过，但只是安全知识培训

资料来源：五个不同省份建筑业农民工问卷调查数据。

二、农民工贫困与城市新增贫困——多维贫困的测度

消除农民工贫困，有效进行贫困识别，不仅有助于精准扶贫，而且有助于基于城乡动态治理的视角从根本上解决我国的贫困问题。城市农民工贫困问题是由多方面原因导致的，仅通过收入来测量不足以反映其他方面与能力及权利相关的贫困状况。城市农民工除收入之外的其他与可行能力及权利相关的贫困可做以下假设：假设1：我国农民工主要在城市非正规部门就业，在不完全契约条件下，劳动与资本收益分配的失衡导致农民工的收入贫困。假设2：农村地区长期以来相对落后的教育状况及流入城市后劳动力培训机会的缺失导致农民工的能力贫困。假设3：城乡社会交往差异与社会阶层间流动性"固化"导致农民工精神贫困，甚至衍生出一种"贫困文化"。假设4：城市与农村长期分割的二元结构体制致使流入城市的农民工在就业公正、子女教育、法律培训、公共服务等方面出现大量的权利缺失并由此而形成权利贫困。假设5：在再分配与社会保障领域，由农民工身份歧视所造成的养老、医疗、工伤、失业、住房保障等问题，可

能会形成农民工的福利贫困。假设 6：农村住房与土地制度的城乡差异及缺乏流动性可能会导致农民工的资产贫困。

本节基于森的可行能力多维贫困理论，在此研究思路框架下，将我国城市农民工贫困测度维度设置为物质贫困、能力贫困、精神贫困、权利贫困、福利贫困和资产贫困六个维度。同时，运用多维贫困测度的 AF 方法，通过近年来我们对农民工贫困度的跟踪与问卷调查的一手数据，对我国城市农民工多维贫困状况进行测度。

（一）城市农民工多维贫困的测度——AF 方法

阿尔基尔和福斯特（Alkire and Foster，2008）提出的多维贫困指数测量方法，即 AF 方法，是联合国多维贫困测度使用最为广泛的方法，也是各种多维贫困测量方法中相对成熟的方法。本书也基于 AF 方法对我国城市农民工多维贫困状况进行总体测度与微观分解。

1. 城市农民工微观福利认知及多维贫困识别

设定一个 $n \times d$ 矩阵 $M^{n,d}$，令矩阵中的元素 $y \in M^{n,d}$ 表示第 n 个农民工被调查者就第 d 个不同维度或指标变量上的认知度，即对于 y 中的任一元素 y_{ij}，表示个体 i 在维度 j 上的取值，并且有 $i=1, 2, \cdots, n$；$j=1, 2, \cdots, d$。

（1）城市农民工单一维度的贫困的识别。令 z_j 代表第 j 个维度农民工被剥夺的阈值或者贫困标准线。由此，可以定义一个剥夺矩阵：$g^0 = [g_{ij}^0]$，当 $y_{ij} < z_j$ 时，$g_{ij}^0 = 1$；当 $y_{ij} \geqslant z_j$ 时，$g_{ij}^0 = 0$。为了进一步测度城市农民工的多维贫困，基于这个剥夺矩阵 g^0，可以定义一个代表农民工个体 i 忍受的总的贫困维度数构成的矩阵 $c_i = | g_i^0 |$。

（2）城市农民工多维贫困的识别。已知剥夺矩阵 $g^0 = [g_{ij}^0]$ 中的任意一个元素代表了任意农民工个体在单一维度上的被剥夺状态。而同时考虑 k 个维度，令 $k=1, 2, \cdots, d$，ρ_k 为考虑 k 个维度时识别农民工多维贫困与否的函数。当 $c_i \geqslant k$ 时，$\rho_k(y_i; z)=1$，个体 i 即为多维贫困；当 $c_i < k$ 时，$\rho_k(y_i; z)=0$，个体 i 即为非多维贫困。由此可知函数 ρ_k 不仅受 z_j

的影响，而且受跨维度 c_i 剥夺情况的影响，即为多维贫困判定的双重阈值方法。

2. 城市农民工多维度贫困指数 MPI：总量测度及分解

(1) 城市农民工多维贫困的测度及多维度贫困指数 MPI。阿尔基尔和福斯（Alkire and Foster，2008）提出了一种优化的测度方法，即 $M_0(y, z)=\mu[g^0(k)]=HA$。M_0 即为优化后的多维贫困指数。城市农民工多维贫困的测度依赖于两个参数：贫困发生率（H）；平均剥夺份额（A）。其中，$A=|c(k)|/(qd)$；$H=H(y, z)$，$H=\frac{q}{n}$。

(2) 城市农民工多维贫困指数 MPI 的结构分解。多维贫困指数可以按照被试样本的结构性差异，从维度、地区、城乡等不同的研究视角进行分解。假设需研究样本内城市与农村发生多维贫困的差异性，令 u 表示城市矩阵，r 表示农村矩阵。则可分解为：

$$M(u, r; z)=\frac{n(u)}{n(u, r)}M(u; z)+\frac{n(r)}{n(u, r)}M(r; z)$$

3. 城市农民工多维贫困测度的调研与取样

在我国人口庞大的农民工群体中，建筑行业是我国农民工最为密集的行业之一，这主要得益于近年来城市房地产经济的拉动效应。根据《2014年农民工监测调查报告》，2014 年建筑业农民工占农民工总量的 22.3%。同时，建筑行业农民工相对恶劣的工作条件，也客观增大了农民工陷入多维贫困的可能性。本书以城市农民工集聚的建筑行业为例，采取分层抽样与整群抽样相结合的办法，共发放 2 000 份调查问卷。在样本的区位选择上，分别选择我国南部、西部和北部流动人口最多的深圳、西安、北京三个观测点。搜集有效观测样本 1 874 份，样本有效率为 93.7%。

（二）城市农民工多维贫困的度量与影响因素分析

1. 多维贫困测量的维度与指标设定

联合国多维贫困指数（MPI）主要包括三个维度，健康、教育和生活标准。本书基于中国的实际情况，将联合国 MPI 扩展为 5 个维度，25 个指标。这五个维度分别包括教育、健康、资产、生活标准和社会参与，即针对中国的减贫经验，增加了资产维度和社会参与维度，分别刻画物质贫困、能力贫困、精神贫困、权利贫困、福利贫困和资产贫困。资产维度包括是否为贫困户、是否有承包地和房屋状况 3 个指标。资产反映了一个家庭多年的收入积累和消费平滑后的财富状况。社会参与维度包括与公司经理的关系、与工友同事的关系、与城里人的交流来往、节假日加班情况及参加本地区文化活动 5 个指标。社会参与维度主要反映农民工精神贫困状况（见表 6－11)。

表 6－11　我国农民工多维贫困的维度设定与指标识别

维度	指标	阈值
1. 教育	①教育年限	初中及初中以下赋值为“1”
	②是否接受职业培训	“未参加”过职业培训赋值为“1”
	③抚养孩子等家庭负担	参照联合国教育维度下“儿童入学”指标 消费支出主要用于子女教育、赡养老人、医疗开支的，赋值为“1”
健康	①城市医疗保险	只有新农合、新农保、工伤保险的，或只有三者中的部分保障的，赋值为“1”
	②新农合是否报销	手续不全不给报、手续复杂不愿报、回去不方便报销成本太高三种情况的，赋值为“1”
	③工伤保险	受访者没有工伤保险的，赋值为“1”
	④经常性体检	两年以上没有参加过体检的，赋值为“1”
	⑤劳动保护用品	劳保用品企业免费提供或者企业免费提供一部分，赋值为“0”，其余情况，赋值为“1”
	⑥是否签用工合同	没有与企业签订劳动合同或用工合同的，赋值为“1”
	⑦工作负荷与工作时间	工作时间 8 小时以上的，赋值为“1”
3. 资产	①是否为贫困户	是贫困户、低保户或者两者都是的，赋值为“1”
	②是否有承包地	没有承包地的，赋值为“1”
	③房屋状况	老家的房屋为泥土地面的，赋值为“1”

续前表

维度	指标	阈值
4. 生活标准	①平时饮用水来源	平时饮用水是自来水或者深度大于 5 米的井水，赋值为“0”，反之赋值为“1”
	②厕所	平时使用的厕所是室内冲水厕所，赋值为“0”，反之赋值为“1”
	③耐用消费品	电视机、电动车、洗衣机等耐用消费品拥有 3 项以上，赋值为“0”，反之赋值为“1”
	④电力照明	经常停电或者不通电的，赋值为“1”
	⑤伙食满意	伙食满意度为很满意或者比较满意者，赋值为“0”，反之赋值为“1”。
	⑥生活条件满意度	满意度为很满意或者比较满意者，赋值为“0”，反之赋值为“1”
	⑦拖欠工资	有拖欠工资的情况，赋值为“1”
社会参与	①与公司经理的关系	与公司经理的关系很好或较好，赋值为“0”，反之赋值为“1”
	②与工友同事的关系	与工友及同事的关系很好或较好，赋值为“0”，反之赋值为“1”
	③与城里人的交流来往	从来不来往，或偶尔来往赋值为“1”
	④节假日加班情况	经常加班、或每个节假日都加班，赋值为“1”
	⑤参与本地区文化活动	没有参加过的赋值为“1”，参加过的赋值为“0”

2. 我国城市农民工多维贫困的宏观指数值

多维贫困指数（M_0）反映多维贫困人数以及每个多维贫困家庭所遭受的剥夺的平均数量，多维贫困指数越大，说明我国城市农民工多维贫困问题越突出。

利用调研数据及 AF 方法，估算出中国农民工的多维贫困结果如表 6－12 和表 6－13 所示。为了区分不同指标权重下的多维贫困指数（M_0）、贫困发生率（H）与剥夺强度（A），本书选取了两种加权方法。第一种方法：按维度加权，结果如表 6－12 所示。以 $k=3$ 为例，当考虑 5 个维度中的任意 3 个维度的贫困时，全国贫困发生率为 29.9%，剥夺强度为 13.39%，多维贫困指数为 0.040。表 6－12 中的结果表明我国城市农民工贫困受多重因素影响，而且不同维度对城市农民工贫困指数的影响有显著的差异性。

表 6－12　　中国农民工多维贫困估计结果（按维度加权）

k	多维贫困指数（M_0）	贫困发生率（H）（%）	剥夺强度（A）（%）
1	0.098	95.3	10.28
2	0.084	74.1	11.38
3	0.040	29.9	13.39
4	0.002	1.28	16.62

第二种方法：按指标加权法，结果如表 6－13 所示。以 $k=3$ 为例，当考虑 5 个维度 25 个指标中的任意 3 个指标的贫困时，全国贫困发生率为 99.47%，剥夺强度为 49.70%，多维贫困指数为 0.494。根据这两种不同权重下的多维贫困指数测算方法，我国城市农民工所面临的多维贫困问题是非常严重的。这种严重性从三个指标（M_0，H，A）中都可以体现出来。如果按照传统的收入标准，由于农民工的收入已经显著高于国内贫困线水平，因而，无论收入阈值采用农村贫困标准还是城市低保水平，都无法更全面地测量出我国当前城市农民工的贫困状况。

表 6－13　　中国农民工多维贫困估计结果（按指标加权）

k	多维贫困指数（M_0）	贫困发生率（H）（%）	剥夺强度（A）（%）
1	0.495	100	49.47
2	0.495	99.95	49.50
3	0.494	99.47	49.70
4	0.493	98.29	50.15
5	0.491	96.91	50.64
6	0.486	94.45	51.44
7	0.481	92.37	52.05
8	0.471	88.74	53.04
9	0.455	83.88	54.25
10	0.432	77.53	55.75

3. 我国农民工的多维贫困影响因素分解

基于不同的测度方法，可以依次得出在指标权重、维度权重和权重差异条件下农民工多维贫困影响因素各指标的平均贡献度。表 6-14 给出在不同的 k 值下所对应的多维贫困指数，以及 5 个维度 25 个指标分别在给定的 k 值下的贫困贡献率。以 $k=3$ 为例，多维贫困指数为 0.494。其中，工作时长对多维贫困指数的贡献率最大，为 7.12%，商业医保的贡献率次之，为 6.59%。而且，无论维度 k 的取值如何变化，每个指标的边际贡献率都呈现相对稳定的趋势。

根据以上分析，可以得出如下结论：

(1) 在物质贫困方面。一方面，饮用水、电力照明等城市基础设施对农民工多维贫困的贡献度是不显著的。由表 6-14 可知，即使在不同的维度下，农民工生产生活环境中的此类基本设施对其多维贫困的贡献度的均值仅在 1%左右。这表明，我国大量的城市农民工在饮用水、电力照明这些基础设施方面所获得的保障还是比较充分的。这与我国长期的基础设施公共投入是分不开的。值得注意的是，这些基础设施中，相比较饮用水与电力照明，厕所及排便设施的供给条件相对落后，对多维贫困的贡献度较大。另一方面，城市农民工对伙食的满意度、生活条件的满意度相对较差。根据不同的维度 k 值下的数据计算可得，伙食满意度、生活条件满意度对多维贫困的平均贡献度分别为 4.86%、4.98%。同时，农民工在城市日常生活中耐用消费品不足也对多维贫困产生了显著的影响。这说明，目前的城市农民工已不同于传统的农村剩余劳动力仅执着于在城市“掘金”，其开始逐步关注生活品质的提高。而企业通过压低农民工伙食与生活成本来盈利的生产运营方式今后可能会面临更多的挑战。

(2) 在权利贫困方面。根据该维度下的二级指标显示，首先，“工作时间”对多维贫困的贡献度在 25 个指标中表现得尤为突出，对工人多维贫困的平均贡献度达到了 6%～7%。《中华人民共和国劳动法》所规定的 8 小时工作制在城市正规部门都能得到较好的施行，而大多在城市非正规

表 6－14　中国农民工多维贫困指标分解

k	M(k)	维度 1:教育(%)			维度 2:健康(%)							维度 3:资产(%)			维度 4:生活标准(%)							维度 5:社会参与(%)				
		A4	C1	A12	C8S6	D20A	C8S2	D15	B16	B6	B11	F1	F6	F4	D6	D4	D8	D7	D10	D13	B9	E1	E2	E3	B13	E7
		教育年限	职业培训	抚养负担	商业医保	费用是否报销	工伤保险	体检频率	劳动防护品	是否签订合同	工作时长	是否贫困户	有无承包地	房屋状况	饮用水	厕所	耐用消费品	电力照明	伙食满意度	生活条件满意度	是否拖欠工资	与经理关系	与工友关系	与城里人来往	节假日加班	地区活动参与
1	0.495	4.84	3.71	3.33	6.59	5.66	4.78	4.04	3.58	2.56	7.16	3.41	3.36	5.73	0.99	3.86	4.35	0.94	4.85	4.97	1.22	3.29	3.21	5.06	3.03	5.49
2	0.495	4.84	3.71	3.33	6.59	5.66	4.78	4.04	3.57	2.56	7.16	3.41	3.36	5.73	0.99	3.86	4.35	0.94	4.85	4.97	1.22	3.29	3.21	5.07	3.03	5.49
3	0.494	4.84	3.71	3.33	6.59	5.66	4.78	4.05	3.54	2.56	7.12	3.42	3.36	5.73	0.99	3.86	4.35	0.94	4.85	4.97	1.22	3.29	3.21	5.07	3.03	5.50
4	0.493	4.80	3.72	3.33	6.61	5.68	4.79	4.06	3.47	2.57	7.05	3.42	3.37	5.75	1.00	3.87	4.36	0.94	4.86	4.98	1.22	3.30	3.22	5.08	3.04	5.51
5	0.491	4.78	3.74	3.31	6.62	5.69	4.80	4.08	3.39	2.56	6.98	3.42	3.39	5.76	0.99	3.88	4.38	0.94	4.88	4.99	1.20	3.32	3.23	5.09	3.05	5.53

注:表中的英文字符对应问卷中的不同部分及题号。

部门就业的城市农民工的劳动权益受到的侵害则较为严重。而“节假日加班”这一指标对多维贫困的贡献度却相对较低，仅为3%左右。其次，从工资拖欠方面看，由于城市农民工就业近年来在劳务、用工方面的规范化，从指标分解可以看出，农民工拖欠工资的问题已经得到了较为有效的解决。而同时劳务合同也逐步规范化，劳务合同对多维贫困的贡献率仅为2.7%，显著低于平均的指标贡献率。相比较而言，企业用工中农民工的“工作时间”劳动权益的违规，即民营企业对工人绝对剩余价值的榨取是我国城市农民工权利贫困所面临的突出问题。

(3) 在精神贫困方面。一方面，指标分解的结果表明，农民工与城里人交往的状况对农民工多维贫困的贡献率为5.07%。大部分农民工处于一种自我生活的封闭状态，活动范围主要限制在工作区。同时，农民工也很少参加本地区举办的各类活动，这一指标对多维贫困的贡献率达到了5.50%，显著高于25个指标的平均贡献度。这说明，大量的城市农民工处于一个相对封闭的环境，虽然许多工人参与城市建设，但并未融入城市，并未在生活和精神的层面较好地享受城市的生活方式。另一方面，我国城市农民工就业群体内部的关系紧张程度对多维贫困的贡献率平均为3.22%，这与我国城市农民工的籍贯、社会网络、宗亲等因素有着相对直接的关系。而城市农民工工人与经理层的关系并非十分紧张，这种相对宽松的层级关系，有助于理性的工人更好地获取与保障自己的权益。

(4) 在能力贫困方面。从教育年限的相关数据可以得出，我国城市农民工的教育水平相对偏低。高中及高中以上的受教育群体在农民工群体中比例依然较小。虽然国家对农村基础教育近年来持续投入，但农村教育的层次和质量仍有很大的提升空间，农村受教育水平的分化相对明显。最优质的受教育者通过升学等途径进入体制内就业；而未受良好教育的农村劳动力，大量涌入城市非正规行业。尽管大多数被调查对象最希望学到的知识仍然是与本职工作相关的劳动技能，但过半数的被调查对象并没有参加过职业技能培训，且主要原因在于机会的缺乏和信息的不通畅。

(5) 在福利贫困方面。从指标分解可以看出，我国城市农民工基本上不能享受城市当地的医保，其对多维贫困的贡献率平均达到6.6%。城市农民工多数参加了户口所在地的农村合作医疗，而在城市就业地发生的医疗费用，由于诸多原因限制基本不能回农村报销。而工伤保险方面，根据指标分解，由未办理工伤保险导致的贫困在多维贫困中的贡献度也达到了4.79%左右。上述这些基本医疗保障的缺失对我国农民工多维贫困的贡献度达到了15%。农民工在城镇化进程中社会保障的制度性缺失，对我国城市农民工多维贫困造成了深刻的结构性影响。

(6) 在资产贫困方面。一般认为，大量流入城市的农民工在农村都会有承包地，但数据显示，有相当一部分城市农民工在他们的家乡是没有承包地的。第二轮承包后，家庭联产承包责任制这种逐步固化的承包关系，已经使一部分错过承包节点的农民逐步丧失了土地。这部分人向城市流动的冲动更强烈。从指标分解得出，相当一部分城市农民工本身就是其流出地村里的贫困户，这一特征对农民工多维贫困的贡献度为3.42%左右。另外，部分农民工在农村房屋状况对多维贫困的贡献度超过了5.74%。进而说明精准扶贫必须基于城乡动态治理的视角。农村贫困问题的根治不能忽略了城市农民工贫困的治理。

三、城镇化中的贫困：对几种城镇化模式的反思

从以上分析可知，我国现阶段的城镇化水平存在三个滞后，且由于城乡二元体制的实施导致城乡发展水平差异显著，并导致了农民工群体的新增贫困问题。有些国外的城镇化经验对于国内城镇化中的贫困问题有着借鉴意义。因此，我们需要吸收借鉴不同国家城镇化进程的经验教训，努力实现城镇化水平的提高，并解决新增贫困问题。

（一）印度模式的城镇化与贫困：集中型贫困

1947年后，印度实现独立。其在独立后经历了近30年的经济缓慢增

长，自20世纪90年代初开始，印度实施了以自由化、市场化、全球化和私有化的"四化新经济政策"为导向的市场经济发展模式，摆脱了长期经济缓慢发展的困局，并一跃进入高增长国家行列。

对比印度的城镇化率与经济增长，每个时期都有不同的发展模式。20世纪70年代末，印度的城镇化发展与经济增长具有类似的形态。而到20世纪80年代中期逐步呈现出经济增长速度比城镇化速度快的趋势。20世纪初，印度经济开始迅速增长，而城镇化速度相对于经济增长速度变得缓慢。由此可以看出印度的城镇化与经济增长不是同步推进的①，如图6-3所示。

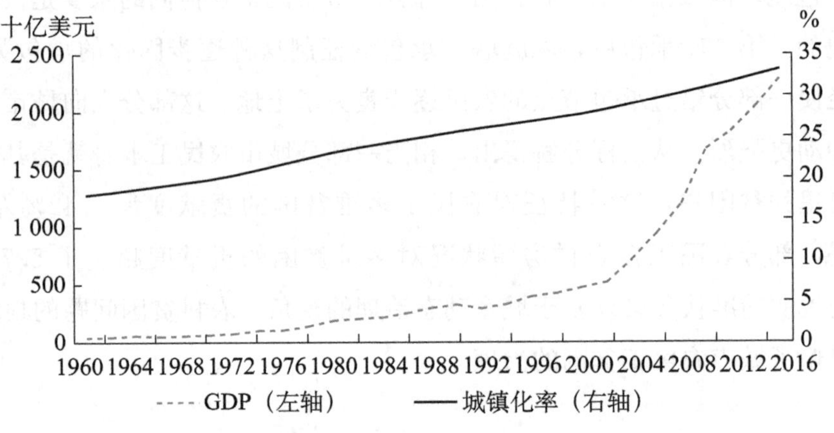

图6-3 印度GDP增长及城镇化率变动情况

根据世界银行的统计数据，1978—2016年间印度经济的平均增长率高达6.04%，普遍高于发达国家的经济平均增长率。印度的城镇化始于20世纪60年代。1961年印度城市人口的比重为18.0%，1991年为25.8%，2016年为33.1%，1961—2016年累计提高了15.1个百分点，年均提高0.27个百分点。尽管印度城镇化发展缓慢，但经过几十年的积累，城市人口规模的绝对增长量却是巨大的，1960—2016年间，印度城市人口增加了3.58亿人，因为有大量农村人口不断离开土地进入城市（见

① 杨文武，等. 印度经济发展模式研究［M］. 北京：时事出版社，2013.

图 6－4）。而城市人口承载能力极为有限，这些渐增的农村转移人口缺少相应的工作机会和生存条件，逐渐形成了大城市发展与城市贫困并存的“集中型城镇化”。印度农村人口向城市的迁移，主要是由农村贫困的推力所致，而不是由城市繁荣的拉力所致。这从印度城镇人口增长的来源构成及印度城市的贫民窟现象也能反映出来。①

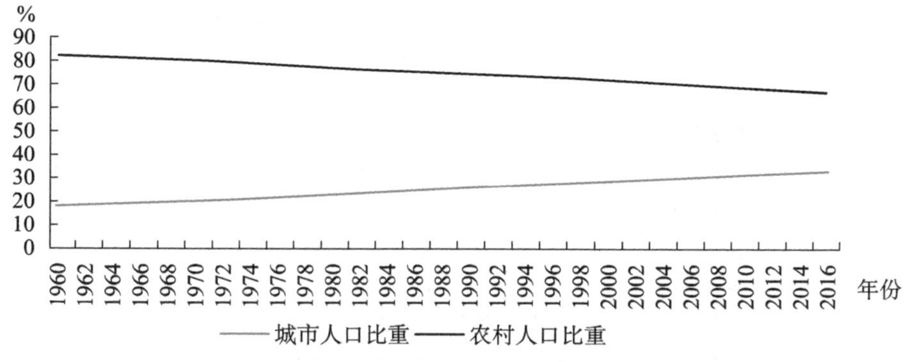

图 6－4　1960—2016 年印度城镇化发展状况

资料来源：根据世界银行网站数据计算。

“集中型城镇化”导致了印度城镇化区域发展差异显著，即大城市和特大城市发展迅速，而中等城市则发展缓慢或陷于停滞，小城市则明显地衰退。由于大城市中工业容纳劳动力的能力有限，大量的农民缺少正常就业渠道，进而成为城市新增失业人员。此现象与印度经济增长的突出特点——服务业快速增长有密切关系。从印度经济的结构来看，印度在走出农业中心国家时，没有经过产业化，而直接转向了服务业中心国家。从 图 6－5 可以看出，印度第一产业的比重不断降低，服务业的比重大幅增加。与此相反，制造业的比重却没有发生很大的变化。印度 GDP 增长趋势同服务增长趋势类似。即，印度的经济增长与服务业增长正相关。值得关注的是，印度的服务产业正在向高度的金融和信息化发展，从而导致从事非正规部门就业的大量人口的就业形势更加严

① 刘培林．印度城市化的特点及经验教训［J］．城乡建设，2010（10）：76－78.

峻。也就是说，由于可节约成本的服务产业正主导着印度GDP的上升，因此无法为众多城市贫民提供充分的就业机会。而且，按通贝（Tumbe，2016）的研究，印度相对薄弱的制造业主要位于农村，此现象也在很大程度上影响着印度城镇化进展比其他发展中国家相对缓慢的趋势。①

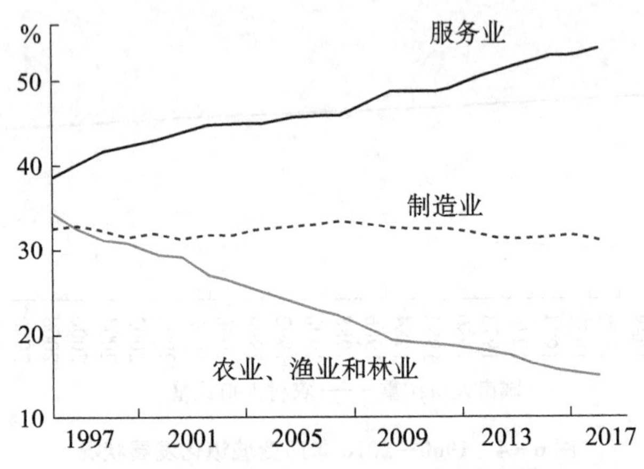

图6-5　印度的产出构成：占GVA的份额

资料来源：CEIC Data；RBA.

注：GVA（毛附加价值，gross value added）等于国内生产总值减去产品税收再加上产品补贴。

这些失业人员集中在城乡接合部，使得城郊贫民窟增多，给社会造成诸多问题。据统计数据显示，印度的城市贫民窟人口的绝对量在2001—2011年间有所增加，但城市贫民窟人口占比下降了1个百分点：2001年，印度贫民窟人口为5 237万人，城市人口为28 612万人，全国城市中贫民窟人口的比例为18.3%；2011年，印度贫民窟人口绝对量为6 549万人，城市人口总量为37 711万人，全国城市中贫民窟人口的比例为17.4%。大量农村转移人口集中在贫民窟，成为新的城市贫民，他们在城市中的收入比城镇化前从事农村种植业的收益还要低，城镇化

① Tumbe，C.，Urbanization，Demographic Transition，and the Growth of Cities in India，1870—2020［D］. Working Paper，London：International Growth Centre，2016.

带来的是集中的贫困，受贫困的制约，社会消费能力不但没有提升，反而下降了。

城市贫民窟的主要特点为：住房短缺、公用事业严重不足、过度拥挤、卫生条件差等。从表 6-15 的描述可以看出，印度城市基础设施比较缺乏，城市人口增长的速度大大超过基础设施的建设速度，导致城市贫民窟内城市贫民的生活水平非常低下。例如，从住房状况看，贫民多在铁路线、河岸或河床、丘陵地带或在公园和开放空间内建造小屋/房屋，居住空间非常拥挤。从卫生状况看，饮用水源非常不安全，水源成为传播疾病的主要渠道；而垃圾处理也存在很大的问题，垃圾处理率以及处理频率都比较低。从社会保障角度看，贫民窟附近的公共医院和医疗服务中心很少，人们需要到较远的地方就医，且医疗服务供给能力有限，无法满足大量人口的服务需求。

表 6-15　印度城市贫民窟的技术设施状况描述

城市贫民窟的基础设施	具体描述
住房状况	无法购买昂贵土地，贫民多沿着铁路线、河岸或河床、丘陵地带或在公园和开放空间内建造小屋/房屋。在全印度，贫民窟约有 30%位于空旷地或公园，23%沿河流或排水沟，9%沿铁路线。
土地所有权	在印度，44%的贫民窟位于私人土地上，37%的土地由当地人拥有，6%在铁路沿线土地上，12%在其他公共土地上。农村贫困人口或当地贫困人口无法购买土地，可能会占用政府土地或私人土地，如铁路和当地的土地。
房屋结构	60%居住在永久性房屋中，25%居住在半永久性房屋中，9%居住在可使用的临时棚子中，6%居住在不可使用的临时棚子中。
饮用水源	贫民窟的主要饮水源是饮用水龙头、管井/井眼、保护井、无保护井等。在印度贫民窟，72%使用自来水，20%来自管井，8%来自其他来源。贫民窟的水源是各种水传播疾病的主要原因。
用电情况	全印度的贫民窟约有 68%既有家庭用电，也有路灯，19%的贫民窟只有家庭用电，享受不到路灯；7%没有家庭电。

续前表

城市贫民窟的基础设施	具体描述
厕所设施	31%贫民窟的居民没有厕所，53%使用冲水/倒灌厕所，10%使用旱厕，6%其他。贫民窟的大多数居民使用公共/社区厕所（免费 14%，付款为 13%）和共用厕所（占 6%）。
排水系统	31%没有排水系统，19%是地下排水系统。
垃圾处理	在所有贫民窟中有 27%没有安排垃圾处理，有 62%安排了垃圾处理，自己安排垃圾处理的比例为 11%。而关于垃圾处理的频率数据则为：大约 17%的人报告"垃圾收集频率在 3～7 天"。大约 19%是进行 8～15 天的垃圾收集。
离最近的政府小学和医院/健康中心的距离	距离最近的政府小学：59%——小于 0.5 千米，29%——0.5～1 千米，10%——1～2 千米，2%——2～5 千米；距离最近的政府医院/医疗中心：20%——小于 0.5 千米，27%——0.5～1 千米，17%——1～2 千米，24%——2～5 千米，12%——大于 5 千米。

资料来源：Digambar Abaji Chimankar，Urbanization and Condition of Urban Slums in India [J]. *Indonesian Journal of Geography*，2016：32 - 36.

与包括中国在内的世界整体趋势相比，印度的城镇化进程相对缓慢。但是由于印度是人口大国，预计到 2050 年，印度主要的人口将从农村转移到城市，从而城镇化对印度经济将产生很重要的影响。目前印度许多农村转移人口在城市还没有完全站稳脚跟，失业和贫民窟等城市贫困问题正在扩大。产生这些问题最主要的原因是，与印度的金融和信息产业发展相比，印度的教育普及非常薄弱，从而城市能接纳的就业人口非常有限。因此可以推导出，为了提高印度城市贫困人口的就业率，大量发展劳动密集型的制造业以及改善教育制度是最基本的城市反贫困的对策。

（二）巴西模式：城市贫民部落

巴西是南美洲最大的国家，拥有丰富的自然资源和完整的工业基础，国内生产总值位居南美洲第一，为世界第七大经济体。20 世纪 60 年代，巴西新政府实行了"进口替代战略"，即对外建立高关税壁垒，对内依靠国家扶持工业。同时依赖丰富的自然资源和欧美资金的注入，1968—1973 年巴西经济的平均增长率高达 11.2%，被誉为“巴西奇迹”。但 20 世纪 80 年代后巴西的这种快速发展未能持续。伴随着经济高速发展，巴西的城镇化进程发展迅速。20 世纪 50 年代初到 90 年代初，是巴西城镇化快速发展的时期，城镇化率从 1950 年的 36.2%上升至 1990 年的 73.9%，40 年间提高了 37.7 个百分点。2016 年，巴西的城镇化水平已经达到了 85.9%（见图 6－6）。

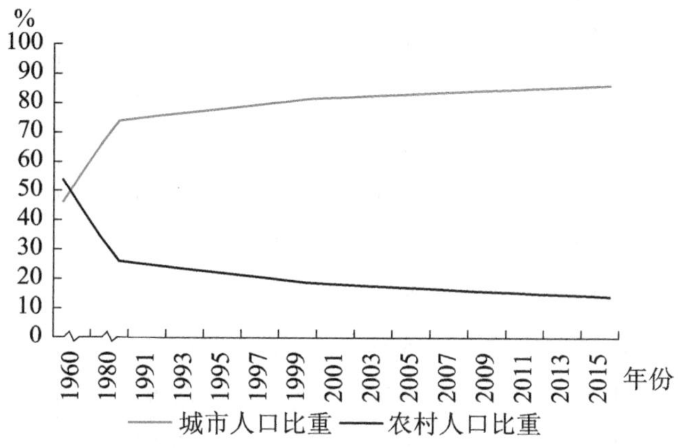

图 6－6　1960—2016 年巴西城镇化发展状况

资料来源：根据世界银行网站数据计算。

但是，巴西较高的城镇化水平却与其经济发展水平不相匹配。完成同样的快速城镇化发展历程，发达国家一般需要 50 年的时间，且人均 GDP 同时增长 2.5 倍，但巴西仅增加了 60%。从表 6－16 中也可以看出，在与发达国家相同的城镇化水平上，巴西的人均 GDP 显著低于发达国家的人均 GDP 水平，因此巴西的城镇化进程快于其经济发展水平，这导致巴西城市存在大量失业人口和在非正规部门就业的贫困人口，产生了大量的城市贫民部落。据统计数据显示，1900—1991 年，巴西里约热内卢共有 525 个贫民部落，2000 年，约有 109 万人居住在贫民窟，占市区人口的 18.5%。到了 2010 年，全国共有 6 329 个贫民窟，约有 1 142.5 万人居住在贫民窟，分布在 323 个城市。① 据巴西人口普查报告预计，到 2020 年，

① 韦洛索，等．跨越中等收入陷阱：巴西的经验教训［M］．北京：经济管理出版社，2013：398.

巴西将有 5 500 万人生活在贫民窟，占全国人口的四分之一。

表 6-16　巴西城镇化水平和经济发展水平与发达国家的对比

	巴西		发达国家	
年份	城镇化率（%）	人均 GDP（美元）	城镇化率（%）	人均 GDP（美元）
1960	46.14	3 425	63.12	11 788
1965	51.04	3 697	65.54	14 509
1970	55.91	4 706	67.89	17 871
1975	60.79	6 798	69.60	20 117
1980	65.47	8 339	70.75	23 212
1985	69.86	7 860	71.85	25 398
1990	73.92	7 986	73.03	29 426
1995	77.61	8 548	74.22	31 567
2000	81.19	8 778	75.25	35 893
2001	81.55	8 777	75.57	36 179
2002	81.88	8 924	75.95	36 494
2003	82.20	8 911	76.31	37 019
2004	82.52	9 309	76.65	37 973
2005	82.83	9 495	76.98	38 743
2006	83.14	9 762	77.29	39 607
2007	83.45	10 245	77.58	40 315
2008	83.75	10 658	77.87	40 109
2009	84.04	10 540	78.14	38 458
2010	84.33	11 224	78.41	39 327
2011	84.62	11 559	78.67	39 858
2012	84.90	11 671	78.92	40 122
2013	85.17	11 912	79.15	40 437
2014	85.43	11 866	79.37	41 016
2015	85.69	11 322	79.59	41 719
2016	85.93	10 826	79.80	42 167

资料来源：根据世界银行网站数据计算。

注：人均 GDP 按 2010 年不变美元价格。

巴西的城镇化快于其经济发展水平，可归因于导致不平等程度恶化的错误制度。在殖民地时期，巴西形成了大地主制度，造成了财富不平衡状况。自 1822 年独立以来，巴西没进行过能够改善财富分配的土地改革，因此这种不公平的高度集中的土地占有制一致持续至今。在 20 世纪 60—70 年代，随着出口农业的发展，政府以大中型农业企业为主，提供了优惠政策补贴。在此过程中，国内市场的农业不再被重视了，因而导致小农民和无地农民涌向城市谋生，便形成了贫民窟现象。再加上，在同期进行的工业化过程中，由于巴西采取的工业化模式——资本和技术密集型产业不符合劳动力资源丰富的巴西的实际情况，而只有资产阶级能受益，这使得经济不平等现象进一步恶化。

从殖民地时期开始，由于巴西利益集团的利益占据优势地位，提高大多数贫困人口的教育水平无助于维持现有的社会体制，结果是除了少数精英之外，巴西整体教育水平一直较低。从一个国家经济增长的角度来看，这样通过正式制度巩固不平等的结构是不可取的。即在财富分配不均衡及教育水平低的条件下，经济发展更难以实现。巴西的例子明确表明了一个社会体制的僵化以及过分的利益集团主义所导致的城市贫困问题。

（三）日本模式：都市圈建设

第二次世界大战后，日本确立了经济现代化的立国目标，建立了政府主导型市场经济体制，至 20 世纪 50 年代中前期实现了经济复苏，20 世纪 50 年代中前期至 70 年代中期，实现了高速经济增长。随着日本经济的复苏及高速增长，日本工业得到迅速发展，大量人口再次涌入城市，1950 年日本城镇化水平迅速恢复到 37.5%，此后的高速增长时期也是日本工业发展的黄金时期，在此期间，日本工业增长了 8.6 倍，城市吸引了大量农村剩余劳动力，城镇化水平迅速提高，到 1973 年城镇化率已提高至 74.2%，年均增长 1.2%，使日本成为经济发达的高度城镇化国家。

到 20 世纪 70 年代，日本积极构建如新干线、高速公路等交通基础设施，且除公共事业外，也扩大对以重化工，如钢铁、机械、汽车、化学等为中心的民营企业设备的投资，从而在这一时期劳动力密集型制造业高速增长。这给农村人口带来了大量的就业机会，在1960—1974年间，失业率基本上是摩擦性的，保持在1%～1.8%。此外，伴随着设备投资，技术革新也迅速进行，使得生产能力进一步发展。这些城市在制造业成长的基础上获得的税收，按日本政府的税收制度分配到了农村地区，实现了城乡一体化发展。即，日本的工业化不仅对于城市的城镇化历程起到很重要的作用，也对农村的城镇化产生了正面影响。

此外，在战后日本城镇化进程中，都市圈建设是其主要的推进模式，且形成了以东京、大阪和名古屋为首的三大都市圈。这三大都市圈在1960—1970年间的城镇化水平以年均2.5%的速度增长，是整个国家城镇化水平增长速度的两倍多。到1985年，三大都市圈的面积只占全国的31.7%，却集中了全国63.3%的人口和68.5%的国民生产总值（见图6-7）。日本城市三大都市圈人口聚集模式与其工业化的特征有关，即与其他发达国家相似，由于日本也以劳动密集型制造业发展的方式推进了高速城镇化和经济增长，因而日本的三大都市圈模式也可以被看作是为了推动制造业发展而采取的模式。

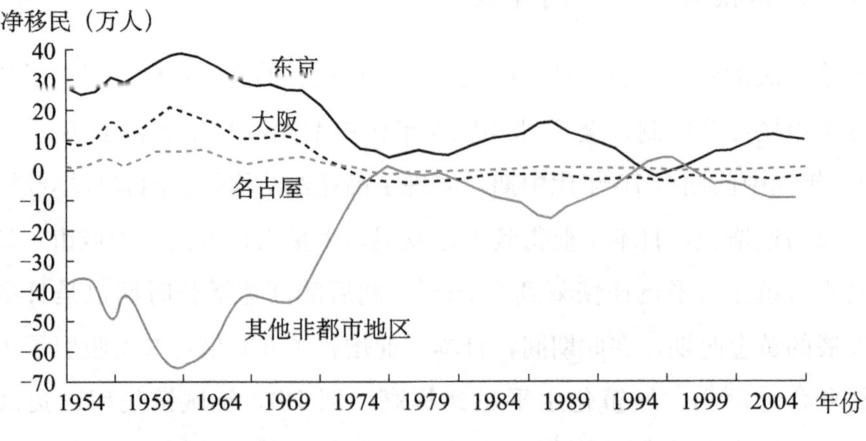

图6-7 三大都市圈与非三大都市圈的人口迁移

资料来源：数据来自OECD网站。

20 世纪 80 年代后，日本经济增速放缓，城镇化水平也缓慢提升，至 2016 年，日本城镇化率已高达 93.9%（见图 6－8）。且由于大城市过于拥挤，城市居民开始转移到三大都市圈以外的地方城市圈，逆城镇化现象开始出现。

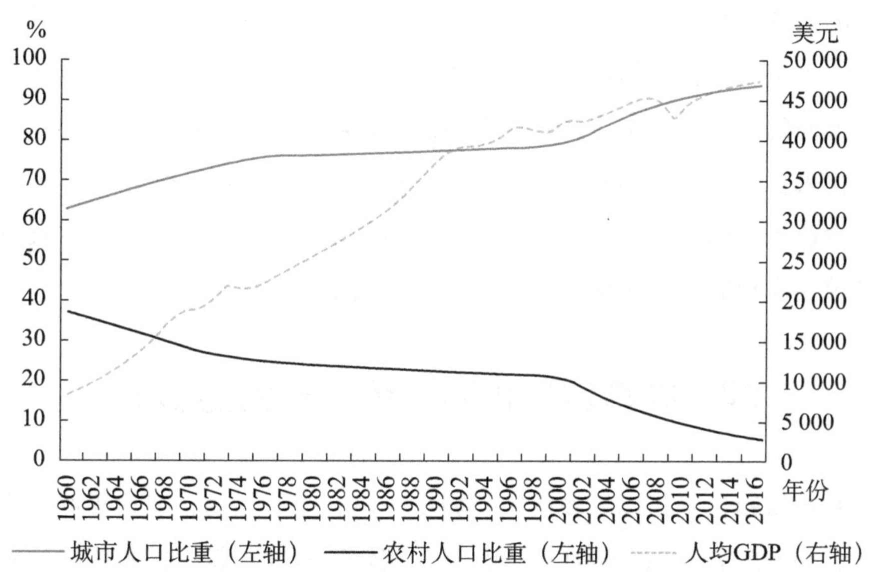

图 6－8　日本城镇化以及人均 GDP 发展状况

资料来源：根据世界银行网站数据计算。

与印度和巴西相比，日本的城镇化显然是成功的。这具体表现为：第一，日本的城镇化与其经济发展水平相匹配。从图 6－5 中也可以看出，日本的人均 GDP 趋势与城镇化的趋势基本保持一致，城镇化水平和人均 GDP 水平也显著高于高收入国家组的平均水平。

第二，日本实行了一系列政策措施，保证了农村转移人口进入城市后的社会保障、公共服务等相关权益，避免了城市贫民窟问题的出现。日本政府长期推行教育、医疗、社会保障等公共服务均等化，尤其是在教育方面，如 1958 年出台的《职业训练法》鼓励农民工参与公共职业训练，运用法律手段向城市转移人口提供了职业教育培训。由此可以看出日本十分注重城乡统筹发展，农村人在向城市转移时会比较容易地融入城市的社会系统中去。

第三，日本在城镇化之初就极度重视对农民职业教育和素质的培养。在从农村向城市快速转移人口的情况下，为了维持余下农民的生活及保持农产品的生产，辅助农业人口的职业教育以及农业水平的现代化成了必不可少的条件。教育培训由日本政府主导，主要是以农业技术为主，对农村人口提供了工业技术培训、法律知识、日常生活知识以及（半）脱产培训等多方面的教育。日本农村农业人口的兼业经营非常普遍，农民的收入也不仅仅来自农业，同时也包括大比例的从事小商业或其他行业的非农收入。农业人口的兼业经营使得农民逐渐融入城市生活。由此，日本农村不再是单一农户居住的区域，而进一步接近城乡一体化。

四、新型城镇化对农民工贫困的影响

新型城镇化是指以城乡统筹、城乡一体、产业互动、节约集约、生态宜居、和谐发展为基本特征的城镇化。相较于速度，新型城镇化更注重发展的质量，并明确了城乡一体的概念，改变现有的城乡二元结构体制。推动土地的集约利用是新型城镇化的主要内容之一，可以改善城镇化进程中存在的土地低效利用、耕地流失等问题。人口城镇化更是核心，需要改革户籍制度和福利制度，保障农民福利。相比传统城镇化，新型城镇化更注重以人为本，应着重使得农民工享受同城市户籍人口均等的公共服务，解决农民的身份转换问题。

新型城镇化注重农民工问题，在扩大农民工的社会保险和城镇户籍授予的同时，也对于提高农民工的收入持续做出了贡献。我国农民工月平均工资从 2008 年的 1 340 元上升到 2018 年的 3 721 元，10 年以来平均增长率为 10.8%。考虑到 2018 年民营企业的月平均工资为 4 546 元，目前农民工平均工资上升到民营企业的 81.8%的水平。此外，为了增加农村地区的可支配收入，我国正在实施中学义务教育，扩大健康和养老保险，支付最低生活费等社会发展政策。然而消除社会不平衡需要更多的援助措施。这是因为农民工社会保险的参保率只不过是全国人民参保率的 1/3 左右，存在很多不足之处（见表 6－17）。

表 6－17　　2014 年农民工参保率（%）

	健康保险	养老保险	事业保险
农民工	17.6	16.7	10.5
全体国民	43.7	61.6	22.1

资料来源：根据国家统计局《2014 年全国农民工监测调查报告》计算。

此外，从印度、巴西和日本案例能看出，城市贫困问题与产业结构转型紧密相关。中国的劳动力成本提高了很多，在大城市培养劳动密集型产业来促进经济增长的模式已不再对解决贫困问题有效。然而，主要从事劳动密集型产业的农民工人数还没减少。“十三五”规划设定以到 2020 年 1 亿农民转变为城市居民为目标。但是按国家统计局数据，农民工总量从 2014 年的 27 395 万人上升到 2019 年的 29 077 万人。这显示正在进行的新型城镇化还没有充分改善农民工问题。虽然新型城镇化继续放宽户口制度的各种限制，但户口制度仍然在人权、财产权和公共服务等方面造成不平等。

除了特大城市以外，大城市的户口取得条件更加开放，中小城市也积极吸纳更多迁入人口。然而这些改革举措并不能完全践行以人为本的城镇化所追求的价值。福利应该以人民的“需求”为标准提供，而不是以各自的“能力”差别享受。为此，迫切需要政府主导的对农民工和贫困群体提供全面的社会福祉。2019 年中国人均国内生产总值为 70 892 元，按年平均汇率折算达到 10 276 美元，首次突破 1 万美元大关，被评价为基本上摆脱了贫困状态。尽管如此，弱势群体的农民工人数仍呈增加趋势。人的城镇化是激活内需经济可持续发展的前提条件，而在此过程中，向贫困阶层提供合适的福祉，防止他们被忽视，才能实现以人为本的城镇化。

下　篇

利贫式增长：打开全面建设小康社会的钥匙

尽管我国农村地区贫困发生率的下降主要得益于高速经济增长，但高增长中的不平等问题也日益严重，贫富分化在农村表现尤为突出。几十年的高增长中，很多贫困群体并没有真正受益，有学者认为，这是由于我国数十年经济增长更大程度上是“利富”的，而非“利贫”的，应借鉴国外一些学者提出的“利贫式增长”理念，探索科学的中国经济增长模式。

第七章　中国经济增长模式的利贫性分析

经济增长会减少贫困，这一总体关系是明确的。但是，在经济增长率一定的情况下，各个国家的减贫程度却是不一样的。这是因为，减贫程度还取决于全社会人口的收入分配如何随增长变化。换句话说，收入分配更平等的国家，贫困下降快于收入分配不平等的国家。所以，增长对贫困的影响，既取决于增长带来的平均收入以及其他福利水平的一致性增长，也取决于由增长带来的额外收入在一国内如何分配。如果经济增长带来的是最贫困人群收入份额的增加，那么贫困群体收入的提高就会快于社会平均收入的提高，在这种情况下，经济增长是有利于贫困群体的，否则增长就不是有利于贫困群体的，而只是减少了收入和非收入贫困，但贫困程度却没有降低，或者说加深了。于是，增长本身是否有利于贫困群体这一问题不能简单地从增长会带来收入和非收入贫困减少这一个角度考虑，还应该考虑增长是否降低了贫困程度，即要考虑增长带来的是不平等的增加还是减少。因此，要探究经济增长对贫困程度的影响，需要具体分析经济增长、收入不平等对贫困减少的影响。

高速经济增长为我国农村地区带来了巨大的减贫效应，但经济增长的收益并没有平等地分配给每一个群体。这具体表现在，尽管农村地区贫困发生率下降了，但农村地区居民间的收入分配差距却不断扩大（尽管近年来有小幅度缩小趋势）。这主要是因为，我国这长达数年的经济增长在更大程度上是“利富”的，而非“利贫”的，即经济增长的收益绝大部分分配给了非贫困群体。为了实现精准扶贫的目标，在降低贫困发生率的同时，降低居民间收入分配差距，应借鉴“利贫式增长”理念，探索科学并真正有利于脱贫的中国经济增长模式。

一、利贫式经济增长理念的提出及测度标准

世界银行在《1990年世界发展报告》中提出了“广泛增长”（broad-based growth）这一概念。1999年，亚洲开发银行（ADB）在其提出的亚洲和太平洋地区减少贫困的战略中指出，“当增长吸收劳动力时，并且伴随着减少不平等和促进就业机会的政策计划时，增长是有利于穷人的”。卡克瓦尼和佩尼亚（Kakwani and Pernia，2000）认为，从广义角度看，增长的利贫性可以被定义为使贫困群体能够积极参与经济活动并从中显著获益的增长，其结果应是社会上没有人被剥夺最低的基本能力。为了减少贫困和提高贫困群体的福祉，必须推进利贫式增长，实施偏向贫困群体的战略，以使贫困群体比富人群体获得更多的收益。

对于利贫式增长（pro-poor growth）的理解，拉瓦雷和陈（Ravallion and Chen，2003）认为，不论减贫程度如何，能够有利于减少贫困的经济增长就是利贫式的增长，即在收入分配不变的情况下，一国贫困发生率降低，则该国经济增长就是利贫的；他们进一步认为，利贫式增长主要从贫困群体的角度来研究经济增长，其主要目的在于实现减贫和改善收入分配不平等的状况，重点在于扩展贫困群体的经济机会。鲍奇和麦克库洛克（Baulch and McCullock，2000）从收入分配角度定义了利贫式增长：利贫式增长意味着如果所有收入都以相同的速度增长，贫困会减少。即利贫式增长应该使得贫困群体收入比非贫困群体收入增长更快（如果在经济衰退的情况下，贫困群体受损比例小于其他群体，这样的经济衰退也是有利于贫困群体的）。卡克瓦尼和云（Kakwani and Hyun，2004）在此基础上提出了一个更强的定义，并将利贫式增长分为相对利贫式增长（relative pro-poor growth）和绝对利贫式增长（absolute pro-poor growth）——前者指贫困人口从经济增长中的受益按比例大于非贫困人口，这意味着经济增长在减少贫困的同时，也改善了财富分配的相对不平等；后者则是指贫

困人口从经济增长中得到的绝对收益等于或大于非贫困人口所得，在这种情况下，经济增长会改善绝对不平等的状况，这种情况是利贫式增长的最高要求，被称为“超级利贫”（super pro-poor）。

利贫式增长的减贫战略就是要采纳直接有利于贫困人群的政策，消除制度和政策的偏见。《中国农村扶贫开发纲要（2011—2020 年）》中规定：“到 2020 年，稳定实现扶贫对象不愁吃、不愁穿，保障其义务教育、基本医疗和住房。贫困地区农民人均纯收入增长幅度高于全国平均水平，基本公共服务主要领域指标接近全国平均水平”，这就是利贫式增长在政策上的应用的一个典型例子。

根据以上学者对利贫式增长的诠释，我们可以给出一个利贫式增长的判定标准：设 $P(\cdot)$ 为一个贫困测定标准，z 为贫困线收入，μ 为社会平均收入，$L(p)$ 为洛伦兹曲线，反映不平等状况，则 t 期到 $t+1$ 期的贫困变动为：

$$\Delta P = P[z, \mu_{t+1}, L_{t+1}(p)] - P[z, \mu_t, L_t(p)] \tag{7.1}$$

如果 $\Delta P \leqslant 0$，那么从 t 期到 $t+1$ 期的变化就是利贫的。总的来说，利贫式增长更关注增长过程中收入分配的广泛分布。从利贫式增长理论出发，我们可以对我国经济增长的利贫性进行一个实证测度。

二、对我国经济增长利贫性的测度

利贫式增长的测度方法有很多，有从累积分布函数出发的增长发生曲线（GIC），有基于洛伦兹曲线的贫困增长曲线（PIC）、也有基于贫困弹性的利贫式增长指数（PPI）。考虑到数据的可得性，我们在这里利用贫困增长曲线的测度方法，并借鉴张德亮等（2013）的计算方法，测度了 2000—2014 年我国经济增长的利贫性。

（一）方法介绍与数据选取

贫困增长曲线是基于洛伦兹曲线确定的测定利贫性的一个方法。假设

$L(p)$为洛伦兹曲线，反映收入不平等情况，并假设贫困群体为人口最底层$p\%$的群体。于是，我们可以用洛伦兹曲线来表示贫困群体的平均收入份额：

$$L(p)=\frac{1}{\mu}\int_0^x yf(y)\mathrm{d}y=\frac{\mu_p p}{\mu} \tag{7.2}$$

其中，μ 为社会平均收入，μ_p 为最底层 $p\%$人口的收入。对（7.2）式进行对数差分化，可得：

$$\Delta\ln(\mu_p)=\Delta\ln\mu+\Delta\ln[L(p)] \tag{7.3}$$

令 $g(p)=\Delta\ln(\mu_p)$，表示贫困群体收入的增长率；令 $g=\Delta\ln(\mu)$，表示社会平均收入增长率。那么贫困增长曲线的判定系数 ρ 就为：

$$\rho=\Delta\ln[L(p)]=g(p)-g \tag{7.4}$$

如果 $\rho>0$，则 $g(p)>g$，即贫困人口收入增长率大于社会平均收入增长率，此时，经济增长就是利贫性的。这是因为，$\rho>0$ 意味着 $\Delta L(p)>0$，因此洛伦兹曲线向上移动，不平等随着经济增长而减少，我们可以称 ρ 为利贫式增长率。

（二）经济增长利贫性测度步骤

由于农村住户数据的不可得性，本书在这里利用农村居民收入五等分的数据来计算全农村的平均收入增长率和农村贫困人口收入增长率，所有数据均来自各年《中国统计年鉴》。具体计算步骤如下：

（1）由农村居民收入五等分数据计算收入增长率均值，作为农村平均收入增长率均值 g：

$$g=\frac{1}{N}\sum_{1}^{N}(X_t-X_{t-2})^{1/T}-1 \tag{7.5}$$

其中，N 表示收入组的数量，在这里 $N=5$；X_t 表示第 t 年的收入，T 为设定的增长区间。

（2）将贫困人口定义为收入五等分中的低收入户（20%）和中等偏下收入户（20%），并计算贫困人口收入增长率均值，作为贫困人口收入增长率 $g(p)$：

$$g(p)=\frac{1}{P}\sum_{1}^{p}(X_t-X_{t-2})^{1/T}-1 \tag{7.6}$$

其中，P 表示贫困人口所在的收入组的数量。

（三）经济增长利贫性测度结果

计算判定系数，利贫式增长率 $\rho=g(p)-g$。若 ρ 为负值，则表示增长过程中不平等下降，增长是利贫的；若 ρ 为负值，则表示不平等增加，增长是不利贫的。

为了科学测度中国经济增长的利贫性，我们将增长区间定义为 3 年（$T=3$），截取经济增长速度较高的 2000—2014 年这一时间段。根据上一部分的计算步骤，计算出我国经济增长的利贫性，测度结果如表 7－1 所示。

表 7－1　2000—2014 年中国经济增长利贫性测度结果（1985＝100）

增长区间	社会平均收入增长率 g（%）	贫困人口收入增长率 $g(p)$（%）	ρ（%）	是否利贫
2000—2002	2.99	1.87	−1.12	否
2003—2005	3.99	2.93	−1.06	否
2006—2008	4.62	3.19	−1.43	否
2009—2011	5.73	4.00	−1.73	否
2012—2014	7.46	4.61	−2.85	否
2000—2014	0.62	0.53	−0.09	否

资料来源：根据 2000—2015 年《中国统计年鉴》计算。

从表 7－1 可看出，在 2000—2014 年这一区间内，经济增长带来了农村地区贫困人口收入水平的提高，但是贫困人口收入的增长率却始终小于社会平均收入增长率，这说明贫困群体在参与经济增长的过程中获得的好处小于非贫困群体，因此，2000—2014 年间我国经济增长是不利贫的。

三、我国经济增长的利贫性弱化的原因：基于经济结构角度

根据第三章的分析，伴随高速经济增长过程，我国经历了五个方面的

经济结构变迁。为了进一步揭示经济结构转型与收入不平等间的关系，我们在这里利用时间序列分析方法对经济结构转型与收入不平等间的关系进行研究。我们选取的描述经济结构的指标分别为：（1）产业结构用第一产业产值占 GDP 比重表示（A）；（2）所有制结构用非公有制经济就业人数占总就业人数比重表示（$USOE$）；（3）分配结构用劳动报酬占比表示（L）；（4）消费结构用投资率表示（I）；（5）对外贸易状况则用出口总额占比表示（EX）；（6）农村地区收入不平等则用农村居民收入的基尼系数表示（GN）。[①]

在对这一时间序列做回归前，首先要检验系列的平稳性以防止出现伪回归。对这个时间序列进行 ADF 检验，发现该序列是一阶单整序列。也就是说在处理这个时间序列时，需要对其进行一阶差分才能得到平稳序列。但是，一阶差分后变量的经济含义与原序列并不相同。为了保证变量原始的经济含义，我们需要去检验这六个单位根变量之间是否存在某种“长期均衡关系”，即进行协整检验，检验结果如表 7-2 所示。

表 7-2　Johansen 协整检验结果

原假设	特征值	迹统计量（1%临界值）	λ-max 统计量（1%临界值）
没有一个	0.985 5	230.959（135.973）	101.607（52.308）
至少有一个	0.895 6	129.342（104.962）	54.224（45.869）
至少有两个	0.726 8	75.118（77.819）	31.146（39.370）

从表 7-2 中可以看出，这六个变量之间存在协整关系，且协整方程为：

$$\begin{aligned}\ln GN = &-\underset{(0.024\,56)}{0.035\,6}\ln A+\underset{(0.086\,24)}{1.046\,9}\ln USOE-\underset{(0.010\,71)}{0.098\,4}\ln USOE2\\&-\underset{(0.116\,28)}{0.352\,5}\ln L+\underset{(0.041\,86)}{0.165\,6}\ln I-\underset{(0.007\,46)}{0.132\,6}\ln EX\end{aligned}\tag{7.7}$$

这一协整方程表明这六个变量间存在着长期均衡关系，从中我们也发现，我国经济结构转型是贫富不平等的关键原因。对此，调整经济结构，

① 资料来源于《中国统计年鉴》《中国工业统计年鉴》《中国居民收入分配年度报告》，统计的时间跨度为 1978—2014 年。

使经济增长更为利贫，是今后我们从根本上着手减贫主要着眼点。对此，主要考虑以下几个方面：

（1）避免第一产业出现低增长与高贫困的“恶性循环”。我国第一产业的发展与农村基尼系数之间存在负相关性，这说明第一产业对降低农村基尼系数没有什么显著作用，也表明第一产业的发展在降低农村内部不平等程度上并没有起到作用。尽管改革开放以来，农民的收入构成发生了变化——主要收入构成由农业收入转变为非农业收入，但由于农业劳动生产率低下、农业现代化发展水平低下等原因，使得农村经济在国民经济中的地位逐渐下降，农民的农业收入增长缓慢，农业收入占农民纯收入比重逐年下降，非农收入占农民纯收入的比重逐渐上升。我们以农民家庭经营性收入中的第一产业收入作为农业收入，以工资性收入和家庭经营性收入中的第二、三产业收入之和作为非农业收入，2002 年我国非农业收入占比首次超过农业收入占比，至 2014 年农民农业收入占比仅为 28.5%，非农业收入占比达到了 51.4%，农业产业增长对消减农民贫困的成效不大。对此，应加大第一产业的投入，依靠科技创新等手段缩小第一产业与其他产业之间的差距，提高农业劳动生产率，改变种田收入低的现状，提高农民农业收入比重，使农业收入和非农业收入同样成为农民收入的重要来源。

（2）改变投资驱动型经济增长模式“滴漏式”减贫的思路。改革开放以来，为了能够在经济上迅速赶超发达国家，我国选择了粗放型的经济增长模式，即主要依靠物质资本投入实现经济增长。但在经济发展初期，我国的资源状况是劳动力资源丰富，资本稀缺，为了鼓励投资，必须要采取“资本偏向型”的收入分配制度，使资本收益大于劳动者收益。尽管投资率的上升从总体上来说会提高农民的收入，但也会导致贫富差距拉大。此外，我国的投资结构也存在很多的不合理之处：首先，以城市为中心的投资制度导致城乡投资差异显著，城镇固定资产投资率显著高于农村固定资产投资率，且农村投资率逐年下降，这种投资率的城乡二元差距显然不利于降低农村收入不平等。其次，投资驱动型经济在增长过程中排斥了劳动，且这种排斥在第一产业尤为明显。由于土地数量的有限和劳动力价格的提高，资本加速了对土地和农业劳动力的替代，农村出现了大量剩余劳动力，而只有年轻力壮或拥有技术的剩余劳动力才能顺利转入第二、三产业就业，而老年人、妇女等只能面临失业。对此，要改变经济增长“滴漏式”减贫的做法，客观认识资本趋利性对弱势产业的背离，改变投资结构的不均衡状况，使各产业以合理的比例保持均衡增长。

（3）改变所有制结构和收入分配制度，消除农村地区收入不平等。具体来说，非公有制经济占比的提高从总体上来说会提高农村基尼系数，劳动报酬占比下降也会提高农村基尼系数。近年来，我国所有制改革与收入分配制度变革对农村收入不平等的影响主要体现在以下两个方面：一是公有制经济比重有所下降，一些国有和集体企业被私有化，随着大量农村转移人口进城打工，农村非农业收入比重过大，贫富差距自然受此影响不断加大；二是所有制结构的改变影响了生产要素的生产效率，我国的所有制改革对资本要素和劳动要素的生产率都产生了影响，但资本效率的提高程度要远远高于劳动效率，产生了要素收益差距拉大的情况。因此，在所有制改革中，应该加大国有成分，坚持农村土地集体所有制，在收入分配制度中，通过宏观调节，扭转资本要素所有者收入的增长率远远高于劳动所有者收入的增长率的现状，扩大劳动要素所有者收入的比重。

（4）改变外向型经济增长模式，缩小对外经济依存度。长期以来，我国利用廉价的农村转移劳动力优势发展出口产业，增加了对国内廉价劳动力的需求，提高了农民工等群体的收入水平，也在一定程度上降低了收入不平等状况。但是为了保持出口优势，必须不提高或者压低劳动力工资水平，这损害了国内劳动者的权益，但是若要提高工资水平，出口企业的竞争优势就会下降，可能会带来失业问题。因此，过度依赖外部的出口导向经济增长模式将面临两难选择，依靠廉价劳动力驱动的经济增长模式难以为继。今后的经济增长动力，应重点考虑消费拉动，变外向型增长为内向型增长，以经济增长的内生力量减少劳动收益不合理的现实。

此外，也要考虑一些制度性因素导致的收入分配差距扩大，如城乡二元经济体制导致的城乡经济发展不均衡，又如在市场化改革进程中，由于法制的不完善，垄断和腐败的出现导致的贫富差距等。

总之，受新自由主义思潮的影响，改革开放 40 年来，我国经济增长的减贫性更多地呈现出“滴漏式”的特征，长期以来，经济增长的成果并没有如理论般“滴漏”给贫困群体。为了实现精准扶贫的宏伟目标，我们必须树立利贫式增长理念，在经济运行过程中，经济增长模式要由“利富”更多地转向“利贫”，通过经济结构调整等途径，赋予贫困群体以更多的发展机会。

第八章　利贫式经济增长是通往小康社会之路

在经济增长过程中，贫困的减少取决于两个因素。第一是经济增长率，经济增长率越大，减贫越多；第二个是增长带来的额外收益的分配格局，如果贫困群体在经济增长中分享的成果多于非贫困群体，即收入分配朝着有利于贫困群体的方向，那么减贫会更多。因此，为了削减贫困，实现共同富裕，我们关注的重点应该是最大化利贫式增长率而不是一般经济增长率。本章在这里基于利贫式增长视角为将来我国农村地区的减贫脱贫实践提出几点建议，以期实现全面建设小康社会的目标。

一、利贫式增长：打开全面建设小康社会的钥匙

如前所述，利贫式增长是指贫困群体参与经济活动并能从中直接获得更多好处的经济增长。因此基于利贫式增长视角的减贫政策包含两个方面：一是最大限度地实现增长，二是制定直接针对贫困群体的“瞄准性”扶贫政策，只有这样才能最大限度地减少贫困。

近几年，我国经济增长速度持续放缓，经济增长率由 2010 年的 10.6%下降至了 2016 年的 6.7%。导致经济减速的原因很多，在学者之间也存在颇多争论，比较有代表性的观点有“三期叠加”说、产业结构调整说、全要素生产率说这三种。对此，我们认为经济减速的关键原因在于我国目前粗放型的经济增长模式。这种粗放型经济增长模式体现在三大需求上，即增长主要依靠物质资本的投入，技术进步的成分很低；而体现在产业结构上就是高耗能产业占比大，部分产业出现严重的产能过剩现象。这样的经济增长模式必然影响我国经济的长期稳定发展，我们必须要加快转

变经济增长模式，实现经济可持续发展，这样才能长期实现经济增长的减贫效应。

我国也采取了一系列措施改变经济减速的现状，我们有理由相信我国在未来一定能保持经济稳定增长。我们在此主要分析“瞄准式”扶贫政策，探索农村地区减贫的新路径。“瞄准性”扶贫政策的关键是提高贫困群体的利益，这一利益既包括贫困群体的收入实现增长，又包括贫困群体不平等状况的改善。因此，“瞄准性”扶贫政策主要包括两个方面：一是提高收入，二是降低不平等，降低不平等又包括降低初始不平等和使收入分配的变化有利于贫困群体。

（一）增加农村居民收入以消除绝对贫困

1. 驱动农业增长以提高农民收入水平

农业的发展是农民生存的根基，农业收入是农民的第一大收入来源。因此，农业的发展将直接通过提高农民的收入来降低贫困发生率。

1978 年改革开放后，农村开始大范围实行家庭联产承包责任制，这大大激发了农民生产的积极性，也使得农业在短时间内得到了较快的发展，农民增收显著，家庭联产承包责任制也成为 20 世纪八九十年代农村减贫的重要制度性工具。但进入 21 世纪以来，农业发展速度逐渐放缓，这一方面是因为国家发展的政策偏向第二、三产业，另一方面，更重要的原因是小规模、分散化的小农经济模式的弊端逐渐显现，这种传统的农业发展模式使得农业很难实现规模化发展和规模经济效益，且很难抵御自然灾害等风险，农民增收难度巨大。因此，为了提高农民的收入水平，我们应该转变传统的农业经营模式，努力推进农业现代化进程。

（1）加快发展农业科技事业，转变农业发展模式。创新是农业现代化的关键因素，必须加快发展农业科技事业，提高农业发展的技术装备和信息化水平，将农业培养成更健康、更持续的经济增长动力。一是要加快农业机械化过程，普及使用农机装备，加快开发功能齐全、经济节能的农业机械，推进劳动过程机械化。二是要强化农业技术创新，推动现代种业快速发展。设立专门的农业研究实验室，培育和推广适应机械化生产、高产优质、安全健康的新品种，推进主要农作物的更新换代，以提高农作物抵御虫灾的能力，同时要定期开展农业技术宣讲会议，及时多次向农民传授耕地保护、节水灌溉、重大病虫害防控等关键性农业专业技术，提高农作物产量。三是推进信息化与农业深度融合，用信息化推进农业现代化。建立“互联网”农业服务模式，扩展农产品销售渠道；利用网络等智能装备定期发布农产品供求信息、发布农业技术学习视频等，打造综合信息服务平台，提高农业生产经营信息化水平。

（2）创新农业经营体制，实现农业规模化、专业化发展。2014 年我国农村人均耕地面积只有 1.48 亩，小农经济的特点尤为突出。规模小、分散经营使得农业发展缓慢，且抵御自然灾害的能力较差。要实现农业的可持续增长，必须改变现有的农业经营体制。我们要发展农户合作经营的模式，鼓励农民合作社、联合社形式的经营体制；同时，完善土地承包经营权流转管理和服务，建立以农村生产组为单位的管理班子，引导土地向种田大户、家庭农场和农民专业合作社等主体流转，促进农业生产经营专业化和规模化。

（3）推进农村产业融合发展，实现农业均衡发展。首先，建设农产品初加工、精深加工生产基地，完善主要农作物和特色农产品产后商品化处理设施。鼓励农民对棉花、玉米等经济作物进行精深加工，并搭建销售平台，促进农业生产产业化，提高农业附加值效益。其次，利用农村自然资源优势，发展乡村旅游业。充分利用农村的自身优势，挖掘农村的自然风光、乡村文化，大力发展生态休闲农业。推进新农村建设工作，支持农村改造道路、宽带、停车场、厕所等基础设施，建造特色农村旅游区，通过农村旅游区建设使农民增收。

（4）加强农村基础设施建设，为农业生产提供必要设备。农村公路、电网、农田水利设施等基础设施的建设与完善是农业发展的基础，也是减少农村贫困的重要因素。近年来，国家对农村农林水方面的支出不断扩大，大大改善了农村基础设施状况。但是，这方面的支出比例仍然较小，直至2014年，农林水这一项支出也只占总财政支出的9%。因此，在未来的农村发展中，政府需要继续加大对农村基础设施建设的支出比例，并鼓励支持民间资本投资建设基础设施，比如农民集资、政府予以补助的方式。

2. 开拓就业扶贫渠道，增加贫困群体获得分享经济增长收益的机会

通过社会救济金扶持贫困群体的方式是一种间接分享经济增长成果的方式，这种方式虽然能够在短期内缓解贫困，但是它并不能从根本上消除贫困，且会助长社会“偷懒”的风气。要使农民直接参与经济增长的过程，在经济增长过程中获得收益以摆脱贫困，就要使农民获得就业机会。因此，为了扩大农民分享经济增长收益的机会，我们需要加大就业扶贫的力度。

(1) 积极调整产业结构，鼓励第三产业尤其是服务业的发展。从第三章的分析中我们可以知道，第三产业的发展是有利于减少农村贫困的。对第三产业与就业人员数量间的关系做一个简单的回归可以发现，第三产业的就业弹性达9.38%。服务业的最大优点是对劳动力组织需求弹性大，比较适合低素质劳动力进入，对受教育水平、技术水平等方面的要求并不是特别高，比较适合农村居民就业。

(2) 鼓励一些制造业企业去农村设厂，就地解决农民就业问题。由于城市地价高涨，现在很多大型制造业企业都会选择去郊区设厂，进行零部件的生产。政府应该通过资金补助、降低购地费用等方式引导并鼓励这些大型制造业企业去城市周边的农村建厂发展，这些制造业企业的入驻为农村居民提供了大量就地转移就业的机会，并提高了他们的收入水平。现在东南沿海很多农村地区都通过政策支持吸引了很多大中小型制造业企业去农村设厂，同时也很好地解决了农村居民的就业问题，这一做法可以在全国进行推广。

（3）完善农村劳动力市场，鼓励农村剩余劳动力向外转移。改革开放以来，城市工业、服务业等产业的迅速发展提供了大量的就业机会，但是农村居民相对较难了解到城市的就业机会，靠自己在城市也比较难找到就业渠道。大部分的农民进城务工都是靠老乡、亲戚的介绍，这使得农民转移就业选择少、就业面窄。为了保证就业信息的流动，为农村剩余劳动力转向城市就业提供一个平台，我们需要建立一个完善的农村劳动力市场。

一方面，地方政府要加强调控劳动力市场的力度，成立专门管理农村劳动力市场的相关部门，及时定期为农民提供城市就业信息，并能为农民处理相关就业问题，比如社会保险问题、工资纠纷问题等。另一方面，要逐步打破城乡壁垒，取消各种对农民工进城务工的限制，逐步实现城乡就业市场的统一。

（二）提高利贫式增长率，让贫困群体在经济增长中分享更多的成果

初始不平等程度和不平等的变化趋势是影响经济增长减贫效应的两个重要因素。一个国家的初始不平等往往是制度选择的后果，比如我国贫困群体初始不平等出现的原因主要是城乡二元经济体制的选择使得城市与农村在居民的公共服务、基础设施建设等方面存在巨大差异；而不平等的变化趋势则受多方面的影响，比如收入分配政策、居民的受教育程度、技术水平等。为了最大化经济增长的减贫效应，让贫困群体在经济增长中分享更多的成果，就必须降低初始不平等程度，并使收入分配朝着有利于贫困群体的方向。

1. 优化现有收入分配政策，转变城乡二元结构体制，降低初始不平等

从第六章的分析中我们可以知道，我国目前的收入分配制度不甚合理：初次分配不公，再分配不合理。在将市场机制引入初次分配后，初次分配更注重的就是效率而不是公平。虽然我国现在已经意识到初次分配应同时注重效率与公平，但现实的情况仍然是政府收入分配、企业收入分配的比例高于个体收入分配的比例。而在再分配领域，过高的间接税比例造

成了税负的不公平，同时社会保障体系建设也不够完善，再分配并没有达到“更加注重公平”的效果。与此同时，城乡二元结构体制的实行又使得城乡居民在获得就业机会、教育机会、社会保障、公共服务方面都存在严重的不平等待遇。这些制度性政策使得贫困群体的初始不平等问题严重。

因此，为了降低不平等程度，首先，必须优化现有收入分配体制。一方面，初次分配时要提高个体收入在国民总收入中的占比，保证三个主体分享同等比例的经济成果；同时要提高居民的工资性收入在国民分配中的比例。另一方面，要改变现有税制结构，提高直接税的比重，降低间接税的比重，降低税负不公平程度；同时要全面覆盖社会保障体系，加大对农村地区的社会保障支出。其次，要加快城乡一体化建设，逐步破除二、三线城市的户籍壁垒，加强农村基础设施与公共服务体系的建设，使得城乡居民在就业、教育、医疗、住房等方面享受同等的机会与服务。

2. 积极引导投资方向、进出口结构，使贫困群体享受更多实惠，实现公平增长

正如第四章所介绍的，目前我国的投资结构比较失衡，资本追捧高盈利行业，对弱势产业尤其是农业产生了很大的冲击。这样失衡的投资结构也使得部分产业出现产能过剩、房地产行业存在较大泡沫等经济发展问题，重视资本效率的倾向严重损害了社会公平问题。同时，出口贸易也在一定程度上加剧了不平等，比如国际农产品市场挤占国内农产品市场，损害农民利益；相比西部地区，东南沿海地区更能吸引外资和外企的入驻等。为了实现经济效率和社会公平的双重兼顾，实现公平增长，我们必须改变现有投资方向和进出口结构。

一方面，扩大政府投资资金投向农业的比例，同时积极鼓励、引导民间资本投向基础农业，给投资农业的企业、个人提供农业补助、贴息等政策福利；另一方面，改变进出口结构。首先在对外贸易中，由于出口工业制成品（主要是资本密集型和劳动密集型产品）比出口初级产品（主要是资源密集型产品）具有更高的附加值，且更有利于吸收国内劳动力，因此要鼓励工业制成品出口企业的发展，与此同时积极引导这些企业向中西部地区发展，中西部地区相对于东南沿海地区在地价、劳动力价格方面更具一定的优势。其次在进口方面，我们要加大对国外先进技术的引进而不是产品的进口。我们要学习发达国家先进的农业生产技术以提高国内农业生产效率，降低国内农产品价格，提高国内农产品的国际竞争力。

3. 发展农村教育事业，提高贫困群体分享经济增长收益的能力

受教育水平的高低决定了农民分享经济增长收益能力的高低。很多贫困群体之所以贫困且无法摆脱贫困的根源就在于其受教育水平低下。受教育水平的高低决定了就业层次的高低，也决定了收入水平的高低。农村居民由于受教育水平普遍低下，即使给他们提供就业扶持，他们也只能从事低技术的工作，这是造成城乡居民收入差距拉大、农民内部差距拉大的重要原因。很多学者都表明，教育对于经济增长、改善收入分配具有重要的作用，通过教育来摆脱贫困也是最有效最彻底的途径。因此，为了促进经济增长，缩小居民间收入差距，就必须要积极发展教育事业，提高贫困群体分享经济增长收益的能力。

一方面，政府必须加大农村教育方面的财政支持。首先要在农村地区全面普及九年义务教育，搞好农村基础教师队伍建设，加强对农村基础教师基本素质能力的培训，提高农村基础教师的水平，保证所有农村地区居民的基础教育全覆盖。其次要整合农村教育资源，合理利用资源。对于农村地区基础教育适龄人口大幅度减少的现状，可以选择多地区合并办学，集中合理利用教育资源。另一方面，也要有针对性地加大对贫困家庭子女的教育支持，对特困家庭的子女每月给予津贴补助，帮助他们完成学业。

4. 改善政府财政支出结构，提高农村分享经济增长成果的受益比例

一方面，政府要进一步完善农村最低生活保障制度和社会救济金制度。直至 2014 年，我国农村社会救济金和自然灾害救济金支出只占总财政支出的 0.8%。由于地方政府财力有限，而中央对这一方面的财政支持虽逐年上升但比例仍然很低，各地制定的居民最低生活保障标准都比较低。根据物价水平、贫困线变动情况适当提高最低生活保障的标准，可以防止低收入群体（徘徊在贫困线附近）因物价上涨、国家经济政策调整等因素而再次成为贫困群体，也可以为贫困群体提供一定的资金保障。

另一方面，政府投资具有很强的刺激经济的效用，为了最大限度地发挥政府投资对减贫的效应，政府投资应该有针对性地投向特定的产业，比如选择投资具有劳动密集型产业特点的公共项目，为贫困群体提供更多的就业机会；同时，政府应加大农村基础设施建设、公共服务体系建设的投资，贫困群体可以从这些方面享受到更多的福利。

（三）加大区域性扶贫力度，重点攻克落后地区的贫困问题

除了全方位的扶贫政策，我们还应有重点地关注落后地区的贫困问题，比如 14 个连片特困地区的贫困问题。从第二章的分析可知，我国目前 7 000 多万的贫困人口多集中于中西部经济欠发达地区，这些地区依靠区域经济增长实现减贫脱贫存在较大的困难，这就需要政府制定专门扶贫政策来帮助这些特殊区域实现脱贫目标。

1. 设立专项区域扶贫资金，改善落后地区的基础设施

中西部地区贫困的主要原因在于经济发展水平落后，而经济发展水平的落后又与这些地区恶劣的自然环境相关。比如甘肃地区，基础交通设施落后，高山多于平原，可用的居住用地、种植用地非常少。为了改变落后地区的贫困面貌，首先要做的就是扩大政府财政支出，并设立专项区域扶贫资金，大幅度支持中西部偏远地区建设公路、铁路等交通基础设施，这不仅能为中西部地区的人民提供一定的就业机会，也能吸引优质企业进入中西部地区发展。

2. 构建省市互帮体系，在合作中推进减贫计划

目前这种省市互帮体系在我国的区域性扶贫计划中还是比较普遍的。对口帮扶相较于政策支持，给落后地区带去的更多的是人才、资金以及技术等方面的支持。但是目前的这种帮扶体系也存在一些问题。一方面，目前的对口帮扶缺乏针对性，很多发达地区只是以完成中央的扶贫任务为目

标，盲目地给予中西部欠发达地区人才、资金等方面的支持，而没有过多关注这些支持是否是贫困地区真正需要的；同时，对于人才、资金进入之后的后续工作也没有很好地完成，使得这些资源在进入贫困地区后的使用效率大大下降。另一方面，贫困地区由于基础设施不健全、劳动者素质低下等原因使得很多省市互助体系并不能发挥理想的效果，省市互助扶贫效果并不显著。为了解决这些问题，实现真正的合作减贫，我们必须改善现有的互帮体系。

首先，应该重视贫困地区的教育帮扶，提高劳动者的素质。劳动力一直是经济发展的关键因素，要实现地区发展就必须提高劳动者的素质。因此，必须要加强落后地区的教育扶持。可以在省市之间建立学生、教师交流体系，鼓励教育发达地区的教师队伍进入贫困地区的教育体系，并支持这些贫困地区的教师到发达地区学习交流。其次，在进行帮扶的时候，发达地区应注意因地制宜。应当在充分了解帮扶地区的自然环境、经济发展状况的同时，有针对性地向这些地区输入人才、资金与技术。

二、社会主义国家反贫困的利贫性制度优势

（一）公有制为主体的基本经济制度提供了反贫困的制度保障

公有制为主体的基本经济制度和按劳分配的分配制度提供了反贫困的基本制度保障。作为社会主义国家，坚持以公有制为主体的基本经济制度和按劳分配的分配制度是体制的根本，也是反贫困的基本制度保障。在生产资料公有制的基础上消除资本对劳动的压榨，保障劳动者平等地参与生产经营，享有监督管理权，按劳分配，共享发展的果实，从而可以有效地消减贫困。社会主义制度实际上是劳动人民当家做主的制度，可以集中力量办大事，更有效地保护人民群众的各项权益，真正走向共同富裕。

（二）中央和地方分权体系提高了减贫政策实施的效率

中国大规模的减贫成就与中国共产党的强大领导力密切相关。中国政府全面落实脱贫攻坚责任制，按照“中央统筹、省负总责、市县抓落实”的工作机制，制定了驻村工作队、第一书记、帮扶责任人等因村因户帮扶措施，构建了责任清晰、各负其责、合力攻坚的责任体系，实现了省、市、县、乡、村五级书记一起抓扶贫、层层落实责任制的治理格局。同时层层签订脱贫攻坚责任书、立下军令状，确保坚决打赢脱贫攻坚战。

中央政府整体统筹减贫扶贫工作。党中央、国务院主要负责统筹制定脱贫攻坚大政方针，出台重大政策举措，完善体制机制，规划重大工程项目，协调全局性重大问题、全国性共性问题，组织实施对省级党委和政府扶贫开发工作成效考核。同时，中央政府成立了由相关行政职能部门组成的国务院扶贫开发领导小组，负责统筹国家扶贫开发工作。国务院扶贫开发领导小组下设办公室，即国务院扶贫开发领导小组办公室，负责承担领导小组的日常工作。

省级党委和政府对辖区内脱贫攻坚工作负总责，市县政府负责落实扶贫减贫政策。各级地方政府成立了相应的扶贫开发机构，统一领导和协调本地区的扶贫开发工作，并确保责任层层落实。而市县级政府承担主体责任，县级党委和政府主要负责人是第一责任人，负责精准识别、精准帮扶、精准脱贫等工作。村两委、驻村工作队、第一书记是脱贫攻坚战一线工作人员，向贫困群众宣传扶贫政策，落实扶贫政策，组织扶贫工作。

与此同时，中央政府还建立了一套较为完整的扶贫工作考核制度与法规。根据《关于改进贫困县党政领导班子和领导干部经济社会发展实绩考核工作的意见》，对于县级干部的考核从贫困县经济社会发展滞后的实际出发，不简单考核经济增长速度，注重对与减贫脱贫紧密关联的民生改善、社会事业发展的考核。把脱贫攻坚的成效作为选拔使用干部的试金石，引领各级领导干部积极投入到脱贫攻坚的事业当中。

（三）农村土地制度保障了农民的利益

土地制度是关于农民切身利益的制度，尤其是极度依赖农业生产的穷人利益的制度。改革开放以来，国家首先开始了农村地区的改革，在农村实行家庭联产承包责任制，使得所有农户都获得了土地的长期使用权。这一改革的实施使农民获得了自主经营权，一方面可以极大调动农民生产的积极性；另一方面又成为进城务工农民工群体的“退路”。在这样的集体土地所有制的制度保障下，进城农民工即使由于自身受教育程度低下、年龄过高或整体经济形势不好而导致不同原因的失业，也可以回到农村继续从事农业生产。

第九章　共建一个没有贫困、共同发展的人类命运共同体[①]

进入21世纪以来，全球的政治经济格局发生了较大变化，尤其是2008年发端于美国的金融海啸暴露了西方新自由主义逻辑的缺陷。受资本逻辑影响，劳动者的收入增速缓慢，生活水平长期处于较低状态。正如一些学者批评的，无论是先前英国主导时期的全球公共品供给模式，抑或是20世纪中期以来美国主导的全球公共品供给模式，始终没能在世界减贫方面有所作为。[②] 形成鲜明对比的是，中国依托于数十年大规模扶贫开发创造了使超过7亿人口摆脱贫困的奇迹，在理论上破解了“伊斯特利悲剧”的反贫困难题，在实践上为世界减贫事业贡献了“中国智慧”。在脱贫攻坚收官阶段，中国反贫困的步伐并未止步，在以习近平总书记为核心的党中央的倡导下，中国正在“为共建一个没有贫困、共同发展的人类命运共同体而不懈奋斗”。中国提出“共建人类命运共同体”的重点在于号召各国摒弃偏见、搁置争议，合作共赢，一起走和平发展道路，具体包括构建良好的制度基础与平稳的社会环境，倡导世界各国积极践行多边主义，支持各国际组织在减贫事业中发挥作用，以合作促减贫。

中国在世界经济发展中的地位不断提升，并代表新兴经济体和广大发展中国家争取更大的话语权，但是，这并不意味着中国要寻求霸主地位及

① 本章根据孙咏梅与中国人民大学经济学院硕士研究生王文泽合作的科研成果提炼而成。

② Hu H, Jiang T, Shi L. Viewing the World Significance of the Thought of “A Community of Shared Future for Mankind” from the Perspective of the Manifesto of the Communist Party ［C］ //International Academic Conference on Frontiers in Social Sciences and Management Innovation（IAFSM 2018）. Atlantis Press, 2019；蔡昉．金德尔伯格陷阱还是伊斯特利悲剧？——全球公共品及其提供方式和中国方案［J］. 世界经济与政治，2017（10）：4－22.

全球公共品供给者的主导地位。正如习近平总书记在世界经济论坛 2017 年年会讲话中指出的：“真正的敌人不是我们的邻国，而是饥饿、贫穷、无知、迷信和偏见。”①

一、世界性贫困是“共建人类命运共同体”需要攻克的难题

自以习近平总书记为核心的中国政府提出“共建人类命运共同体”的倡导以来，贫困问题在合作共赢框架内不断受到各国的关注。努力摆脱贫困是合作共赢的首要目标之一。在发展中国家（地区）仍有 1/10 的人口生活在每天 1.90 美元的国际贫困线以下，在撒哈拉以南的非洲有高达 42%的人口生活在贫困线下。② 联合国千年发展目标（Millennium Development Goals，MDGs）中的首要任务以及 2030 年可持续发展目标中（Sustainable Development Goals，SDGs）的第一项便是要消除贫困。

事实上，贫困是一个动态演进的概念，随着时代的进步、社会的发展、人类认知水平的提升，贫困所指的内容已不仅仅停留在进行再生产时所需要的基本物质生活资料以及生活的困难程度。随着国内外学者关于贫困问题、发展经济学的探讨，贫困的内涵和外延都得以扩展，譬如阿马蒂亚·森提出的“权利型贫困”、西奥多·舒尔茨提出的“能力型贫困”、罗格纳·纳克斯和冈纳·缪尔达尔提出的“循环积累因果型贫困”、阿比吉特·班纳吉和埃斯特·迪弗洛提出的“文化型贫困”以及世界银行提出的“人文贫困”等。各种贫困理论直接指向的是人类社会中的贫困现象，无论在发达国家还是发展中国家，贫困客观上普遍存在。贫困是一个多层面的问题，既包括人们对食物、住房、教育、娱乐消遣等方面的基本需要，

① 共担时代责任，共促全球发展——习近平在世界经济论坛 2017 年年会开幕式上的主旨演讲［Z］. 人民日报，2017-01-18.

② 联合国. 可持续发展目标［EB/OL］. 2020［2020-04-30］. https://www.un.org/sustainabledevelopment/zh/poverty/.

也包括对公民权利、文化权利、政治权利、人权、医疗卫生等方面的更高层次的需求。

（一）发达国家在财富创造中遇到的贫困挑战

相对于发展中国家而言，发达国家贫困人口占总人口的比例较低，但是仍要面对贫困的挑战。根据世界银行的统计数据，以 1.9 美元/人·天为绝对贫困线，2016 年高收入国家中仍有许多国家的贫困发生率大于 1%，譬如西班牙、希腊、匈牙利、意大利、立陶宛、巴拿马、斯洛伐克、美国等。从图 9-1 中可以看出，即使是最发达的国家也有人口处于绝对贫困之中，例如高度发达的北欧国家丹麦、挪威、瑞典也仍有 0.3%的绝对贫困人口。[①]

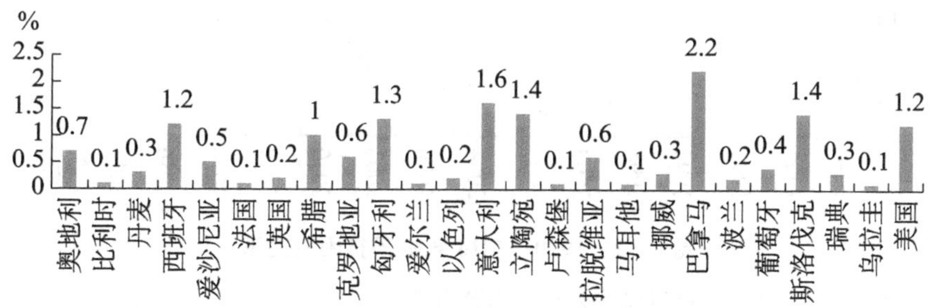

图 9-1　2016 年部分高收入国家的贫困发生率

资料来源：根据世界银行公布的相关数据整理。

发达国家的贫困问题具有隐蔽性、动态变化性等复杂特征，贫困人口生活水平低、政治文化权利得不到基本保障。即使是世界第一大经济体的美国，贫困问题长期以来也对其造成很大的困扰。“美国穷人往往成为美国最弱势的公民，即儿童、老人、单身母亲家庭成员和那些只能从事收入低得永远跟不上通货膨胀的工作的低学历者。”[②] 根据美国人口调查局统

① 该测度的依据是以 1.9 美元/人·天为绝对贫困线标准，以世界银行统计数据为依据。

② Rodgers H. R. *American Poverty in a New Era of Reform*[M]. New York：ME Sharpe，2006.

计数据，以美国政府划定的贫困线为标准，2018 年美国国内贫困发生率为 11.8%，约 3 810 万人口处于贫困状态，而 2018 年的贫困发生率是自 2008 年全球金融危机发生以来的最低水平。美国的贫困问题还呈现出种族贫困、年龄贫困、特殊人群贫困的特点，2018 年，美国原住居民的贫困发生率是 25.4%，黑人的贫困发生率是 20.8%，西班牙裔美国人的贫困发生率是 17.6%，而白人和亚洲裔人口的贫困发生率为 10.1%；美国人口调查数据显示美国老年人的贫困发生率是 9.7%，儿童的贫困发生率是 16.2%，同样是其官方发布的《补充贫困措施》则认为美国老年人的贫困发生率是 14.1%；美国残疾人的贫困发生率是 25.7%，约有 400 万残疾人处于贫困之中（见图 9-2）。

图 9-2　1990—2018 年美国贫困发生率

资料来源：根据美国人口调查局公布的相关数据整理。

自第二次世界大战以后，西方诸多国家开始提升社会福利方面的支出，然而贫困问题始终存在。例如，为避免严重的两极分化，美国试图通过国家干预来解决问题，奥巴马政府于 2010 年推行的《患者保护与平价医疗法案》是针对病人的一项福利政策，该政策将美国医疗保险的覆盖率从 85%提升到了 95%。但是由于该政策需要巨额资金的支撑，社会中的富人需要为穷人的生活保障支付额外税金，引发社会强烈不满，特朗普政府于 2017 年取消该政策。虽然美国长期在不断调整各项社会政策，但对于贫困问题没有形成良好的针对性举措，也未取得明显成果。2000—2010 年，美国贫困发生率有明显上升，从 11.3%上升至 15.1%。虽然 2010 年后，贫困发生率有了明显的下降，但 2018 年的贫困发生率仍然为

11.8%，比2000年的11.3%还高0.5个百分点。2016年，麦肯锡全球研究院发布报告称，在过去的10年中，全球25个经济体中有70%的家庭收入呈现下滑趋势（见表9-1）。①

表9-1　世界各地区贫困情况

	贫困发生率（%）			贫困人口数（百万人）		
	2018年	2013年	2015年	2018年	2013年	2015年
世界	11.18	10.04	n/a	801.53	736.66	n/a
东亚和太平洋地区	3.56	2.31	1.34	71.51	47.01	27.82
欧洲和中亚	1.68	1.61	1.19	8.09	7.82	5.86
拉丁美洲和加勒比海地区	4.31	4.09	4.40	26.09	25.32	28.02
中东和北非	2.36	3.82	7.19	8.37	14.07	27.88
南亚	16.14	12.40	n/a	275.38	216.40	n/a
撒哈拉以南的非洲	43.13	42.29	n/a	405.28	419.56	n/a

资料来源：数据来自世界银行网站。这里的贫困线为1.9美元/人·天，按2011年不变价格计算。

（二）发展中国家难以克服的绝对贫困难题

发展中国家的贫困问题是当今世界上最为复杂也是最难解决的难题，尤其是撒哈拉以南的非洲和南亚是全球贫困发生率最高的地区。国际新闻媒体常把撒哈拉以南的非洲作为饥饿、经济危机、政治动荡、卫生问题突出的典型案例。

自20世纪80年代开始，撒哈拉以南的非洲因为贸易条件的制约，被“锁定”在全球价值链的底端，对外贸易主要出口未经加工的农产品、工业原材料等，但是受到1979年的石油价格危机影响，出口产品的价格严重受挫，原本希望新兴工业部门逐步成长并在经济中成为重要支撑的希望破灭了。加之彼时全球经济吃紧，非洲各国纷纷举债，但是由于全球经济

① Dobbs R., Madgavkar A., Manyika J., et al. Poorer than Their Parents [J]. Flat or Falling Incomes in Advanced Economies, New York: McKinsey Global Institute, 2016.

放缓、利率上行，举债的国家纷纷陷入了严重的债务陷阱，原本低迷的经济更是雪上加霜。此外，撒哈拉以南的非洲地区人口增长率远高于发达国家水平，因此无论是人均收入水平还是实际的生活状况都令人感到担忧和不安。具体到个别国家，贫困的问题则更为凸显，根据世界银行2017年的数据，在过去的60年里，撒哈拉以南的非洲地区中只有博茨瓦纳、布基纳法索、莱索托和塞舌尔的实际人均GDP呈现出正的增长率；在2000—2010年期间，只有埃塞俄比亚、毛里求斯、莫桑比克、卢旺达、苏丹和坦桑尼亚的实际人均GDP增长率超过3%；津巴布韦、南苏丹则遭遇了彻底而全面的经济崩溃。即使是该地区中的区域强国南非、尼日利亚，经济表现得也远不尽人意。

事实上，贫困问题被广泛认为是影响经济增长、社会不稳定的重要因素之一。无论是在发达国家还是发展中国家，贫困发生率被认为与犯罪率呈正相关关系，贫困发生率越高、犯罪率越高，社会就越不稳定，矛盾就越激化。“一些理论表明，当公民从事非生产性犯罪活动时，他们阻止他人进行生产性投资，或者他们的行为迫使他人将资源转向防御性活动和支出。”① 此外，从西方新古典主义经济学的角度而言，贫困会严重阻碍人力资本的积累，而人力资本的积累又是经济发展的重要动能之一。因此如果贫困发生率在长时间内不能下降，经济增长速度就会受到极大的影响和制约。对于一些特殊国情的国家而言，贫困问题还有可能导致民粹主义的抬头和觉醒。“穷困的生活以及收入的不平等使这部分群体无处宣泄的愤怒情绪转向民粹主义，2008年全球金融危机之后，茶党运动、‘占领华尔街’运动的兴起以及特朗普在大选中的获胜和桑德斯获得民主党候选人提名，这三个现象实际上都是美国当代民粹主义兴起的表现。”②

---

① Poverty in America：Consequences for Individuals and the Economy [Z]. U. S. Government Accountability Office，2007-01-24.

② 朱明玉．美国的贫困问题：成因、政策与影响 [J]. 领导科学论坛，2020 (07).

二、中国巨大的减贫成就向世界展示了“中国优势”

中华人民共和国成立70多年来，在中国共产党的领导下，我国进行了持久而深入的反贫困斗争，经历了“通过制度变革打下反贫困坚实基础”、“通过经济开发推动广泛脱贫”和“通过精准扶贫全面消除贫困”三个重要阶段，实现了绝对贫困人口逐年显著下降、农村低收入居民生活水平持续改善，在消灭绝对贫困人口数量方面堪称世界各国的标杆与典范，逐步探索出了一条中国特色的反贫困道路。

（一）中华人民共和国成立后（1949—1977年）我国扶贫开发的制度优势

对于我国脱贫实践的研究方面，由于数据可获得性以及经济发展的客观事实，一般而言国内相关研究通常以1978年为起点。但事实上，要探讨中国反贫困事业，绝不可以忽视1949—1977年间中国反贫困事业的发展。若以2010年的贫困线为基准，假设1949年中华人民共和国成立时我国的贫困发生率为100%，而1978年为97.5%，在30年间贫困发生率仅下降了2.5%，这样的视角是不可取的，既不客观也不理性。因为贫困是一个多维度问题，不是仅用划定的收入线就可以衡量的，人民生活水平的实质性改善进程才是合理的衡量标准。特别是对于我国而言，在1949—1977年中，中央制定的一系列重要政策、推进的一系列关键措施都在客观上为后来的脱贫扶贫工作顺利开展打下了基础，铺好了路。

中华人民共和国成立伊始，国家积贫积弱，广大农村地区人民群众绝对贫困特征显著，贫困发生率较高，农业人均粮食产量仅为418斤，难以维持温饱，4亿多人口有一半以上处于饥饿状态。[①] 那时的中国经济发展

① 朱凤岐．中国反贫困研究［M］．北京：中国计划出版社，1996．

水平与撒哈拉以南的非洲地区基本相仿，农业产值低，工业凋敝。面临内外十分复杂的环境，中共中央积极研究，决定先从制度层面打好经济发展和消灭贫困的基础，于1950年颁布了《中华人民共和国土地改革法》，让全国3亿多原本没有土地或拥有较少土地的农民分得土地和各类生产资料。随后，依托我国社会主义制度的集中力量办大事的优势，中央先后试点推进“互助组”“初级合作社”“高级合作社”的建设，最后建立了人民公社制度，将我国的土地私有制完全转变为土地公有制，标志着我国反贫困的制度基础——社会主义公有制在农村基本建立。

除制度建设外，1978年之前我国政府将目光主要聚焦在工业领域，大力推动基础设施建设，使我国工业产值占GDP比重由1952的30%，快速提高至1972年的72%。[①] 在教育、医疗卫生、社会保障等重要国计民生领域，中央政府也着重发力，建立起全面覆盖的免费基础教育，“消灭”人口中的文盲、法盲、科盲，建立基本的医疗卫生保障制度，对缺乏劳动能力的老弱病残幼进行扶助，建立“五保”救济扶助机制。

马克思和恩格斯一直强调“未来新社会”的核心与关键就是社会主义公有制。恩格斯指出，要完全消除资本主义制度下各种社会弊病与症结，就必须消灭私有制。[②] 我国于20世纪50年代开始的没收官僚资本、土地改革、生产资料社会主义改造等推动了社会主义公有制的建立。社会主义公有制的核心意义在于其完全摈弃资本主义私有制逻辑，生产社会化与生产资料私人所有的矛盾得以消除，两极分化和剥削的问题得以消灭，人不再被异化而是实现“全面发展”。社会主义公有制的反贫困优势在于：一是效率优势。由于资本主义制度无法承载其所创造出的生产力，当社会矛盾积攒到一定程度时，资本主义危机会对现有的生产力造成巨大破坏，劳动者跌入贫困的深渊。社会主义公有制为生产力提供足够的承载力和与之匹配的生产关系。二是分配优势，集体所有的生产资料是为公共利益服

---

① 根据国家统计局公布的相关资料整理。

② 马克思，恩格斯．马克思恩格斯选集：第1卷［M］．3版．北京：人民出版社，2012.

务，按劳分配的分配模式保证了社会分配的公平合理。三是公共用品保障优势。社会主义公有制在教育、医疗卫生等重要国计民生领域，为贫困群体提供了良好的保障。

(二) 改革开放后 (1978 年至今) 我国反贫困的体制优势

1978 年，我国深入推进体制机制改革，着力于现代化建设，对贫困问题的关注程度也再次提升，政策措施方向也更加具体。邓小平同志继承发扬毛泽东的共同富裕思想，同时也深刻反思了之前经济发展过程中的平均主义、教条主义错误，创造性地提出了“效率优先、兼顾公平”的发展理念。按照 1978 年我国政府确定的贫困线测算，1978 年我国的贫困人口约为 2.5 亿人，贫困发生率为 30.7%。面对庞大的贫困人口，中央果断实行的一系列举措，充分释放了人民的积极性，特别是农村居民生产劳动的积极性，对于深度贫困地区以及特定贫困人群则推进专项定点帮扶。这些举措为中国减贫事业创造了体制优势，这一阶段，我国贫困发生率不断下降（如表 9－2 与表 9－3 所示）。

表 9－2　我国大规模扶贫开发中农村贫困人口及贫困发生率下降情况（1978—1999 年）

年份	1978 年标准		2010 年标准	
	贫困人口（万人）	贫困发生率（%）	贫困人口（万人）	贫困发生率（%）
1978	25 000	30.7	77 039	97.5
1980	22 000	26.8	76 542	96.1
1981	15 200	18.5		
1982	14 500	17.5		
1983	13 500	16.2		
1984	12 800	15.1		
1985	12 500	14.8	66 101	78.3
1986	13 100	15.5		
1987	12 200	14.3		
1988	9 600	11.1		
1989	10 200	11.6		
1990	8 500	9.4	65 849	73.5

续前表

年份	1978年标准		2010年标准	
	贫困人口（万人）	贫困发生率（%）	贫困人口（万人）	贫困发生率（%）
1991	9 400	10.4		
1992	8 000	8.8		
1994	7 000	7.7		
1995	6 540	7.1	55 463	60.5
1997	4 962	5.4		
1998	4 210	4.6		
1999	3 412	3.7		

资料来源：国家统计局住户调查办公室．中国农村贫困监测报告2018［M］．北京：中国统计出版社，2018.

注：1993年和1996年的数据缺失。

表9-3　21世纪以来我国农村贫困人口及贫困发生率下降情况（2000—2019年）

年份	1978年标准		2008年标准		2010年标准	
	贫困人口（万人）	贫困发生率（%）	贫困人口（万人）	贫困发生率（%）	贫困人口（万人）	贫困发生率（%）
2000	3 209	3.5	9 422	10.2	46 224	49.8
2001	2 927	3.2	9 029	9.8		
2002	2 820	3	8 645	9.2		
2003	2 900	3.1	8 517	9.1		
2004	2 610	2.8	7 587	8.1		
2005	2 365	2.5	6 432	6.8	26 882	30.2
2006	2 148	2.3	5 698	6		
2007	1 479	1.6	4 320	4.6		
2008			4 007	4.2		
2009			3 597	3.8		
2010			2 688	2.8	16 567	17.2
2011					12 238	12.7
2012					9 899	10.2
2013					8 249	8.5
2014					7 017	7.2

续前表

年份	1978 年标准		2008 年标准		2010 年标准	
	贫困人口（万人）	贫困发生率（%）	贫困人口（万人）	贫困发生率（%）	贫困人口（万人）	贫困发生率（%）
2015					5 575	5.7
2016					4 335	4.5
2017					3 046	3.1
2018					1 660	1.7
2019					551	0.6

资料来源：国家统计局住户调查办公室．中国农村贫困监测报告 2018. 北京：中国统计出版社，2018.

自 1985 年，我国开始实行工业化与城镇化驱动下的反贫困进程，深入推进市场化改革，特别是对农副产品进行了市场化改革，进一步完善土地制度。根据各年《中国乡镇企业年鉴》，1978 年各类社队企业的数量大致为 152 万个，1985 年增加至 1 888 万个，1991 年增加至 1 908 万个；乡镇企业从业人员数量由 1978 年的 2 826.6 万人增加到 2000 年的 12 820 万人；乡镇企业从业人员占农村劳动力的比重由 1978 年的 9.2%增加至 2000 年的 27.3%。1985—1990 年，农民净增收入的一半以上来自乡镇企业；1995 年，乡镇企业人均工资 3 553 元，全国农民人均从乡镇企业得到的纯收入达 467 元，占全国农民人均纯收入净增部分的 39.9%。① 可见，在制度改革浪潮中成长起来的广大乡镇企业为当时的农村贫困人口脱贫发挥了十分关键的作用。按照我国 1978 年的贫困标准，经过近 30 年的发展，2007 年我国贫困发生率已下降至 1.6%，下降了 29.1 个百分点。若以世界银行发布的 1.9 美元/人·天（以 2011 年不变价格计算）的贫困标准线进行测算，我国农村贫困发生率在 1990 年时为 66.6%，而到 2015 年时为 1.25%，在 25 年中下降了 65.35%。② 进入 21 世纪之后的前十年，我国农村居民生活状况得到快速且明显的改善，从表 9－4 中可看到，农

① 中国乡镇企业年鉴委员会．中国乡镇企业年鉴 1996 [M]. 北京：中国农业出版社，1996.

② 世界银行 povcal 数据库。

村居民家庭人均纯收入从 2002 年的 2 528.9 元上涨至 2012 年的 8 389.3 元，农村居民家庭人均消费支出从 2002 年的 1 834.3 元上升至 2012 年的 5 908 元，特别是农村居民低收入户人均纯收入从 2002 年的 857 元上升至 2012 年的 2 316.2 元，人均消费支出从 1 006.4 元上升至 3 742.3 元，10 年间收入和消费都上涨了 2 倍左右。

改革开放把社会主义制度与市场经济结合起来，为扶贫减贫提供了更好的物质基础。社会主义公有制与市场经济的结合展现出两大优点：一是社会主义公有制经济可以避免资本主义经济中譬如盲目性等固有弊端，政府有足够能力制定发展规划与目标，指导经济社会的走向；二是发挥市场在资源配置方面的高效性和灵敏性，为减贫提供更多的机会和渠道。

表 9-4　　我国农村居民收入支出情况（2002—2012 年）

年份	农村居民家庭人均纯收入（元）	农村居民家庭人均消费支出（元）	农村居民低收入户人均纯收入（元）	农村居民低收入户人均消费支出（元）	农村居民中等偏下收入户人均纯收入（元）	农村居民中等偏下收入户人均消费支出（元）
2002	2 528.9	1 834.3	857	1 006.4	1 548	1 310.3
2003	2 690.3	1 943.3	865.9	1 064.8	1 606.5	1 377.6
2004	3 026.6	2 184.7	1 007	1 248.3	1 842.2	1 581
2005	3 370.2	2 555.4	1 067.2	1 548.3	2 018.3	1 913.1
2006	3 731	2 829	1 182.5	1 624.7	2 222	2 039.1
2007	4 327	3 223.9	1 346.9	1 850.6	2 581.8	2 357.9
2008	4 998.8	3 660.7	1 499.8	2 144.8	2 935	2 652.8
2009	5 435.1	3 993.5	1 549.3	2 354.9	3 110.1	2 871
2010	6 272.4	4 381.8	1 869.8	2 535.4	3 621.2	3 219.5
2011	7 393.9	5 221.1	2 000.5	3 312.6	4 255.7	3 962.3
2012	8 389.3	5 908	2 316.2	3 742.3	4 807.5	4 464.3

资料来源：国家统计局网站。

注：人均纯收入＝工资性收入＋经营性收入＋财产性收入＋转移性收入。人均纯收入是远小于人均总收入的，因此在这里出现了农村居民人均纯收入小于其消费支出的情况。

2010 年以后，我国的社会经济再次发生重要变化，GDP 增速开始逐年放缓，高新技术产业如雨后春笋纷纷建立，人工智能、大数据、3D打印等行业快速成长，经济增长的动力源发生重要转变。但是经济增速下降、经济结构转型对我国贫困人口脱贫事业也形成了一定的挑战。借助强大的制度与体制优势，国务院于2011年印发《中国农村扶贫开发纲要（2011—2020年）》，于2013年正式启动精准脱贫攻坚战，提出于2020年全面“决胜小康社会，打响脱贫攻坚战”，消除绝对贫困。以2010年的贫困线为标准，2012年我国的贫困发生率为10.2%，而2019年贫困发生率则降至0.6%，7年内贫困人口减少了9 348万人，连续7年每年消除贫困人口在1 000万人以上。[①] 2020年3月6日，国家召开决战决胜脱贫攻坚座谈会，吹响了脱贫攻坚胜利的冲锋号，即2020年内彻底打赢脱贫攻坚战。当脱贫攻坚目标实现后，我国将提前10年实现联合国2030年可持续发展议程的减贫目标，堪称世界反贫困历史上的标杆，为全世界各国减贫实践提供了一条可供借鉴的“中国经验”。

三、破解反贫困的“伊斯特利悲剧”：“共建人类命运共同体”

在世界反贫困方面，伊斯特利等一些西方学者悲观地认为，全球有数亿人处于极端贫困的状态之中，生活得不到保障，虽然发达国家名义上也持续投入了大量人力、财力、物力，但是收效甚微且预期惨淡。[②] 这种现象被称作“伊斯特利悲剧”。“伊斯特利悲剧”所要传递的含义是：世界贫困现象没有得到缓解的根源不在于贫困人口的贫困，而在于全球贫困治理模式的“贫困”。对此，以习近平总书记为核心的党中央提出的“共建一个没有贫困、共同发展的人类命运共同体”倡议，恰好是破解“伊斯特利

① 根据国务院扶贫开发领导小组办公室、国家统计局发布的消息，以及《光明日报》等报道整理而得。

② Easterly W. The White Man's Burden [J]. *The Lancet*, 2006, 367 (9528): 2060.

悲剧”、打开彻底消除贫困之门的“金钥匙”。

（一）“共建人类命运共同体”是破解“伊斯特利悲剧”的关键

世界银行前首席经济学家伊斯特利在《威权政治》中指出，世界上的穷人面临着两大悲剧：第一个悲剧是全球有数亿人处于极度贫困，这是有目共睹的。而很多人避而不谈的第二个悲剧是，几十年中发达国家投入了数万亿美元的援助，却收效甚微。尽管理论上经济增长、经济全球化和技术进步具有促进做大蛋糕的效应，然而，预期的“涓滴效应”并没有产生，做大的蛋糕如何在国家间和一国内均等分享？这一困惑在国际和国家层面都远没有破题。①

“共建人类命运共同体”是中国为破解反贫困的“伊斯特利悲剧”难题提供的“中国智慧”，其思想源于马克思、恩格斯对人类社会发展规律的探索，与联合国2030可持续发展目标高度一致，超越了“人类只有一个地球，各国共处一个世界”的消极理念，形成了世界各国人民“命运相连，休戚与共”的积极理念。中国不仅在治理本国贫困方面取得了突出成绩，更是为世界各国的贫困治理提供了“中国智慧”——共建一个没有贫困、共同发展的人类命运共同体。什么是“共建人类命运共同体”？“共建人类命运共同体”实际是重构一个开放、包容、多元的新型全球治理体系，正如党的十九大报告中所说的“构建人类命运共同体，建设持久和平、普遍安全、共同繁荣、开放包容、清洁美丽的世界。”

“命运共同体”的理念最早见诸2011年9月国务院新闻办公室发表的《中国的和平发展》白皮书，“经济全球化成为影响国际关系的重要趋势。不同制度、不同类型、不同发展阶段的国家相互依存、利益交融，形成‘你中有我、我中有你’的命运共同体”。所谓共建，是指世界的命运与发展实际由所有的国家共同决定，而各国的发展则是在该国政府和人民的努

① 伊斯特利．威权政治［M］．北京：中信出版社，2016.

力下结合其他国家的支持帮助以共同实现。经过实践探索，关于“命运共同体”的理解与表述也在不断深化，2013 年 4 月，习近平总书记在博鳌亚洲论坛 2013 年年会上首次提出要构建命运共同体的倡议，指出共同发展是持续发展的重要基础，我们“应该牢固树立命运共同体意识，顺应时代潮流，把握正确方向，坚持同舟共济，推动亚洲和世界发展不断迈上新台阶”①。2015 年 9 月习近平总书记在联合国成立 70 周年系列峰会上发表讲话之后，“人类命运共同体”概念开始得到世界各国的高度关注。2017 年后，“推动构建人类命运共同体”的表述被先后写入了《中国共产党党章》和《中华人民共和国宪法》。

“共建人类命运共同体”的倡议得到了世界各国和国际组织的认可与支持，并越来越多的在联合国议程中得到体现。2017 年 2 月 10 日，联合国社会发展委员会第 55 届会议通过了“非洲发展新伙伴关系的社会层面”决议，呼吁国际社会构建人类命运共同体，加强对非洲的帮扶与支持；2017 年 3 月 17 日，联合国安理会通过关于阿富汗问题第 2344 号决议，其中便写入了“构建人类命运共同体”的内容；2018 年 3 月 23 日，联合国人权理事会第 37 届会议呼吁世界各国需要协同努力，构建人类命运共同体，营造新型的国际关系，坚持相互尊重、公平正义、合作共赢。共建一个没有贫困、共同发展的人类命运共同体是中国特色社会主义的具体实践，意义非常深远，其思想根基来源于马克思和恩格斯的政治经济学原理，发扬了“天下大同”的五千年中华传统优秀思想，与联合国 2030 年可持续发展目标的精神内核高度一致，超越了“人类只有一个地球，各国共处一个世界”的消极理念，形成了“命运相连，休戚与共”“山川异域，风月同天”的更为积极的命题。

如前文所述，中国 70 年的脱贫成就向世界各国，特别是一直对中国进行“妖魔化”“污名化”的发达国家，展示了如何将蛋糕做大与将蛋糕

① 习近平主席在博鳌亚洲论坛 2013 年年会上的主旨演讲［Z］. 中国共产党新闻网，2013-04-07.

分好的财富创造与脱贫智慧。当下，中国发展故事背后的中国经验、中国思路已经提升为理论层面的"中国智慧"和实践层面的"中国方案"。[①]

（二）马克思主义理论是"人类命运共同体"的理论基石

习近平总书记关于"人类命运共同体"的论述，符合马克思主义对人类社会发展规律的论述。要推进世界各国共建一个没有贫困、共同发展的人类命运共同体，需要始终坚持马克思主义的指导。实际上，在马克思之前很长一段时间，各派学者对于如何构建"共同体"已进行了各种探索、研究和论述，譬如古希腊时期柏拉图提出的"城邦共同体"、古罗马时期西塞罗提出的"法的共同体"、基督教的"神的共同体"、卢梭提出的"政治共同体"、费希特提出的"意志共同体"[②] 等，但这些理论之所以被认为牵强附会或是无法解释现实世界，是因为它们普遍没有从历史唯物主义的客观角度出发，所以被马克思称作是"虚幻的共同体"。

马克思从未抛开现实而就理论谈理论，他关注的是在一定历史条件下的人类社会运行规律，他在《共产党宣言》里写道，"代替那存在着各种阶级以及阶级对立的资产阶级旧社会的，将是一个以各个人自由发展为一切人自由发展的条件的联合体。"[③] 基于对资本主义社会现实的深入观察与理解，马克思严谨地提出的"自由人联合体"[④] 是对人类社会未来发展趋势的独到洞见。马克思的"自由人联合体"思想综合了两个方面的思考，一方面是看到了资本主义社会在解放生产力方面取得的显著成绩，另一方面则更进一步地看到了资本主义制度难以承载其自身发展所带来的生产力，资本主义社会繁荣的表象下是广大无产阶级的深度贫困，并由此指

---

① 蔡昉．金德尔伯格陷阱还是伊斯特利悲剧？——全球公共品及其提供方式和中国方案［J］．世界经济与政治，2017（10）：4－22.

② 乔文文．"人类命运共同体"是马克思主义"共同体"思想的理论传承与时代发展［J］．现代教育论坛，2019，2（6）.

③ 马克思，恩格斯．马克思恩格斯全集：第4卷［M］．北京：人民出版社，1958：491.

④ 马克思，恩格斯．马克思恩格斯全集：第23卷［M］．北京：人民出版社，1972：95.

出资本主义必然灭亡，共产主义终将胜利，那时“自由人联合体”方可实现。也就是说，“自由人联合体”是人类社会发展的必然趋势，随着历史的推进，世界各国各族人民的关系将走向“联合”。

马克思在学术研究中反复强调生产力决定生产关系，因而要实现“自由人联合体”目标的重要条件便是发达的生产力。“无产阶级运用自己的政治统治，一步一步地夺取资产阶级所有的全部资本，把一切生产工具集中在国家手里，即集中在已组织成为统治阶级的无产阶级手里，并且尽可能更快地增加生产力的总量。”① 既然“自由人联合体”是共产主义社会的一个特征，那么生产力的高度发展水平就是必要条件，在生产力高度发达的条件下，生产关系会不断随之发生变化，而社会结构、政治体系、意识形态等方面才会因之而进。马克思的思想严肃地回应了社会的现实关切，揭示了人类社会发展的根本规律，从哲学的高度得出共产主义社会终将到来的结论，指出“自由人联合体”是人类社会发展的必然趋势和方向。

如今，“共建人类命运共同体”为马克思主义理论注入了新的时代意义。进入21世纪以来，世界的命运与发展应该由所有的国家共同决定，而各国的发展则是在该国政府和人民的努力下，结合其他国家的支持帮助以共同实现。正如《中国的和平发展》白皮书中所提出的，在经济全球化成为世界政治经济发展重要趋势的前提下，人类的命运休戚与共，要使得不同制度、不同类型、不同发展阶段的国家相互依存、利益交融，形成“你中有我、我中有你”的命运共同体。

（三）习近平新时代中国特色社会主义思想与“人类命运共同体”实践

习近平新时代中国特色社会主义思想是马克思主义中国化的最新成

① 马克思，恩格斯．马克思恩格斯全集：第23卷［M］．北京：人民出版社，1972：489.

果，其中强调的“以人民为中心”“坚持人民主体地位”源自中国发展的历史实践，“五位一体”总体布局、“四个全面”战略布局、五大发展理念等发展思路环环紧扣、互融互促。中华优秀传统文化也发挥了重要作用。“君子和而不同，小人同而不和”“和生万物”“水能载舟亦能覆舟”“君子喻于义，小人喻于利”等在习近平新时代中国特色社会主义思想当中得到了充分彰显。

马克思说“问题就是时代的口号”[①]，习近平新时代中国特色社会主义思想是中国历经 70 年的发展，经过千百次考验、无数次实践得出的正确理论，是紧密根植于实践的理论逻辑表达[②]，不仅为中国发展指明预期方向，更为全世界人类发展进步提供了新的智慧与方案，具有深刻的现实意义。“共建人类命运共同体”正是为了推动全球治理体系的重建而提出的，是习近平总书记基于对当今世界形势、人类社会发展进程特别是广大发展中国家现状的判断，立足于中国的长期发展实践而提出的，是马克思“自由人联合体”理论的当代反映。要将“共建人类命运共同体”推向实处，就必须在习近平新时代中国特色社会主义思想的指引下进行现实实践，否则将会成为“空中楼阁”。习近平新时代中国特色社会主义思想摒除了西方主流思想中“个体利益至上”“零和博弈”“经济人假设”的价值观，其核心是合作共赢与人类整体利益的考量，最终目标是要建立一套新的国际关系体系。由此，推动世界各国携手同心共建一个没有贫困的人类命运共同体，坚持习近平新时代中国特色社会主义思想的指引是关键。

“人类命运共同体，顾名思义，就是每个民族、每个国家的前途命运都紧紧联系在一起，应该风雨同舟，荣辱与共，努力把我们生于斯、长于斯的这个星球建成一个和睦的大家庭，把世界各国人民对美好生活的向往

① 马克思，恩格斯．马克思恩格斯全集：第 40 卷［M］．北京：人民出版社，1982：289.

② 尚庆飞．习近平新时代中国特色社会主义思想理论创新的三重维度［J］．求索，2017（10）：20－27.

变成现实。”[①] 习近平总书记 2017 年在中国共产党与世界政党高层对话会上的主旨讲话中发出了建设“一个远离恐惧、普遍安全的世界”“一个远离贫困、共同繁荣的世界”“一个远离封闭、开放包容的世界”“一个山清水秀、清洁美丽的世界”等四点倡议，指明了世界各国之间的共生关系，其内涵与《共产党宣言》所提到的共产主义将彻底取代资本主义的论断内涵一致、目标相通。与资本主义经济学思想在扶贫方面所细究的“人的理性行为”“资源禀赋”“文化权力”等微观思辨相比，具有更深远的思想、理论和道德关怀。

习近平总书记 2013 年 3 月在莫斯科国际关系学院发表演讲呼吁世界各国树立“你中有我、我中有你”的命运共同体意识，指出每个国家在谋求自身发展的同时，要积极促进其他各国共同发展。世界长期发展不可能建立在一批国家越来越富裕而另一批国家却长期贫穷落后的基础之上。只有各国共同发展了，世界才能更好地发展。时隔 7 年，2020 年初由新型冠状病毒引起的肺炎疫情席卷全球，没有一个国家可以独善其身。疫情面前，作为你中有我、我中有你的命运共同体，世界各国都应该迅速行动起来，凝聚起团结合作、共同应对的强大合力，守护好人类共同家园的健康和安宁。在 7 年的实践中，联合国、世界卫生组织等国际组织以及相关国家越来越理解和认同中国提出的人类命运共同体理念，逐渐接受了中国提出的秉持大义的天下情怀。我们可以看到，习近平新时代中国特色社会主义思想完全摒除了西方主流思想中“个体利益至上”“零和博弈”“利己必先损人”的价值观，其核心是合作共赢与人类整体利益的考量，最终目标是要建立一个新的国际关系体系，这个体系的关注焦点是人的全方面发展以及人类文明的可持续发展，具有非常深远的理论意义与现实价值。由此，要推动世界各国携手同心共建一个没有贫困的人类命运共同体，坚持习近平新时代中国特色社会主义思想的指引是关键。

① 习近平．携手建设更加美好的世界——在中国共产党与世界政党高层对话会上的主旨讲话[M]．北京：人民出版社，2017：4.

四、中国反贫困探索为"共建人类命运共同体"贡献了"中国方案"

如前文所述，在长期的反贫困实践中，中国大致经历了"通过制度变革打下反贫困坚实基础""通过经济开发推动广泛脱贫""通过精准扶贫全面消除贫困"等三个主要阶段。在上述三个阶段，我国总结出的经验和教训为世界反贫困斗争提供了样板与思路，即"中国方案"。"中国方案"包括三个方面的主要内容：一是坚持中国共产党的领导，夯实中国特色社会主义制度基础；二是坚持改革开放，坚持以经济发展为减贫的主要动力；三是坚持共融互通，与世界各国一道努力构建人类命运共同体。

（一）坚持中国共产党领导，巩固脱贫攻坚的制度基础

纵观全球，那些战乱不断、政权更迭的国家（或地区）贫困问题更加严重和凸显，国家主权统一、政权稳定、制度优越、经济体制有效、社会安稳是推进反贫困事业的前提。"经国序民，正其制度。"正是在中国特色社会主义制度的基础上，在中国共产党的正确领导下，中国才完成了从"站起来"到"富起来"再到"强起来"的历史性飞跃。中国特色社会主义制度的优越性具体体现在坚持党的领导、人民当家作主、依法治国的有机统一之中。

在反贫困的长期实践中，中国与其他各国最大的不同就在于始终坚持中国共产党的领导，从中华人民共和国成立初期到改革开放再到今天，这条原则始终没有动摇。在中国共产党的坚强领导下，中国在较短时间内完成了在其他国家看来几乎不可能完成的任务，国家治理体系有力、人民生活水平不断提高、经济社会发展高质高效、消除贫困工作成绩突出。中国共产党在国家权力结构中始终保持核心地位，发挥着统领全局、协调各方的领导地位，有效地建立起从中央到地方再到基层的垂直管理架构，把社

会各方各面的资源力量有效整合，确立了长治久安的国家治理体系。在全面深入了解世情、国情、社情、民情的基础上，中国共产党将马克思主义灵活运用于具体实践当中，建立了最符合中国现实情况的制度模式，展现出无可比拟的卓越性。① 只有在中国共产党的集中统一领导之下，制度的改革才能得以顺利、有效推进，反观其他多党制国家，政权更迭、朝令夕改，反贫困道路举步维艰。

从历史维度看，良好的制度体系的运行对于一国发展至关重要。② 在中国共产党领导下，国家政权稳定运行，坚持以人民为中心的立场，根据不同时期的发展形势对不适宜发展的制度做出相应的改革，立足实际情况做出相应的长远战略规划与阶段性发展规划，使社会发展始终处于快速、稳定的路径之中。

以土地制度为例，中华人民共和国成立之初，经济各部门百废待兴、民生凋敝，中国共产党认识到在旧制度没有革除的情况下，经济社会难以摆脱发展桎梏。伴随着 1950 年《中华人民共和国土地改革法》的颁布，土地制度的改革释放了大量生产力，使经济发展得到新动能。后期，为解决土地碎片化、生产资料稀缺、农业生产率低等客观问题，在党中央的领导下，土地制度又先后经历了“互助组”“初级社”“高级社”“人民公社”的改革。1978 年改革开放之后，家庭联产承包责任制广泛推行，土地制度再次完成历史性改革。步入新时代，为解决农村土地闲置、零散化的问题，我国推动了土地“三权分置”改革。只有在中国共产党的集中统一领导之下，相关制度的改革才能得以顺利、有效推进，反观其他多党制国家，经常存在朝令夕改，以及后一届政府全盘推倒前一届政府政策的情况，其结果就必然是发展的停滞甚至倒退。

---

① 吴家庆，瞿红．论党的领导是中国特色社会主义制度的最大优势［J］．当代世界与社会主义，2019（5）：14.

② 周光辉，彭斌．国家自主性：破解中国现代化道路“双重难题”的关键因素——以权力、制度与机制为分析框架［J］．社会科学研究，2019（5）：12－24.

(二) 坚持改革开放，夯实脱贫攻坚的经济社会发展动力基础

1978 年改革开放以来，中国经济较高水平的持续增长是中国消除贫困的主要动力来源。[①] 具体而言，经济发展的路径体现为两个方面，一是宏观经济的发展，二是有针对性的扶贫开发政策的实施。

据统计，中国 80%以上的贫困人口集中在广大农村地区，农村农业领域的改革与发展改善了大多数贫困人口的贫困境遇。改革开放初期，一系列改革为农村脱贫提供了来自经济增长的动力机制，包括：建立以家庭联产承包责任制为基础的、统分结合的双层经营体制，发展农村商品经济，建立新的市场经济制度以及就业、土地等各方面制度。[②] 80 年代中期推行的农业产业化，将第一产业与第二、三产业相融合，通过搭建起一系列农业产业化经营的平台以降低交易成本，提高农业生产的回报率。农业取得的发展一方面使生产力得到极大解放，农业技术得以发展与大规模应用，农业产品生产率显著提高；另一方面，农业产品价格明显提升，从事农业生产的人口的收入水平大幅度提高，无法解决温饱问题的农村贫困人口大幅度下降，实现了滴漏经济学所论述的通过经济高速增长以减少贫困的目标。虽然中国的经济增长主要依赖于第二、三产业的增长，但是第一产业的增长对于稳定社会、减少贫困具有关键意义。[③]

鉴于单纯依靠经济发展带动作用的减贫效果有限，从 80 年代开始，中国推行中央主导的、有计划的、具有针对性的扶贫开发政策。1980 年，中央设立第一笔专项扶贫资金——“支援经济不发达地区发展资金”，对老少边穷地区进行瞄准帮扶；随着《关于帮助贫困地区尽快改变面貌的通知》《国民经济和社会发展第七个五年计划》两个文件的颁发，政府开始推进大规模扶贫，实施“以工代赈”扶贫项目，既改善了广大农村地区的

---

① 黄承伟．中国扶贫开发道路研究：评述与展望［J］．中国农业大学学报，2016，33（5）：5－17．

② 胡兴东，杨林．中国扶贫模式研究［M］．北京：人民出版社，2018：52．

③ 汪三贵．中国特色反贫困之路与政策取向［J］．毛泽东邓小平理论研究，2010（4）：17－21．

道路、水利、饮水等基础设施情况，也为贫困群体提供了救济并创造了增加收入的机会；1986 年，中央成立国务院贫困地区经济开发领导小组，以专门机构统领全国反贫工作。从 20 世纪 90 年代到 21 世纪初，《国家八七扶贫攻坚计划》《中国农村扶贫开发纲要（2001—2010 年）》《中国农村扶贫开发纲要（2011—2020 年）》相继出台，扶贫工作由“输血式”转变为“造血式”，从道义式扶贫转变为制度式扶贫，推动政府、市场、社会组织、个体充分参与到反贫困进程当中，相互支持，通过农业发展，第一、二、三产业融合，教育培训、科技研发等多方面推动减贫。①

党的十八大以后，中国反贫困工作进入最后的攻坚阶段，习近平总书记提出了“精准扶贫、精准脱贫”，制定了到 2020 年全面消除国内绝对贫困的目标，为“决胜全面小康，决战脱贫攻坚”指明了方向。中央随即印发《关于创新机制扎实推进农村扶贫开发工作的意见》《建立精准扶贫工作机制实施方案》《扶贫开发建档立卡工作方案》等文件，制定了到 2020 年全面消除国内绝对贫困的目标。

“贫困地区发展要靠内生动力，如果凭空救济出一个新村，简单改变村容村貌，内在活力不行，劳动力不能回流，没有经济上的持续来源，这个地方下一步发展还是有问题。……一个地方必须有产业，有劳动力，内外结合才能发展。”“治贫先治愚。……要把下一代的教育工作做好，特别是要注重山区贫困地区下一代的成长。……把贫困地区孩子培养出来，这才是根本的扶贫之策。”② 拉长时间轴，我们会发现“精准扶贫”政策与改革开放重大战略的实施是一脉相承的。精准扶贫的实施路径为“五个一批”，即发展生产脱贫一批、易地搬迁脱贫一批、生态补偿脱贫一批、发展教育脱贫一批、社会保障兜底一批，传承并发展了改革开放的思想方针，形成了完善的扶贫机制。精准扶贫的保障机制是“四个切实”，即切实落实领导责任、切实做到精准扶贫、切实强化社会合力、切实加强基层

① 孙建北．贫困与扶贫［M］．北京：中共中央党校出版社，2004.

② 习近平．做焦裕禄式的县委书记［M］．北京：中央文献出版社，2015：17，24.

组织。[①] 精准扶贫的具体要求是要实现“六个精准”，即扶贫对象精准、措施到户精准、项目安排精准、资金使用精准、因村派人（第一书记）精准、脱贫成效精准。综合来看，“五个一批”“四个切实”“六个精准”聚焦的是经济发展，改善的是基础民生，在推进过程中充分发挥了市场的作用，在消除农村贫困人口进程中不仅给予外在推动力，同时培育了贫困地区和人口的内在动力。

（三）“一带一路”重要倡议是“共建人类命运共同体”的有益探索

中国的反贫困事业是世界反贫困事业的重要组成部分，同时中国也在为世界各国提供反贫困的“公共品”。习近平总书记在第 70 届联合国大会上提出：“中国将始终做全球发展的贡献者，坚持走共同发展道路，继续奉行互利共赢的开放战略，将自身发展经验和机遇同世界各国分享，欢迎各国搭乘中国发展‘顺风车’，一起来实现共同发展。”[②] 中国为世界提供的反贫困“公共品”既包括理论层面的指导，也包括对各国开放的发展项目，其中“一带一路”重要倡议便是最典型的代表。

“一带一路”重要倡议是推动共建人类命运共同体的一个缩影。自 2008 年金融危机爆发至今，全球经济陷入长期低迷状态。2013 年 9 月，习近平总书记首提“一带一路”倡议。随后“一带一路”开始实施，中国与沿线国家进行密切对接与交流，为参与国的基础设施建设、资源开发、产业合作、金融合作等注入极强动力。[③] 2014 年，中国政府出资 400 亿美元建立了丝路基金，为“一带一路”沿线国家的基础设施建设、贫困地区开发、产业项目合作等提供资金支持，2017 年中国政府再次增资 1 000 亿

① 习近平：确保农村贫困人口到 2020 年如期脱贫［EB/OL］. 新华网，2016－06－19. http：//www. xinhuanet. com/politics/2015－06/19/c_1115674737. htm.

② 习近平．习近平谈治国理政：第二卷［M］. 北京：外文出版社，2017：525.

③ Lingliang Z. Conceptual Analysis of China's Belt and Road Initiative：A Road Towards a Regional Community of Common Destiny［J］. Chinese Journal of International Law，2016，15（3）：517－541.

元人民币。项目方面，“中巴经济走廊”“中俄蒙经济走廊”“中国-中南半岛经济走廊”“孟中印缅经济走廊”“中国-中亚-西亚经济走廊”先后建立，参与各国从中实现了互利双赢的目标，超过 20 万个就业岗位被创造出来。但是，仍有少数西方媒体和政客以相当狭隘的眼光理解“一带一路”，譬如《美国之音》指责中国以此进行债务外交；美国副总统彭斯指责中国试图通过“一带一路”提升地缘政治影响力；有的西方学者认为中国在以“一带一路”为通道，迈向全球事务的主导者地位。[①] 但事实上，为推动共建人类命运共同体的“一带一路”是不存在于封闭的“小圈子”或“私人花园”中的，相反，它坚持的是广泛协商、共同努力、共享利益。[②]“一带一路”将沿线各国的发展战略密切地串联在了一起，包括俄罗斯的“欧亚经济联盟”、哈萨克斯坦的“光明之路”计划、巴基斯坦的“愿景 2025”、老挝的“走廊国家战略”、印度尼西亚的“世界海洋轴心”战略、非洲联盟的“2063 议程”、塞尔维亚的“再工业化”战略、澳大利亚的“北部大开发”计划、英国的“北部振兴计划”等。“一带一路”以多样性为特征，各国以共同参与者的身份在其中发挥作用，各国的利益和合法关切被充分尊重与重视，中小国家无须在大国中间选择“站队”[③]，虽然不同国家的政治、文化、宗教等背景大不相同，但是在此合作体系中，冲突可以被控制在较小范围和较低程度以内。

在国际各合作领域，中国始终倡导“人类命运同共同体”理念并积极推动践行，譬如倡议建设亚洲基础设施投资银行（简称亚投行）、倡导成立金砖国家新开发银行、在联合国提出的“南南合作”当中充分展现担当等。如习近平总书记所说，“中国倡导和践行多边主义，积极参与多边事

---

① Chohan U W. What is One Belt One Road? A Surplus Recycling Mechanism Approach [M] // The Belt and Road Initiative. Brill Nijhoff，2018：205 - 219.

② Liang H，Zhang Y. Focus on a New Era：Broad Consensus for Building a Community with a Shared Future for Mankind Together [M] //The Theoretical System of Belt and Road Initiative. Springer，Singapore，2019：15 - 19.

③ Smith S N. Community of Common Destiny：China's “New Assertiveness” and the Changing Asian Order [J]. International Journal，2018，73 (3)：449 - 463.

务，支持联合国、世界银行等继续在国际减贫事业中发挥重要作用；将同各方一道优化全球发展伙伴关系，推进南北合作，加强南南合作，为全球减贫事业提供充足资源和强劲动力。”① 以亚投行建设为例，2013 年 10 月，习近平总书记在印度尼西亚首次倡议筹建亚投行，随后《亚洲基础设施投资银行协定》于 2015 年 6 月 29 日签订，最早有 57 个创始成员。随后亚投行业务正式开展，成员数量不断扩充，截至 2019 年 7 月 13 日，伴随着贝宁、吉布提、卢旺达三个非洲国家的加入，亚投行的成员总数达到了 100 个，成员数量仅次于世界银行。② 其间，部分西方国家带着偏见进行评论，认为亚投行对成员没有实质性的帮助，盲目指责中国是借此将经济政治化，提升在地缘政治中的地位与影响力，进而提高在全球的影响力。③ 但事实是，自成立之日起，亚投行与各大国际性组织积极互动，以“普惠”的价值态度对待国际融资投资问题，聚焦于基础设施建设方面，为亚洲地区各国的融资投资搭建了开放、多元的平台，截至 2019 年 4 月，亚投行批准了 15 个国家的 39 个贷款或者投资项目，各参与国都从中获益。

在联合国的“南南合作”当中，中国则充分展现出大国担当。虽然中国本身仍是发展中国家，但对于其他经济落后的发展中国家仍尽己所能予以帮助和支持，并且不附加任何政治条件。国务院于 2019 年 9 月发布的《新时代的中国与世界》白皮书指出，在开展对外援助的 60 多年中，中国向 166 个国家和国际组织提供近 4 000 亿元人民币的援助，派遣 60 多万名援助人员，“先后 7 次宣布无条件免除重债穷国和最不发达国家对华到期政府无息贷款债务。中国积极向亚洲、非洲、拉丁美洲和加勒比地区、大洋洲的 69 个国家提供医疗援助，先后为 120 多个发展中国家落实联合国

---

① 携手消除贫困 促进共同发展——在 2015 减贫与发展高层论坛的主旨演讲 [N]. 人民日报，2015-10-17.

② 亚投行成员扩至 100 个成员数量仅次于世界银行 [N]. 中国经济导报，2019-07-19.

③ Callaghan M，Hubbard P. The Asian Infrastructure Investment Bank：Multilateralism on the Silk Road [J]. China Economic Journal，2016，9 (2)：116-139.

千年发展目标提供帮助”[①]。

中国为世界反贫困事业提供的“中国方案”——“共建人类命运共同体”的实现路径是各个国家摒弃迷信与偏见，减少隔阂、通力合作，无论大国还是小国，共同商议人类命运共同体的发展路径与阶段目标。因为人类命运共同体的理念并不是对其他模式的排挤，而是希望汇聚起世界各个国家的禀赋优势与力量，共同推动全球经济结构转型，在将蛋糕做大的同时也将蛋糕分好，切实保护发展中国家的合法利益不受损害与侵占。正如习近平总书记所说，“任何进步都不是直线的，有曲折也有反复”，“共建一个没有贫困、共同发展的人类命运共同体”虽然不会一蹴而就，但只要世界各国互相理解、充分信任、锲而不舍，前景一定是无比光明的。

① 新时代的中国与世界［EB/OL］．中华人民共和国中央人民政府网站，（2019－09－27）［2020－04－20］．http：//www.gov.cn/zhengce/2019－09/27/content_5433889.htm.

参考文献

[1] 蔡昉．金德尔伯格陷阱还是伊斯特利悲剧？——全球公共品及其提供方式和中国方案［J］．世界经济与政治，2017，10：4－22.

[2] 陈斌开，林毅夫．发展战略、城市化与中国城乡收入差距［J］．中国社会科学，2013（4）：81－102.

[3] 陈丽华．初次分配和再分配中公平与效率的权衡——兼论十七大对社会主义收入分配理论的创新［J］．经济问题，2009（1）：25.

[4] 陈宗胜．库兹涅茨倒U假设理论论争评析［J］．上海经济研究，1991（4）：45－52.

[5] 程恩富，余斌．关于当前劳动收入分配问题释疑［J］．管理学刊，2010（5）：1－3.

[6] 程振源，剑玉阳．中国经济增长的亲贫性：1989—2009［J］．统计研究，2013（7）：18－24.

[7] 邓春明．经济增长与充分就业的德国模式研究［J］．人民论坛，2014（12），253－255.

[8] 方福前，马学俊．中国经济减速的原因与出路［J］．中国人民大学学报，2016（6）：64－75.

[9] 郭克莎．论经济增长的速度与质量［J］．经济研究，1996（1）：41.

[10] 郭熙保，桂立，陈志刚．四万亿投资的增长与减贫效应估算［J］．武汉大学学报（哲学社会科学版），2015（4）：42－49.

[11] 郭熙保，罗知．论贫困概念的演进［J］．江西社会科学，2005（11）：38－43.

[12] 郭熙保．从发展经济学观点看待库兹涅茨假说——兼论中国收

入不平等扩大的原因［J］．管理世界，2002（3）：66－73.

［13］国务院．全国农业现代化规划（2016—2020年），2016.

［14］何芬，赵艳霞．美、日促进集中连片特困地区减贫的经验借鉴［J］．世界地理研究，2015，24（24）：20－28.

［15］胡鞍钢，胡琳琳，常志霄．中国经济增长与减少贫困（1978—2004）［J］．清华大学学报（哲学社会科学版），2006（5）：105－115.

［16］胡兵，赖景生，胡宝娣．经济增长、收入分配与贫困缓解——基于中国农村贫困变动的实证分析［J］．数量经济技术经济研究，2007（5）：33－42.

［17］胡锦涛．高举中国特色社会主义伟大旗帜，为夺取全面建设小康社会新胜利而奋斗［M］．北京：人民出版社，2007.

［18］胡兴东，杨林．中国扶贫模式研究［M］．北京：人民出版社，2018：52.

［19］黄承伟．中国扶贫开发道路研究：评述与展望［J］．中国农业大学学报，2016，33（5）：5－17.

［20］纪明，赵菊花．出口对经济增长和城乡收入差距的影响——基于发展演化视角的经验研究［J］．首都经济贸易大学学报，2010（3）：37－42.

［21］李培林，魏后凯．中国扶贫开发报告2016［M］．北京：社会科学文献出版社，2016.

［22］李石新．经济增长、收入分配与中国农村贫困的减少［D］．华中科技大学博士学位论文，2006.

［23］李芸．经济增长、收入分配与贫困：估计贫困的增长弹性［J］．农业经济问题，2006（9）：72－74.

［24］联合国．可持续发展目标［EB/OL］．2020［2020－04－30］．https://www.un.org/sustainabledevelopment/zh/poverty/.

［25］林伯强．中国的经济增长、贫困减少与政策选择［J］．经济研究，2003（12）：15－25.

[26] 刘国光，刘树成．论“软着陆”[J]．人民论坛，1997.

[27] 罗楚亮．经济增长、收入差距与农村贫困 [J]．经济研究，2012 (2)：15-27.

[28] 马克思．资本论：第1卷 [M]．北京：人民出版社，2004.

[29] 马克思．资本论：第2卷 [M]．北京：人民出版社，2004.

[30] 彭刚，李霞．决战极端贫困：中国的共享发展之路 [J]．人民论坛·学术前沿，2016 (3)：38-47.

[31] 乔文文．“人类命运共同体”是马克思主义“共同体”思想的理论传承与时代发展 [J]．现代教育论坛，2019，2 (6).

[32] 任保平．经济增长质量的逻辑 [M]．北京：人民出版社，2015.

[33] 阮敬，纪宏．亲贫困增长分析的理论基础及其改进框架 [J]．统计与信息论坛，2009 (11)：29-39.

[34] 阮敬．经济增长与贫困缓解——基于亲贫困增长视角的研究 [M]．北京：首都经济贸易大学出版社，2010.

[35] 阮敬．亲贫困增长理论与测度方法研究 [D]．首都经济贸易大学博士学位论文，2008.

[36] 阮敬．中国农村亲贫困增长测度及其分解 [J]．统计研究，2007 (11)：54-58.

[37] 尚庆飞．习近平新时代中国特色社会主义思想理论创新的三重维度 [J]．求索，2017 (10)：20-27.

[38] 沈扬扬．中国农村经济增长与差别扩大中的收入贫困研究 [D]．南开大学博士学位论文，2013.

[39] 史正富．超长增长：1979—2049年的中国经济 [M]．上海：上海人民出版社，2013.

[40] 世界银行．2000/2001年世界发展报告：与贫困作斗争 [M]．北京：中国财政经济出版社，2001.

［41］世界银行．从贫困地区到贫困人群：中国扶贫议程的演进［R］．2009.

［42］孙建北．贫困与扶贫［M］．北京：中共中央党校出版社，2004.

［43］孙咏梅，侯为民．论投资驱动型经济增长方式及其内在矛盾［J］．经济纵横，2007（19）：7－9.

［44］孙咏梅，秦蒙．高速经济增长会自动消减贫困吗？——新中国成立70年取得的减贫效果评价［J］．教学与研究，2019（5）：14－25.

［45］孙咏梅．基于多维视角的我国农村地区减贫成效评价及减贫路径探索［J］．社会科学辑刊，2018（4）：160－170.

［46］孙咏梅．我国经济增长中的矛盾与资源的有效配置［J］．当代经济研究，2011（11）.

［47］童星，林闽钢．我国农村贫困标准线研究［J］．中国社会科学，1994（3）：86－98.

［48］汪三贵．在发展中战胜贫困——对中国30年大规模减贫经验的总结与评价［J］．管理世界，2008（11）：78－88.

［49］汪三贵．中国40年大规模减贫：推动力量与制度基础［J］．中国人民大学学报，2018（6）1－11.

［50］汪三贵．中国特色反贫困之路与政策取向［J］．毛泽东邓小平理论研究，2010（4）：17－21.

［51］王培暄．全球化背景下对库兹涅茨“倒U假说”之质疑［J］．南大商学评论，2015（1）：1－19.

［52］王小林．贫困测量理论与方法［M］．北京：社会科学文献出版社，2012.

［53］王一鸣“十问”向高质量发展转型［EB/OL］．新浪财经，（2018－02－25）［2020－04－20］．http：//finance.sina.com.cn/meeting/2018－02－25/doc-ifyrwsqi0546608.shtml.

［54］韦洛索，等．跨越中等收入陷阱：巴西的经验教训［M］．北

京：经济管理出版社，2013：398.

[55] 卫兴华，胡玫．缓解贫富分化，促进分配公平［J］．华南理工大学学报（社会科学版），2014（5）：1-9.

[56] 魏众，古斯塔夫森．中国转型时期的贫困变动分析［J］．经济研究，1998（11）：64-68.

[57] 吴家庆，瞿红．论党的领导是中国特色社会主义制度的最大优势［J］．当代世界与社会主义，2019（5）：14.

[58] 吴宣恭．再谈分配不公的主要矛盾和根源——兼答何炼成教授［J］．当代经济研究，2011（8）：61-67.

[59] 吴易风．马克思主义经济学与西方经济学比较研究：第1卷［M］．北京：中国人民大学出版社，2014：437-505.

[60] 习近平：确保农村贫困人口到2020年如期脱贫［EB/OL］．新华网，（2016-06-19）［2020-04-20］．http：//www.xinhuanet.com/politics/2015-06/19/c_1115674737.htm.

[61] 习近平．共担时代责任 共促全球发展——在世界经济论坛2017年年会开幕式上的主旨演讲［N］．人民日报，2017-01-18.

[62] 习近平．携手建设更加美好的世界——在中国共产党与世界政党高层对话会上的主旨讲话［M］．北京：人民出版社，2017.

[63] 习近平．做焦裕禄式的县委书记［M］．北京：中央文献出版社，2015.

[64] 谢金鹏．经济增长、收入分配与中国农村贫困问题研究［D］．西北大学硕士学位论文，2008.

[65] 新时代的中国与世界［N/OL］．新华社，（2019-09-27）［2020-04-20］．http：//www.xinhuanet.com/politics/2019-09/27/c_1125047331.htm.

[66] 徐勇．深化对农村城镇化认识七题［J］．农村工作通讯，2013（4）：48-50.

[67] 许宝友．2001年世界发展报告认为增长是减少贫困的主要手段

[J]. 国外理论动态，2001 (5)：20-23.

[68] 亚投行成员扩至100个成员数量仅次于世界银行 [N]. 中国经济导报，2019-07-19.

[69] 杨文武，等. 印度经济发展模式研究 [M]. 北京：时事出版社，2013.

[70] 杨颖. 从中国农村贫困的特征分析看反贫困战略的调整 [J]. 社会科学家，2012 (2)：62-65.

[71] 杨颖. 中国农村反贫困研究：基于非均衡发展条件下的能力贫困 [M]. 北京：光明日报出版社，2011.

[72] 叶普万. 贫困经济学研究 [M]. 北京：中国社会科学出版社，2004.

[73] 张德亮，等. 中国经济增长质量与减贫 [M]. 北京：中国财政经济出版社，2013.

[74] 张立群，陈宇宙. 以新型城镇化推进减贫研究：一个文献综述 [J]. 社科纵横，2015 (10)：38-42.

[75] 张丽宾. 促进城乡一体化与减贫的就业政策 [J]. 当代经济管理，2014 (4)：44-53.

[76] 张全红，张建华. 中国的经济增长、收入不平等与贫困的变动：1981—2001——基于城乡统一框架的分析 [J]. 经济科学，2007 (4)：15-24.

[77] 中国经济增长前沿课题组. 经济增长蓝皮书 (2017—2018) [M]. 北京：社科文献出版社，2017.

[78] 中国乡镇企业年鉴委员会. 中国乡镇企业年鉴 [M]. 北京：中国农业出版社，1996.

[79] 中央文献研究室. 十八大以来重要文献选编 (中) [G]. 北京：中央文献出版社，2016.

[80] 周光辉，彭斌. 国家自主性：破解中国现代化道路“双重难题”的关键因素——以权力、制度与机制为分析框架 [J]. 社会科学研究，

2019（5）：12－24.

［81］朱凤岐．中国反贫困研究［M］．北京：中国计划出版社，1996：4.

［82］朱明玉．美国的贫困问题：成因、政策与影响［J］．领导科学论坛，2020（07）.

［83］祝伟．经济增长、收入分配与农村贫困［D］．兰州大学硕士学位论文，2010.

［84］Aart Kraay. When Is Growth Pro-Poor? Evidence from a Panel of Countries［J］. Journal of Development Economics，2006，80（1）：198－227.

［85］Abdelkrim Araar，Jean-Yves Duclos. Poverty and Inequality Components：a Micro Framework［J］. Ssrn Electronic Journal，2007：1－43.

［86］Baulch，Robert，Neil McCulloch. Tracking Pro-poor Growth［J］. Insights，2000（31）.

［87］Bowles，S.，Boyer，R. A Wage-led Employment Regime：Income Distribution，Labour Discipline，and Aggregate Demand in Welfare Capitalism. In Marglin，S.，J. Schor eds.，The Golden Age of Capitalism：Reinterpreting the Postwar Experience. Oxford：Clarendon，1990.

［88］Callaghan M.，Hubbard P. The Asian Infrastructure Investment Bank：Multilateralism on the Silk Road［J］. China Economic Journal，2016，9（2）：116－139.

［89］Chohan U. W. What is One Belt One Road? A Surplus Recycling Mechanism Approach［M］//The Belt and Road Initiative. Brill Nijhoff，2018：205－219.

［90］David Dollar，Aart Kraay. Growth is Good for the Poor［J］. Journal of Economic Growth，2002，7（3）：195－225.

［91］Digambar Abaji Chimankar. Urbanization and Condition of Urban Slums in India [J]. Indonesian Journal of Geography，2016：32.

[92] Dobbs R.，Madgavkar A.，Manyika J.， et al. Poorer than Their Parents [M]. Flat or Falling Incomes in Advanced Economies，New York：McKinsey Global Institute，2016.

[93] Easterly W. The White Man's Burden [J]. The Lancet，2006，367 (9528)：2060.

[94] Francois Bourguinon. The Growth Elasticity of Poverty Reduction：Explaining Heterogeneity across Countries and Time Periods [J]. Delta Working Papers，2002.

[95] Gary S. Fields. Employment，Income Distribution and Economic Growth in Seven Small Open Economies [J]. The Economic Journal，1984，94：74－83.

[96] Gordon，D. Growth，Distribution，and the Rules of the Game：Social Strcuturalist Macro Foundations for a Democratic Economic Policy. In G. Epstein and H. Gintis (eds)，Macroeconomic Policy after the Conservative Era：Studies in Investment，Saving and Finance. Cambridge：Cambridge University Press，1995：335－383.

[97] Hu H.，Jiang T.，Shi L. Viewing the World Significance of the Thought of "A Community of Shared Future for Mankind" from the Perspective of the Manifesto of the Communist Party [C] //International Academic Conference on Frontiers in Social Sciences and Management Innovation (IAFSM 2018) . Atlantis Press，2019.

[98] Indunil De Silva，Sudarno Sumarto. Does Economic Growth Really Benefit the Poor? Income Distribution Dynamics and Pro-poor Growth in Indonesia [J]. Bulletin of Indonesian Economic Studies，2014，50：227－42.

[99] Jean-Yves Duclos，Philippe Gregoire. Absolute and Relative Deprivation and the Measurement of Poverty [J]. Review of Income and

Wealth，2002，48（4）：471-492.

[100] Kurz，H. Technical Change，Growth and Distribution：A Steady-state Approach to “Unsteady” Growth. In Kurz，H，Capital，Distribution and Effective Demand，Cambridge：Policy Press，1990：210-239.

[101] Lavioe，M. Post-Keynesian Economics：New Foundations. Edward Elgar Publishing Limited，Cheltenham，2014：360.

[102] Liang H.，Zhang Y. Focus on a New Era：Broad Consensus for Building a Community with a Shared Future for Mankind Together [M] //The Theoretical System of Belt and Road Initiative. Springer，Singapore，2019：15-19.

[103] Lingliang Z. Conceptual Analysis of China's Belt and Road Initiative：A Road towards a Regional Community of Common Destiny [J]. Chinese Journal of International Law，2016，15（3）：517-541.

[104] Louis Kuijs，Tao Wang. China's Pattern of Growth：Moving to Sustainability and Reducing Inequality [J]. China & World Economy，2006，14（1）：1-14.

[105] Martin Ravallion，Chaohua Chen. China's（uneven）Progress against Poverty [J]. Journal of Development Economics，2004，82（1）：1-42.

[106] Martin Ravallion，Chaohua Chen，Measuring Pro-poor Growth [J]. Economics Letters，2003，78（1）：93-99.

[107] Martin Ravallion，Gaurav Datt. Growth and Redistribution Components of Changes in Poverty Measures：A Decomposition with Applications to Brazil and India in the 1980s [J]. Journal of Development Economics，1992，38（2）：275-295.

[108] Martin Ravallion. Growth and Poverty：Evidence for Developing Countries in the 1980s [J]. Economic Letters，1995，48：411-417.

[109] Martin Ravallion. Pro-poor Growth：A Primer [J]. Policy

Research Working Paper, 2004, 43 (111): 49 - 84.

[110] Marx K. Manifesto of the Communist Party [M]. Hyweb Technology Co. Ltd. , 2011.

[111] Michael Roemer, Mary Kay Gugerty. Does Economic Growth Reduce Poverty? [J]. Journal of Hospice & Palliative Nursing, 1997, 4 (4): 206 - 207.

[112] Nanak Kakwani, Ernesto M. Pernia. What is Pro-poor Growth? [J]. Asian Development Review, 2000, 1 - 15.

[113] Nanak Kakwani, Hyun H. Pro-poor Growth, Concepts and Measurement with Country Case Studies [J]. Pakistan Development Review, 2004, 42 (4): 417 - 444.

[114] Nanak Kakwani, Shahidur Khandker, Hyun H. Son. Poverty Equivalent Growth Rate: With Applications to Korea and Thailand [J]. General Information, 2003, 54 (4): 643 - 655.

[115] Poverty in America—Consequences for Individuals and the Economy [EB/OL]. https: //www. gao. gov/assets/120/115212. pdf.

[116] Rodgers H. R. American Poverty in a New Era of Reform [M]. ME Sharpe, 2006.

[117] SmithS. N. Community of Common Destiny: China's "New Assertiveness" and the Changing Asian Order [J]. International Journal, 2018, 73 (3): 449 - 463.

[118] Victor R. Fuchs. Reading Poverty and Redistributing Income in the Public Interest, Toward a Theory of Poverty, Washington D. C. S. Business Meeting, 1956.

[119] Ying Wu, Hong Yao. Income Inequality, State Ownership, and the Pattern of Economic Growth—A Tale of the Kuznets Curve for China since 1978 [J]. Atlantic Economic Journal, 2015, 43: 165 - 80.

图书在版编目（CIP）数据

反贫困的“中国奇迹”与“中国智慧”/孙咏梅，秦蒙著. --北京：中国人民大学出版社，2020.11

ISBN 978-7-300-28698-3

Ⅰ.①反… Ⅱ.①孙… ②秦… Ⅲ.①扶贫-研究-中国 Ⅳ.①F126

中国版本图书馆CIP数据核字（2020）第203790号

反贫困的“中国奇迹”与“中国智慧”

孙咏梅 秦 蒙 著

Fanpinkun de“Zhongguo Qiji”yu“Zhongguo Zhihui”

出版发行	中国人民大学出版社		
社 址	北京中关村大街31号	邮政编码	100080
电 话	010－62511242（总编室）		010－62511770（质管部）
	010－82501766（邮购部）		010－62514148（门市部）
	010－62515195（发行公司）		010－62515275（盗版举报）
网 址	http://www.crup.com.cn		
经 销	新华书店		
印 刷	固安县铭成印刷有限公司		
开 本	720 mm×1000 mm 1/16	版 次	2020年11月第1版
印 张	15.25 插页1	印 次	2024年5月第2次印刷
字 数	206 000	定 价	83.00元